퀵패스 AI
프롬프트 활용능력 2급
실전모의고사

AI 프롬프트 활용능력
연구소 공저

퀵패스

집필진

임호용
웹 및 인공지능 애플리케이션 개발, 퀵패스 AI-POT 연구위원, 사단법인 한국인공지능협회 빅데이터/인공지능 교육 전문강사

김태영
퀵패스 AI-POT 연구위원, 생성형 AI 및 프롬프트 엔지니어링 연구 활동, DX 기반 AI 전환 프로젝트 PM, 전사 AI 도입 및 디지털 전환 총괄

김수연
퀵패스 AI-POT 연구위원, 공공 특화 생성형 AI 및 프롬프트 엔지니어링 연구 활동, 공공 생성형 AI 서비스 사업 기획 및 운영, 생성형 AI 기반 시스템 전략 기획

감수

김유성
퀵패스 AI-POT 연구위원, 통신사 인공지능, 사물인터넷 플랫폼 개발, 한국생산성본부(KPC) DX분야(AI, Cloud) 전문강사

퀵패스 AI 프롬프트 활용능력 2급 실전모의고사

2025년 7월 21일 제1판 제1쇄 발행

지은이 | AI 프롬프트 활용능력 연구소(임호용, 김태영, 김수연)
발행인 | 김유성
편집·제작 | 퀵패스
표지디자인 | 퀵패스
공급처 | 퀵패스(https://cafe.naver.com/quickpass)
주소 | 서울특별시 성북구 한천로 713
등록 | 제25100-2024-037호, 2024. 05. 07

ISBN 979-11-987762-4-2 (13500)
값 21,000원

퀵패스는 여러분을 책의 주인공으로 만들어 드리며 출판 윤리 강령을 준수합니다.
본 수험서를 복제·변형하여 판매·배포·전송하는 일체의 행위를 금하며,
이를 위반할 경우 저작권법 등에 따라 처벌받을 수 있습니다.

AI 프롬프트 활용능력 시험 알아보기

1. AI 프롬프트 활용능력(AI-POT)이란?

AI 프롬프트 활용능력(AI-POT)은 생성 AI의 모델과 알고리즘을 기반으로 문제해결을 위한 최적의 프롬프트를 작성하고 활용하는 능력을 검증하는 시험입니다. 시험을 통해 다양한 생성 AI (챗GPT, 제미나이, 코파일럿 등)를 활용하여 원하는 결과를 도출하는 활용능력과 업무 생산성을 향상하기 위한 프롬프트를 만드는 설계능력을 습득할 수 있습니다.

2. 등급별 직무 및 보유기술 수준

구분	2등급	1등급
직무	AI 기술을 이해하고 명령(프롬프트)을 설계하고 실행하여 원하는 답변을 얻을 수 있는 능력을 갖춘 자	AI 기술을 전문가 수준으로 이해하고 명령(프롬프트)을 설계하고 실행할 수 있으며, AI를 활용하여 데이터 등을 분석 및 가공할 수 있는 능력을 갖춘 자
보유 기술	AI 기본 기술 이해, 생성 AI 프롬프트 구현 기술 보통, 리포트, 이메일, 문장 요약, 영어 번역 등 AI 사용에 어려움이 없는 정도 기술 보유	AI 기본 기술 이해, 생성 AI 프롬프트 구현 기술 높음, AI에 파이썬 등을 접목하여 데이터 분석 및 가공할 수 있는 기술을 보유

3. 검정과목 (2급 기준)

구분	설명
1. 인공지능 기초 이론	인공지능의 역사 및 알고리즘 기초
2. 생성 AI 기초 이론	생성 AI 원리 및 대규모 언어 모델, GPT 등
3. 프롬프트 엔지니어링 기술 기초	자연어 처리, 학습 도구, 프롬프트 작성 기본원칙
4. 프롬프트 엔지니어링 기술 기초 활용	모델 및 설계, 확장 프로그램 연계, 파이썬
5. 프롬프트 엔지니어링 업무 활용과 윤리원칙	비즈니스 활용과 저작권, 생성 AI 윤리원칙

4. 검정형태 및 합격기준 (2급기준)

구분	설명
문제형식 및 문항 수	- 5개 과목, 총 40문항 출제. 이론형 24문항, 실습형 16문항 (1시간 시험) - 문제 구성은 4지 선다, 단답형 주관식, 다중보기 등으로 구성 - 합산 70점 이상 획득 시 합격
문항 배점	- [이론형] 24문항 각 2.5점(24문항 × 2.5점 = 60점) - [실습형] 16문항 각 2.5점(16문항 × 2.5점 = 40점) - 총 100점 만점

1. 책의 구성은 어떻게 되어있나요?

- 퀵패스 AI 프롬프트 활용능력 2급 실전 모의고사는 변경된 시험기준을 적용하여 실전시험과 같은 유형의 문제를 풀 수 있도록 총 10회 분량의 실전 모의고사로 구성 되었습니다.
- 본서는 [문제 편]과 [해설 편]으로 나눠서 볼 수 있도록 제작하였습니다.
- 문제 편에서는 문제만 집중적으로 풀 수 있도록 하였고, 해설 편에서는 문제 편에서 다뤘던 개념들을 쉽게 이해할 수 있도록 깔끔한 해설을 제공합니다.

2. 비전공자인데, 파이썬 파트는 어떻게 공부해야 하나요?

- AI 프롬프트 활용능력 2급에서 파이썬의 비중은 높지 않은 편입니다. 기본적인 자료구조, 함수의 선언과 실행을 한 번씩 연습하면 충분히 정답을 맞출 수 있습니다.

3. 영문 프롬프트를 사용하는 문제는 암기를 해야하나요?

- 스테이블 디퓨전과 미드저니의 경우 영문 프롬프트가 출제되지만, 실전 시험에서도 프롬프트에 대한 한국어 번역을 함께 제공합니다. 프롬프트 자체 보다는 옵션과 명령어 위주로 학습하시면 충분히 대응이 가능합니다.

4. 실습 문제가 너무 어려워서 자신감이 떨어집니다.

- 집필진은 수험생의 궁금한 점을 해결하기 위해 퀵패스 카페(cafe.naver.com/quickpass)에 상주합니다.
- 실습환경의 구성, 깃허브의 활용, 실행하면서 발생하는 에러 등을 카페에 올려주시면 원활한 실습이 가능하도록 적극적으로 지원하겠습니다.

이 책의 목차

01회 모의고사 · 008
02회 모의고사 · 032
03회 모의고사 · 058
04회 모의고사 · 080
05회 모의고사 · 106
06회 모의고사 · 132
07회 모의고사 · 158
08회 모의고사 · 182
09회 모의고사 · 206
10회 모의고사 · 226
01회 모의고사 정답 및 해설 · · · · · · · · · · · · · · · · · 250
02회 모의고사 정답 및 해설 · · · · · · · · · · · · · · · · · 256
03회 모의고사 정답 및 해설 · · · · · · · · · · · · · · · · · 262
04회 모의고사 정답 및 해설 · · · · · · · · · · · · · · · · · 267
05회 모의고사 정답 및 해설 · · · · · · · · · · · · · · · · · 273
06회 모의고사 정답 및 해설 · · · · · · · · · · · · · · · · · 278
07회 모의고사 정답 및 해설 · · · · · · · · · · · · · · · · · 285
08회 모의고사 정답 및 해설 · · · · · · · · · · · · · · · · · 289
09회 모의고사 정답 및 해설 · · · · · · · · · · · · · · · · · 295
10회 모의고사 정답 및 해설 · · · · · · · · · · · · · · · · · 299

01회
모의고사

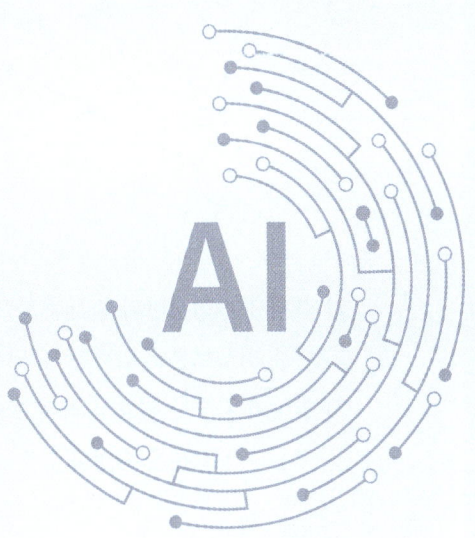

01회 모의고사

01 다음 중 지도학습(Supervised Learning)의 특징으로 적절한 것을 고르시오.

① 데이터에 정답(레이블)이 존재하지 않고 패턴을 스스로 학습한다.
② 외부의 보상 신호에 의해 점진적으로 학습하고 최적의 행동을 찾는다.
③ 정답(레이블)이 포함된 데이터를 통해 학습하며, 예측 정확성을 높인다.
④ 다층 퍼셉트론을 기반으로 여러 단계의 학습을 수행한다.

02 다음 퍼셉트론의 개념도를 참고하여 옳은 설명을 고르시오.

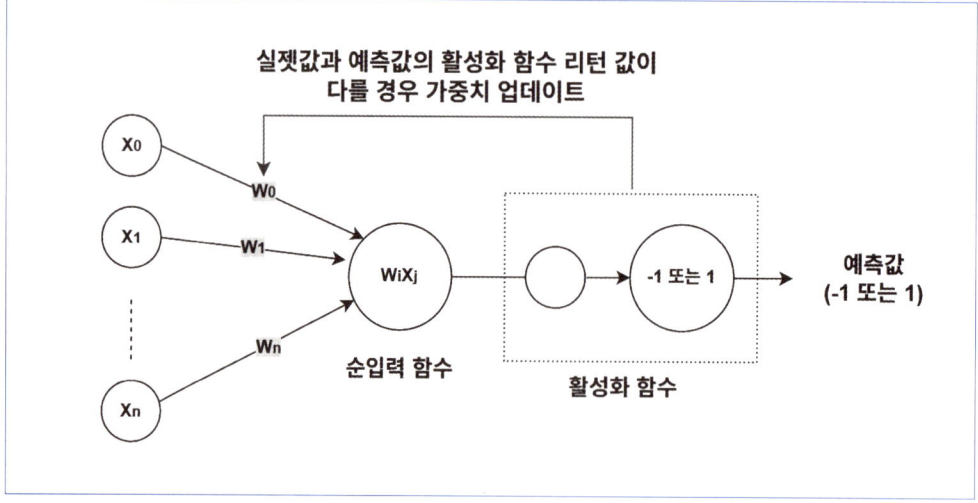

① 출력층은 신경망의 중간층으로, 예측 결과를 출력한다.
② 다층 퍼셉트론은 입력층, 은닉층, 출력층으로 구분한다.
③ 활성화 함수는 신호의 최적화 여부를 결정한다.
④ 단층 퍼셉트론은 활성화 함수를 사용하지 않는다.

03 다음 보기에서 지도학습 중 분류의 예시로 적절한 것을 고르시오.

① 기록을 바탕으로 향후 스팸 메일의 반응 여부를 예측하는 모델
② 위치와 크기 정보를 바탕으로 향후 주택 가격을 예측하는 모델
③ 키와 몸무게 데이터를 분석하여 BMI 지수를 예측하는 모델
④ 연료 소비량을 분석하여 자동차의 주행 거리를 예측하는 모델

04 다음 보기에서 지도학습(Supervised Learning)과 비지도학습(Unsupervised Learning)의 유형이 알맞게 짝지어진 것을 고르시오.

	지도학습	비지도학습
①	클러스터링(Clustering)	회귀(Regression)
②	군집화(Clustering)	K-means 알고리즘
③	차원축소(Dimension Reduction)	분류(Classification)
④	회귀(Regression)	차원 축소(Dimension Reduction)

05 다음 중 거대 언어 모델(LLM; Large Language Model)의 주요 특징으로 옳지 않은 것을 고르시오.

① 대규모 데이터셋을 학습하여 언어의 뉘앙스와 패턴을 파악한다.
② 입력된 문장을 문법 규칙에 따라 고정된 방식으로 처리한다.
③ 단순한 텍스트 생성뿐만 아니라 답변 제공, 기계 번역 등을 수행한다.
④ 사전 학습과 미세 조정 단계를 통해 특정 도메인에 맞게 모델을 조정한다.

06 다음은 생성 AI에 프롬프트를 입력하여 이미지를 생성한 결과이다. 이에 대한 설명으로 옳은 것을 고르시오.

프롬프트	파리의 에펠탑이 보이는 밤하늘에 화려한 불꽃놀이가 펼쳐진 풍경을 그려줘.
응답결과	

① 생성 AI가 파리의 실제 사진을 검색하여 사용자에게 제공한다.
② 생성 AI가 여행지 정보를 분석하여 추천 관광지를 알려준다.
③ 생성 AI가 요청한 키워드를 기반으로 가상의 파리 이미지를 생성한다.
④ 생성 AI가 이전 여행 사진을 분석하여 비슷한 이미지를 찾는다.

07 다음 그림은 생성적 적대 신경망(GAN; Generative Adversarial Networks)의 구조를 나타낸 것이다. 각 구성 요소별 역할 중 옳은 것을 고르시오.

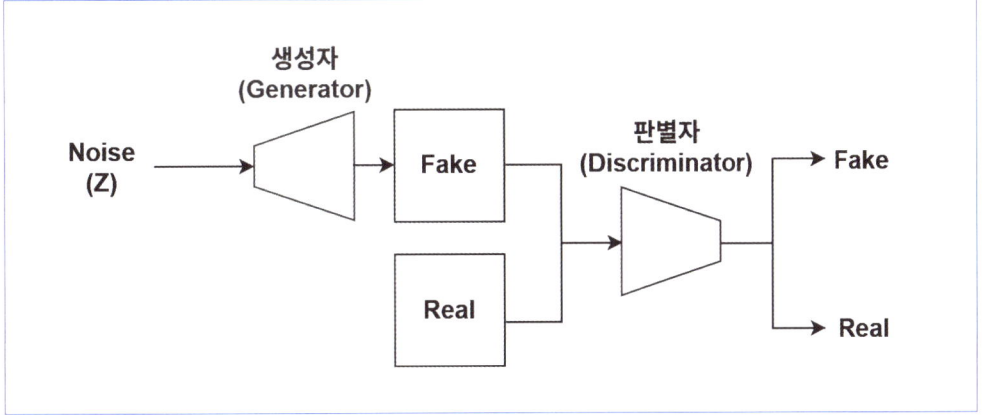

① 판별자는 생성된 이미지의 진위를 판별한다.
② 생성자는 판별자 없이 독립적으로 학습한다.
③ 생성자는 기존 데이터를 분석하여 반복 생성한다.
④ 판별자는 생성된 결과를 저장하고 모델에 전달한다.

08 아래 보기에서 설명하는 자연어 처리 기술로 옳은 것을 고르시오.

> 두 문장 간의 관계를 파악해서 한 텍스트가 다른 텍스트를 논리적으로 함축하는지 판단하는 기법
>
> **예시**
>
> "A 회사가 B 회사를 인수했다." → "B 회사는 더 이상 독립적인 회사가 아니다"라는 텍스트를 추론

① 형태소 분석(Morphological Analysis)
② 텍스트 함축(Textual Entailment)
③ 의미 파싱(Semantic Parsing)
④ 단어 분리(Word Tokenization)

09 다음 중 프롬프트 엔지니어링의 특징으로 알맞게 짝지어진 것을 고르시오.

> ㄱ. AI 모델에게 특정한 응답을 유도할 수 있음
> ㄴ. 결과 생성의 품질을 사용자의 입력 방식에 따라 조정 가능
> ㄷ. 정형화된 명령어만을 입력해야 함
> ㄹ. 비전문가도 기본 원리를 이해하면 활용 가능
> ㅁ. AI 모델을 직접 수정해야 적용 가능

① ㄱ, ㄴ, ㅁ   ② ㄱ, ㄷ, ㅁ   ③ ㄴ, ㄷ, ㄹ   ④ ㄱ, ㄴ, ㄹ

10 다음 제미나이(Gemini)와의 대화에 적용된 하이퍼파라미터(Hyperparameter)의 역할로 옳은 것을 고르시오.

제시문 A

프롬프트	사과에 대해 짧게 설명해 줘. Temperature=0.1
응답결과	사과는 장미과에 속하는 과일입니다. 둥근 형태를 가지며, 붉거나 초록색을 띱니다.

제시문 B

프롬프트	사과에 대해 짧게 설명해 줘. Temperature=2.0
응답결과	아, 사과요! 이건 단순한 과일이 아니죠! 마치 에덴동산의 유혹처럼 강렬한 붉은 빛을 뽐내기도 하고, 뉴턴의 머리 위로 떨어진 운명적인 깨달음의 순간을 상징하기도 하죠! 아삭 한입 베어 물면 입안 가득 퍼지는 달콤함은 마치 첫사랑의 설렘과 같고요! 정말 매력적인 존재 아닌가요?

① 입력된 숫자에 따라 생성되는 결과물의 창의성을 제어한다.
② 토큰이 답변에 다시 등장할 확률을 높이거나 낮춘다.
③ Beam Search 알고리즘을 사용할 때 후보 개수를 제어한다.
④ 가능성 적은 토큰들을 제외하여 답변의 일관성을 유지한다.

11 다음은 챗GPT에게 수학 문제를 요청한 프롬프트이다. 어떤 프롬프트 설계 기법을 사용하였는지 고르시오.

프롬프트	한 상자에 연필이 12자루씩 들어 있고, 총 7개의 상자가 있어. 상자에 들어 있는 연필 개수를 하나씩 세면서 단계별로 계산하고, 마지막에 최종 결과를 알려줘
응답결과	좋습니다. 단계별로 차근차근 계산해 보겠습니다. ** 단계별 계산 ** 한 상자에 들어 있는 연필 개수 → 12자루 총 상자 개수 → 7개 각 상자를 하나씩 세며 계산 …

① 제로샷 러닝(Zero-shot Learning)
② 생각의 사슬(CoT; Chain of Thought)
③ 역할 프롬프트(Role Prompt)
④ 퓨샷 러닝(Few-shot Learning)

12 다음 중 챗GPT의 효과적 사용을 위한 질의 규칙이 아닌 것을 고르시오.

① 질문의 명확화
② 배경 정보의 제공
③ 질문의 목적 및 의도 명시
④ 부정확한 정보 제공

13 다음 중 생성 AI의 출력 일관성과 명확성을 높이기 위한 프롬프트 구성 전략으로 적절한 것을 고르시오.

① 친절한 말투를 사용해달라고 매번 요청한다.
② 생성 AI가 자유롭게 응답하도록 구성한다.
③ 응답 항목 수, 길이, 형식을 명확히 지정한다.
④ 결과에 AI의 의견을 반드시 포함하도록 한다.

14 다음 보기에서 설명하는 프롬프트를 활용한 문장 분석 방식을 고르시오.

> 내용적 측면의 분석, 구조적 측면의 분석, 사실과 주장을 분리하여 분석하는 방법

① 지문 분석 요청하기
② 요약
③ 핵심 문장 추출
④ 지문을 토대로 새로운 생각 도출

15 다음 중 ㉠에 들어갈 확장 프로그램으로 옳은 것을 고르시오.

확장 프로그램	설명
㉠	전문가가 사전에 만든 프롬프트를 편리하게 사용할 수 있도록 도와주는 확장 프로그램
	고품질 프롬프트 라이브러리로부터 다양한 생성 AI 모델을 위한 프롬프트를 제공

① DeepL 번역
② ArxivGPT
③ AIPRM
④ 프롬프트 지니

16 다음 상황을 만족하기 위한 미드저니 프롬프트를 고르시오.

상황	별똥별이 떨어지는 봄의 하늘을 표현하고 싶을 때
응답결과	

① /blend The stars dance like fireflies in the dreamy twilight
　　(별들은 몽환적인 황혼 속에서 반딧불처럼 춤을 춘다.)
② /show draw a shooting stars, a spring night
　　(유성을 그리다, 봄밤)
③ /info Generate an image of meteors gently falling through the sky
　　(하늘을 부드럽게 가로지르는 유성의 이미지를 생성한다.)
④ /imagine A spring night sky lit by falling shooting stars
　　(유성이 떨어지는 봄밤 하늘)

17 다음 파이썬 코드와 실행 결과를 참고하여 어떤 자료형이 사용되었는지 고르시오.

라인	코드
1	dict = { "key1" : "1", "key2" : 2 }
2	print(dict)

실행 결과

{'key1': '1', 'key2': 2}

① 문자형 자료형

② 딕셔너리 자료형

③ 리스트 자료형

④ 튜플 자료형

18 다음과 같은 스테이블 디퓨전(Stable Diffusion)의 이미지 생성 시 설정값 ㉠, ㉡에 대한 설명으로 알맞게 짝지어진 것을 고르시오.

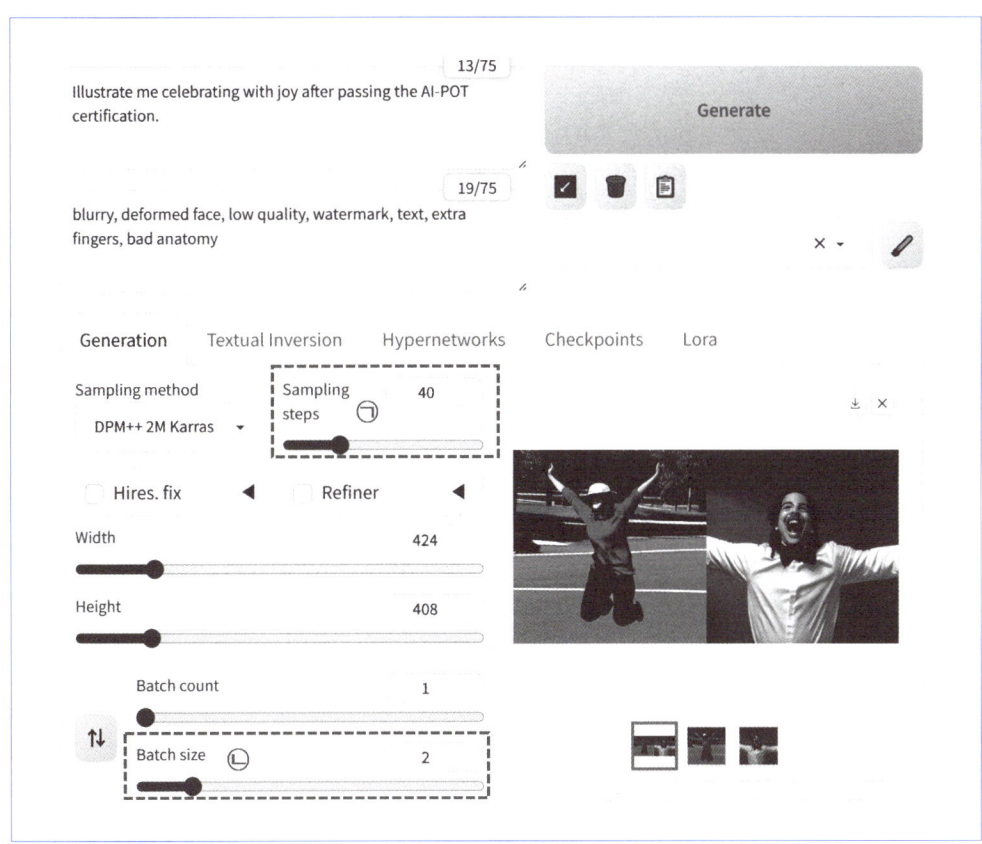

	㉠	㉡
①	한 번에 생성할 이미지 개수	원하지 않는 요소 제거 횟수
②	이미지 생성 반복 횟수	이미지 생성 방식
③	생성할 이미지의 너비	생성할 이미지의 높이
④	이미지 생성 반복 횟수	한 번에 생성할 이미지 개수

19 다음 파이썬 코드에서 ㉠에 들어갈 예약어로 가장 적절한 것을 고르시오.

정의	- 조건부 실행을 수행하기 위해 사용되는 구문 - 주어지는 조건이 참 또는 거짓 각각의 경우에 해당할 경우 실행
예시 코드	(㉠) True : 　　print("프롬프트 활용능력 2급 준비") else: 　　print("프롬프트 활용능력 2급 합격")

① if　　　② while　　　③ def　　　④ for

20 다음 보기에서 설명하는 도구를 고르시오.

> 웹 기반 UI(사용자 인터페이스) 및 UX(사용자 경험) 디자인 및 프로토타이핑을 위한 디자인 협업 도구로써, 갈릴레오 AI에서 생성한 웹사이트 시안을 연동하여 사용할 수 있다.

① 오픈AI(OpenAI)
② Jasper(Jasper AI)
③ 피그마(Figma)
④ 런웨이ML(RunwayML)

21 다음 보기에서 ㉠에 들어갈 단어로 알맞은 것을 고르시오.

> 챗GPT의 음성 모드를 통해 음성으로 프롬프트를 입력하면 챗GPT는 (㉠) 기술을 이용하여 텍스트로 응답한 것을 오디오로 변환한다.

① STT(Speech-to-Text)
② TTS(Text To Speech)
③ TTV(Text-to-Voice)
④ ASR(Automatic Speech Recognition)

22. 다음은 스테이블 디퓨전에서 생성한 이미지를 분석한 결과이다. 어떤 데이터를 분석하였는지 고르시오.

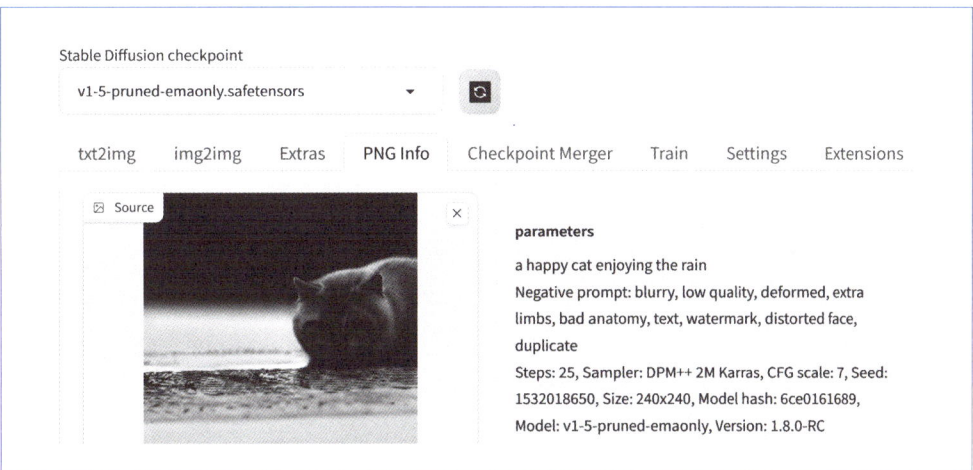

① 이미지 메타데이터
② 샘플링 메소드
③ 하이퍼파라미터
④ 빅데이터

23 다음은 AIPRM 확장 프로그램의 화면이다. ㉠, ㉡, ㉢에 들어갈 내용으로 알맞게 짝지어진 것을 고르시오.

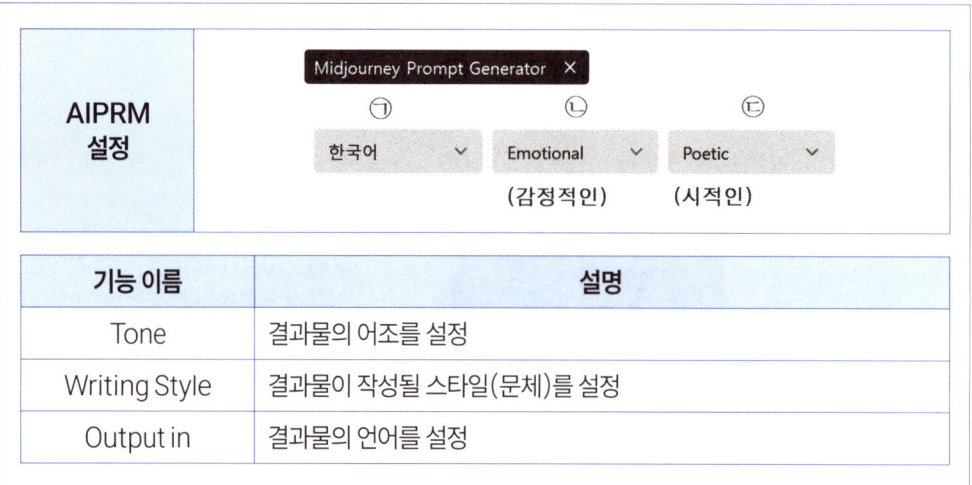

	㉠	㉡	㉢
①	Writing Style	Output in	Tone
②	Output in	Tone	Writing Style
③	Tone	Output in	Writing Style
④	Writing Style	Tone	Output in

24 다음은 파이썬 코드의 실행 결과이다. 에러가 발생하는 이유로 옳은 것을 고르시오.

파이썬 코드	def greet(name): print("안녕하세요", name) greet(user_name)
실행 결과	NameError: name 'user_name' is not defined

① 조건 다음의 실행 문장에 들여쓰기를 하지 않음
② user_name의 첫 글자가 대문자가 아님
③ 쌍따옴표와 홑따옴표를 혼합해서 사용함
④ 변수를 선언하지 않고 변수를 사용하고자 함

25 챗GPT로 만든 마케팅 문구로 시각적 마케팅 자료를 제작할 때, 저작권 걱정 없이 사용할 수 있는 웹 기반 디자인 도구는 무엇인지 고르시오.

① 노션(Notion)
② 에버노트(Evernote)
③ 트렐로(Trello)
④ 미리캔버스(MiriCanvas)

26 다음은 생성 AI를 활용하여 업무 생산성을 높이는 과정이다. 올바른 순서로 나열된 것을 고르시오.

㉠	생성 AI가 문서 초안을 작성한다.
㉡	사용자가 검토한다.
㉢	자동 수정 기능을 사용한다.
㉣	사용자 맞춤 스타일로 편집한다.

① ㉠ → ㉢ → ㉣ → ㉡
② ㉠ → ㉣ → ㉢ → ㉡
③ ㉢ → ㉠ → ㉣ → ㉡
④ ㉠ → ㉢ → ㉡ → ㉣

27 다음 보기에 해당하는 저작권 이슈의 구분 항목으로 가장 적절한 것을 고르시오.

> 생성 AI 학습을 위해 데이터를 수집한 뒤, 인공 신경망(ANN)에 전달하여 학습시키는 과정에서 학습 데이터에 포함된 저작물에 대한 복제 등의 작업을 수행한다.

① 저작물의 무단 복제
② 사용 및 배포 동의
③ 파트너쉽 혹은 라이선스
④ 소유자의 저작권 이슈

28 다음 중 생성 AI의 편향(Bias) 방지를 위한 옳은 사례를 고르시오.

① AI가 특정 지역의 범죄율을 분석할 때, 과거 통계 중심으로 예측하여 지역 간 고정관념이 반영될 수 있다.
② AI가 생성한 뉴스 기사를 작성할 때, 과거 특정 언론사의 자료에 기반해 일관된 관점을 유지할 수 있다.
③ AI가 교육 자료를 생성할 때, 지역, 성별, 나이 등에 대한 편견 없이 균등하게 정보를 생성하고 배포한다.
④ AI가 사용자의 건강 데이터를 분석할 때, 일부 연령층 데이터를 우선 적용하여 특정 대상에 집중할 수 있다.

29 다음은 생성 AI가 비즈니스 문서 생성에 사용된 예시이다. 해당 시나리오에 가장 적합한 생성 AI의 역할을 고르시오.

시나리오	한 기업의 인사팀은 생성 AI에게 "2025년 인재 채용 계획서 초안을 작성해 줘."라고 요청했습니다. 생성 AI는 이에 대하여 지난 3년간의 채용 데이터를 바탕으로 기업의 성장 계획, 인재 필요 분석, 채용 목표를 포함한 초안을 자동 생성하였습니다.

① 인재 채용 인터뷰를 실시간으로 진행한다.
② 작성된 채용 계획서를 검토하고 수정한다.
③ 채용 데이터를 분석하고, 계획서를 생성한다.
④ 지원자 정보를 수집하여 면접 일정을 조정한다.

30 다음은 구글 워크스페이스 확장 프로그램 중 일부 화면이다. 사용자의 요청에 대해 프레젠테이션을 생성하는 확장 프로그램으로 옳은 것을 고르시오.

① Pictory.ai

② SlidesAI.io

③ Soundraw.io

④ Synthesia.io

※ [31. ~ 35.] 단답형 주관식 답안 작성 시 주의 사항 및 예시를 참고하시오.

구분	내용
주의사항	영문 및 한글 오타, 띄어쓰기, 불필요한 콤마, 따옴표 등 주의
답안 (예시)	생성 AI ※복수 정답 인정(생성 인공지능, 생성 ai도 정답처리)

31 스테이블 디퓨전(Stable Diffusion)에서 아래와 같이 이미지 생성 결과의 무작위성을 제어하기 위해 사용하는 설정값을 작성하시오.

프롬프트	a fantasy castle floating in the sky, hyper-detailed, golden hour (하늘에 떠 있는 판타지 성, 골든 아워, 극도로 정교한 묘사)
네거티브 프롬프트	text, logo, watermark, signature, label, low quality, blurry (텍스트, 로고, 워터마크, 서명, 라벨, 저화질, 흐릿함)

응답결과 1		응답결과 2	

답안

---

32 다음의 두 그림과 같이 미드저니(Midjourney)에서 이미지의 가로 대 세로 비율을 설정하는 옵션은 무엇인지 작성하시오.

비율	16 : 9	비율	1 : 1

답안

33

다음 파이썬 코드와 실행 결과를 보고 (㉠) 에 들어갈 구문을 작성하시오.

코드	result = ['one', 'two', 'three'] (㉠) num in result: print(num)
실행 결과	one two three

답안

34

다음 설명에 공통으로 해당하는 이미지 생성 AI 모델의 이름을 쓰시오.

학습된 모델이 주로 키워드 형태로 구성되어 있으며 키워드형 프롬프트 입력에 유리하고, 디스크 용량의 극복을 위해 로라(LoRA) 모델을 사용하여 생성할 이미지에 특성을 추가할 수 있다.

답안

35 다음과 같이 코파일럿(Copilot)에 이미지를 추가하고, 멀티모달 프롬프트를 작성한 결과이다. 이때 ㉠에 들어갈 알맞은 단어를 작성하시오.

프롬프트	 업로드 한 이미지를 분석해서 다음 포맷에 맞게 출력해 줘. 한글 : { ㉠ }, { ㉠ }, { ㉠ }, …
응답결과	한글 : 곰, 책, 창문, 산, 풍경, 나무, 구름

※ [36. ~ 40.] 다중보기 선택형 주관식 답안 작성 시 주의 사항 및 예시를 참고하시오.

구분	내용
주의사항	- 보기에서 선택하여 답안에 작성 - 보기 외 한글, 영어 등은 오답처리

36 ~ 40

다음은 여행사 이벤트 홍보를 위해 이미지 생성 및 마케팅 시안을 작성하는 과정이다. ①~⑤에 들어갈 내용을 <보기>에서 골라 답안을 작성하시오.

- 제시문 A : 챗GPT에서 이미지 생성을 위한 프롬프트를 작성하는 과정
- 제시문 B : 스테이블 디퓨전에서 이미지를 생성하는 과정
- 제시문 C : 마케팅 시안 작성 및 결과물의 적합성 확인 및 결과물 보완 과정

제시문 A

프롬프트	여행사 이벤트 홍보를 위한 마케팅 시안을 작성하고 싶어. 설득력 있는 문체의 프롬프트를 생성해 줘. Writing Style=(①)
응답결과	단 한 번의 여름, 놓치지 마세요. 지금 예약시 최대 30% 할인!
프롬프트	스테이블 디퓨전에서 이미지를 생성할 수 있도록 응답결과 1을 영문 단어와 콤마로 구분해서 구체적으로 생성해 줘.
응답결과	sunset beach, golden hour, soft waves, clear blue sky, relaxing vacation mood, warm sunlight, footprints in sand, tropical landscape, cinematic lighting, promotional poster style, high resolution, vibrant colors, glowing light

제시문 B

생성 조건	- 가로 대 세로 비율을 1 : 1 로 설정한다 - 시안 비교를 위해 1장씩 3회의 이미지를 생성한다.
스테이블 디퓨전 옵션 설정	Width 400 ② 400 ③ 3
이미지 생성 결과	

제시문 C	
미리캔버스로 시안 완성	 **단 한 번의 여름, 놓치지 마세요** 지금 예약하면 최대 30% 할인! ▶ 예약하러 가기
적합성 확인	- 마케팅 시안을 주변의 동료가 제삼자의 시각에서 시안 검토를 하는 (④)를 수행한다.
결과물 보완	- 적합성 결과의 보완을 위해 챗GPT에서 생성한 프롬프트의 내용을 구체적으로 작성하여 다른 내용으로 생성하도록 지시하는 (⑤) 방법을 사용한다.

36번 ~ 40번 보기				
Academic (학문적인)	Persuasive (설득적)	Narrative (서술적)	Poetic (시적)	Default (기본)
Seed (난수값)	Sampler (샘플러)	Prompt (프롬프트)	Span (폭)	Height (높이)
Batch Count (배치 개수)	Sampling Steps (샘플링 스텝)	Batch Size (배치 크기)	Image Size (이미지 크기)	Model (모델)
요구사항 확인	사용자 확인	전문가 확인	동료 검토	비용 확인
다른 서비스 이용	프롬프트 개선	이미지 재생성	모델 학습	이미지 재출력

36 ①에 들어갈 내용을 보기에서 골라 쓰시오. (   )

37 ②에 들어갈 내용을 보기에서 골라 쓰시오. (   )

38 ③에 들어갈 내용을 보기에서 골라 쓰시오. (   )

39 ④에 들어갈 내용을 보기에서 골라 쓰시오. (   )

40 ⑤에 들어갈 내용을 보기에서 골라 쓰시오. (   )

AI 프롬프트 활용능력 2급 실전 모의고사

02회
모의고사

02회 모의고사

01 다음 중 인공지능의 특징으로 적절하지 않은 것을 고르시오.

① 많은 양의 데이터를 처리하고 분석하여 복잡한 패턴을 인식하고 예측한다.
② 자연어 처리 기술을 활용하여 인간의 언어를 이해한다.
③ 데이터를 스스로 생성하고, 경험을 바탕으로 성능을 지속해서 개선한다.
④ 신규 데이터, 환경 변화에 따라 알고리즘을 자동으로 조정하고 최적화한다.

02 다음 보기에서 설명하는 의사결정트리의 분석 단계를 고르시오.

- 너무 복잡한 의사결정트리는 과적합을 일으킬 수 있으므로 트리의 깊이를 제한하거나 불필요한 노드를 제거하는 과정을 수행할 수 있다.
- 이것은 모델의 일반화 성능을 높이는 데 도움을 준다.

① 정지 조건 검사
② 루트 노드 선택
③ 분할 기준 결정
④ 가지치기

03 다음 중 서포트 벡터 머신(SVM)의 구성요소로 옳지 않은 것을 고르시오.

① 서포트 벡터(Support Vector)
② 마진(Margin)
③ 소평면(Small Plain)
④ 결정 경계(Decision Boundary)

04 다음 중 혼동행렬의 구성요소로 옳지 않은 것을 고르시오.

① 정확도(Accuracy) ② G1 점수(G1 Score)
③ 재현도(Recall) ④ 정밀도(Precision)

05 다음 중 생성 AI와 검색엔진의 차이점을 비교한 내용으로 옳지 않은 것을 고르시오.

	구분	생성 AI	검색엔진
①	작동 방식	웹 크롤링과 인덱싱을 이용하여 수집된 정보를 검색 키워드에 맞게 제공	학습 데이터를 기반으로 새로운 데이터를 생성하는 알고리즘 사용
②	목적	새로운 콘텐츠(텍스트, 이미지 등) 생성	저장된 데이터 내에서 검색하려는 키워드에 맞는 정보 제공
③	입력 데이터	학습 과정에서 사용된 대규모 데이터셋	사용자의 검색 키워드
④	결과물	사용자 입력 데이터를 기반으로 생성한 새롭고 창의적인 콘텐츠	사용자 입력 데이터의 키워드와 관련성이 높은 웹 페이지 목록

06 다음은 변이형 자동 인코더(VAE)의 구조이다. ㉠, ㉡에 들어갈 내용으로 옳게 짝지어진 것을 고르시오.

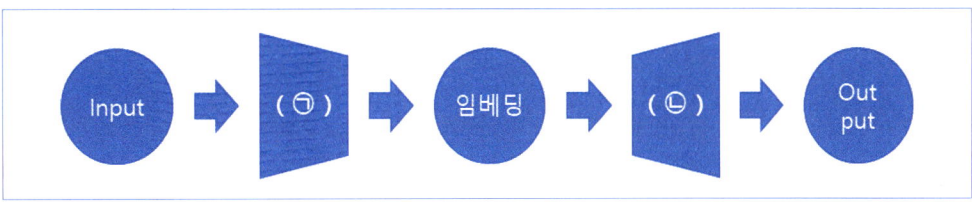

	㉠	㉡
①	디코더(Decoder)	코더(Coder)
②	인코더(Encoder)	코더(Coder)
③	인코더(Encoder)	디코더(Decoder)
④	디코더(Decoder)	인코더(Encoder)

07 다음 보기에서 설명하는 챗GPT의 작동 원리를 고르시오.

> 사전 학습(Pre-trained)한 모델에 최소한의 정보만 수정하여, 새로운 모델을 생성하는 방법

① 미세 조정
② 사전 학습
③ 대화 생성
④ 응답 최적화

08 다음은 인공지능과 관련된 설명이다. ㉠, ㉡에 들어갈 내용으로 옳게 짝지어진 것을 고르시오.

용어	설명
(㉠)	· 텍스트, 이미지, 오디오, 비디오 등 다양한 형태의 데이터를 동시에 처리하고 이해할 수 있는 인공지능 모델
(㉡)	· 인간처럼 다양한 상황과 문제를 해결할 수 있는 능력을 갖춘 범용적인 인공지능

	㉠	㉡
①	LMM(Large Multimodal Models)	AGI(Artificial General Intelligence)
②	LLM(Large Language Model)	xAI(Explainable AI)
③	LMM(Large Multimodal Models)	AI(Artificial Intelligence)
④	LLM(Large Language Model)	xAI(Explainable AI)

09 다음 보기에서 자연어 분석의 단계를 순서대로 나열한 것을 고르시오.

> ㄱ. 구문 분석   ㄴ. 화용 분석
> ㄷ. 의미 분석   ㄹ. 형태소 분석

① ㄱ → ㄴ → ㄷ → ㄹ
② ㄴ → ㄱ → ㄹ → ㄷ
③ ㄷ → ㄹ → ㄱ → ㄴ
④ ㄹ → ㄱ → ㄷ → ㄴ

10 다음 중 챗GPT를 효과적으로 사용하기 위한 질의 규칙으로 적절하지 않은 것을 고르시오.

① 무엇을 물어볼 것인지 질문을 명확하게 해야 한다.
② 프롬프트를 작성하는 질문의 목적과 의도를 명확하게 해야 한다.
③ 챗GPT가 프롬프트를 알아서 해석하므로 질문 범주를 제한하지 않아도 된다.
④ 배경 정보를 제공하면 문맥을 이해하고 더 정확한 답변을 할 수 있다.

11 다음은 제미나이에서 입력한 프롬프트와 그 결과이다. ㉠에 들어갈 프롬프트로 가장 적절한 것을 고르시오.

프롬프트 1	안부를 묻는 인사 2개만 알려줘.
응답 1	안녕하세요! 잘 지내셨어요? 오랜만이에요! 별일 없으시죠?
프롬프트 2	(㉠)
응답 2	**CC:** 수신자 님 (receiver@example.com) 참조 1 님 (cc1@example.com) 참조 2 님 (cc2@example.com) **제목:** 안부 인사드립니다. **본문:** 안녕하세요, 잘 지내셨는지 궁금합니다. 오랜만입니다. 별일 없으신지요? 감사합니다.

① 대화형 문체로 바꿔줘.
② 이메일 내용으로 번역해줘.
③ 이메일 작문 방식으로 바꿔줘.
④ 임무: 번역(이메일 → 인사)

12 다음은 챗GPT에서 프롬프트를 입력하여 실행한 결과이다. 어떤 프롬프트 작성 프레임워크를 사용하였는지 고르시오.

프롬프트	음식 또는 과일 등의 이름이 주어지면 해당 영어 이름의 맨 앞글자만을 매칭시켜줘. 피자, 파인애플, 사과, 배
실행 결과	아래는 주어진 음식/과일 이름의 영어 이름 앞글자와의 매칭입니다: <table><tr><th>한글 이름</th><th>영어 이름</th><th>앞글자</th></tr><tr><td>피자</td><td>Pizza</td><td>P</td></tr><tr><td>파인애플</td><td>Pineapple</td><td>P</td></tr><tr><td>사과</td><td>Apple</td><td>A</td></tr><tr><td>배</td><td>Pear</td><td>P</td></tr></table> 필요하면 다른 음식이나 과일도 추가해드릴까요?

① 퓨샷 러닝
② 자기 일관성 러닝
③ 생각의 사슬
④ 제로샷 러닝

13 다음 보기에서 ㉠에 들어갈 내용을 고르시오.

설명	- 임베딩은 전체 단어 간의 관계에 맞춰 해당 단어의 특성을 갖는 벡터로 바꿔서 단어들 사이의 (㉠)을/를 계산하는 기법이다. - 이러한 (㉠) 계산을 통해 단어 간의 의미적·문법적 관계를 파악해 낼 수 있다. - 예를 들어, "아들-딸" 사이의 관계와 "소년-소녀" 사이의 의미 차이가 임베딩에 함축되어 있으면 좋은 임베딩이라 할 수 있다.
임베딩 내부 예시	- 임베딩 내부에 "아들-딸", "소년-소녀" 사이의 의미 차이가 함축되어 있다.

① 코퍼스(Corpus)
② 엔-그램(N-gram)
③ 워드 클라우드(Word Cloud)
④ 유사도(Similarity)

14 다음 중 생성 AI의 응답 명확화를 위한 프롬프트 작성 방안으로 옳지 않은 것을 고르시오.

① 구분기호를 사용하지 않고 입력한다.
② 명확하고 구체적으로 지시한다.
③ 맥락 및 요구사항을 상세화한다.
④ 원하는 작업의 성공적인 실행 예시를 제공한다.

15 다음은 챗GPT에서 Writing Style 하이퍼파라미터를 적용한 프롬프트의 실행 결과이다. ㉠, ㉡에 들어갈 Writing Style로 적절한 것을 고르시오.

프롬프트	Writing Style	응답 결과
시험을 준비하는 방법을 알려줘.	(㉠)	시험을 효과적으로 준비하기 위한 단계별 방법은 다음과 같습니다: 1. 목표 설정 2. 학습 계획 수립 3. 핵심 개념 정리 …
	(㉡)	시험은 먼 길을 걷는 여정이니 마음을 가다듬고 길을 나서야 하리. 책장을 넘기는 바람에도 지식은 작은 씨앗처럼 심기니 하루의 틈마다 물을 주고 의심의 구름은 곧게 걷어내리. …

	㉠	㉡
①	Instructive(지시적인)	Poetic(시적인)
②	Instructive(지시적인)	Descriptive(묘사적인)
③	Descriptive(묘사적인)	Conversational(회화적인)
④	Conversational(회화적인)	Instructive(지시적인)

16 다음 보기처럼 제미나이에서 코드를 생성할 때 대화형 인터랙션을 수행하는 기능으로 옳은 것을 고르시오.

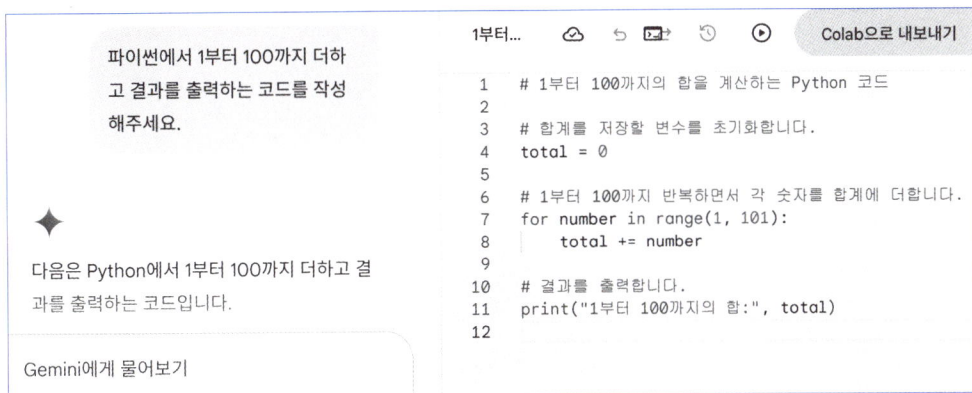

① 파일 업로드(Upload)
② 캔버스(Canvas)
③ Drive에서 파일 추가
④ 딥 리서치(Deep Research)

17 다음 중 챗GPT의 음성 모드에서 챗GPT가 응답 결과 생성 시 사용하는 기술을 고르시오.

① STT(Speech-to Text)
② TTS(Text-to Speech)
③ VC(Voice Conversion)
④ ASR(Acoustic Speech Recognition)

18 다음 파이썬 코드의 실행 결과로 옳은 것을 고르시오.

라인	코드
1	num = 0
2	for count in range(0, 3) :
3	print(count, num)

① 0 0
   0 0
   0 0
   0 0

② 0 0
   0 1
   0 2
   0 3

③ 0 0
   1 0
   2 0

④ 2 0
   1 0
   0 0

19 다음은 스테이블 디퓨전에서 작성한 프롬프트 중 로라(LoRA) 정의 부분이다. 해당 프롬프트의 특징으로 옳지 않은 것을 고르시오.

프롬프트 일부	\<lora:animeoutlineV4_16:1\> \<lora:add_detail:1\> \<lora:simple_background_v2:1\>

① 서로 다른 로라를 여러 개 사용할 수 있다.
② 실행 시 해당 로라 파일이 없으면 무시한다.
③ 가중치를 1 이하로 지정할 수 있다.
④ 가중치를 1 이상으로 지정할 수 없다.

20. 다음은 챗GPT에서 생성한 이미지이다. 이미지를 묘사하는 프롬프트로 적절하지 않은 것을 고르시오.

① 시험 합격까지의 과정을 그린 4컷 동기부여 만화
② 소녀가 사계절 자연을 여행하는 수채화풍 만화
③ 선택과 희망을 주제로 한 교육용 웹툰 형식의 만화
④ 소년이 감정을 표현하며 성장하는 동기 중심 만화

21 다음과 같이 이미지를 생성하기 위해 미드저니 프롬프트로 입력할 내용으로 적절하지 않은 것을 고르시오.

이미지

이미지 설명

- 수채화풍의 이미지를 생성하였다.
- 생성된 이미지의 크기는 정사각형이다.
- 실사 스타일의 이미지로 생성하였다.

① 옵션 : --style raw
② 프롬프트 : Watercolor painting
③ 옵션 : --ar 1:1.414
④ 프롬프트 : Portrait of a woman

22 다음은 스테이블 디퓨전에서 생성한 이미지를 분석하는 화면이다. 분석 결과에서 알 수 있는 사실을 고르시오.

이미지	
분석 결과	masterpiece, best quality, 1girl, solo, looking at viewer, long hair, smile, 8k realistic, highres, highly detailed, upper body (걸작, 최고 품질, 1인칭, 솔로, 시청자를 바라부는 모습, 긴 머리, 미소, 8K 사실적, 고해상도, 매우 디테일한 묘사, 상체) <lora:add_detail:1> **Negative prompt:** bad hands, lowers, 3d render, cartoon, long body (나쁜 손, 낮춤, 3D 렌더링, 만화, 긴 몸) **CFG scale:** 7 **Seed:** 2700217430 **Size:** 512x512

① 네거티브 프롬프트가 사용되었다.
② 프롬프트가 지시하는 내용을 모델이 잘 준수하지 않았다.
③ 생성된 이미지의 크기는 가로 256픽셀, 세로 512픽셀이다.
④ Seed 값을 다르게 해도 동일한 이미지가 생성된다.

23 다음은 캐글에서 다운로드한 데이터를 챗GPT를 통해 분석하는 과정이다. 데이터 항목과 분석 결과를 참고하여 입력 프롬프트로 가장 적절한 것을 고르시오.

	spotifydataset.csv 파일 내용	
데이터 항목	컬럼명	설명
	followers	아티스트 팔로워 수 (인기도 비교)
	artist_popularity	아티스트 인기 지표 (0~100)
	track_popularity	곡의 인기 점수 (0~100)
	tempo	곡의 템포 (BPM 단위)
	release_date	음반이 발매된 일자
분석 결과	Average Followers by Release Year 그래프	

① artist_popularity 칼럼과 followers 칼럼을 기반으로 그래프를 그려줘.
② tempo 칼럼과 release_date 칼럼을 기반으로 그래프를 그려줘.
③ followers 칼럼과 release_date 칼럼을 기반으로 그래프를 그려줘.
④ release_date 칼럼을 기반으로 그래프를 그려줘.

24 프롬프트 엔지니어 김 사원은 오픈 AI의 API를 사용하기 위해 API 키를 생성하고자 한다. API 권한을 설정하기 위한 항목 중 ㉠, ㉡에 들어갈 내용으로 옳은 것을 고르시오.

권한	설명
(㉠)	- 호출할 API에 대해 사용 안 함(None), 읽기(Read), 쓰기(Write)로 선택할 수 있다. - 전부 "사용 안 함"인 경우에는 키 생성이 불가능하다.
(㉡)	- 모든 API 호출을 읽기만 수행할 수 있는 권한을 지정한다.

	㉠	㉡
①	모두(All)	제한(Restricted)
②	제한(Restricted)	모두(All)
③	제한(Restricted)	읽기 전용(Read Only)
④	읽기 전용(Read Only)	제한(Restricted)

25 다음은 사진으로 촬영한 이미지를 미드저니로 보정하는 과정이다. 이미지와 **프롬프트**를 확인하여 옳지 않은 설명을 고르시오.

사진 촬영 이미지	
프롬프트 (영문)	High-resolution realistic, detailed and vivid color of strawberry, dramatic lighting with mild tone, 9500K light blub, Sony Alpha a7 III camera with a Sony FE 16-35mm f/2.8 GM lens
프롬프트 (한글)	고해상도의 사실적이고 상세하며 생생한 색상의 딸기, 은은한 톤의 극적인 조명, 9500K 전구, Sony FE 16-35mm f/2.8 GM 렌즈를 장착한 Sony Alpha a7 III 카메라
생성된 이미지	

① 딸기 이미지를 현실적이고 초고해상도인 이미지로 재생성하였다.
② 특정 카메라 모델을 명시하고, 해당 카메라가 촬영한 것처럼 지시하였다.
③ 따뜻하고 극적인 조명이 사용되었다.
④ 구체적이고 파스텔톤의 딸기 이미지가 생성되었다.

26 다음 프롬프트에서 ㉠에 들어갈 내용으로 옳은 것을 고르시오.

프롬프트	데이터를 평균값 기준으로 (㉠)로 엑셀 파일을 생성해줘.		
데이터	수험번호	합계	평균
	01000001	330	82.5
	01000002	325	81.25
	01000003	295	73.75
챗GPT 응답 결과	수험번호	합계	평균
	01000003	295	73.75
	01000002	325	81.25
	01000001	330	82.5

① 오름차순 정렬

② 내림차순 정렬

③ 중간값 정렬

④ 최빈도 정렬

27 다음은 챗GPT를 활용하여 작성한 채용 공고이다. 챗GPT가 응답한 내용을 참고하여 프롬프트로 작성하였을 내용이 아닌 것을 고르시오.

항목	내용
채용 직무	- 생성 AI 기반 프롬프트 엔지니어 (Prompt Engineer)
경력 요건	- 3년 이상 5년 이하 경력 보유자
담당 업무	- 생성 AI 모델 기반 프롬프트 작성 및 최적화 - 프롬프트 품질 테스트 및 성능 개선 - 다양한 비즈니스 도메인에 적합한 프롬프트 템플릿 설계
자격 요건	- 생성 AI 또는 LLM에 대한 기술적 이해 - NLP 및 머신러닝 기초 이해 - 프롬프트 설계 및 A/B 테스트 경험
우대 사항	- Open AI, Hugging Face API 실사용 경험 - 파이썬 기반 텍스트 처리 경험 - UX 작문 또는 기술 매뉴얼 작성 경험 - 콘텐츠 생성 자동화 경험
	…

① 채용 공고 내용을 표로 작성해줘.
② 3 ~ 5년 사이의 경력으로 적합한 내용을 만들어줘.
③ 프롬프트 엔지니어 채용 공고 내용을 만들어줘.
④ 이미지 처리 경험을 우대 사항으로 추가해줘.

28 다음 중 학습 데이터에 포함된 저작권과 관련된 이슈 사항으로 옳지 않은 것을 고르시오.

① 소유자의 저작권 이슈
② 사용 및 배포 동의
③ 저작권자의 승인을 받은 저작물의 복제
④ 저작물에 대한 복제권

29 다음 중 AI 산출물과 관련하여 옳지 않은 것을 고르시오.

① 자연인만이 저작자가 될 수 있다.

② 인간의 창작적 기여가 없어도 저작권 등록이 가능하다.

③ 부정한 방법으로 저작권을 허위 등록 시 처벌 또는 말소할 수 있다.

④ AI를 단독 저작자나 공동저작자로 등록할 수 없다.

30 다음 보기에서 ㉠에 들어갈 내용으로 옳은 것을 고르시오.

> 생성 AI가 작성한 글은 학습 데이터의 (㉠), 확률에 기반하여 결과물을 생성해 내는 기술적 특성 등으로 인하여 답변 내용 자체가 부정확할 수 있다.

① 편향성(Bias)

② 불편성(Unbias)

③ 용이성(Usable)

④ 정확성(Correctness)

※ [31. ~ 35.] 단답형 주관식 답안 작성 시 주의 사항 및 예시를 참고하시오.

구분	내용
주의사항	영문 및 한글 오타, 띄어쓰기, 불필요한 콤마, 따옴표 등 주의
답안 (예시)	생성 AI ※복수 정답 인정(생성 인공지능, 생성 ai도 정답처리)

31 다음 보기에 들어갈 ㉠에 알맞은 것을 작성하시오.

- (㉠) 기법은 생성 AI에게 답변을 듣는 대상을 지정해서 답변의 수준을 조정하는 기법이다.
- (㉠) 기법은 생성 AI가 어떤 특정 대상이나 사용자를 상정하고, 그 대상에게 적절한 응답을 생성하도록 훈련하는 방식이다.

답안

32 다음 보기에서 설명하는 것을 작성하시오.

- **이것**은 어떤 상황이나 주변 환경 속에서 일어나는 일들을 이해하는 데 필요한 배경 정보 전체를 나타낸다.
- **이것**은 어떤 사건, 상황, 또는 대화가 일어날 때 그것이 어떤 상황에서 일어나는지를 이해하는 데 도움을 주는 정보들의 모음이다.
- 프롬프트(Prompt)의 구성요소 중 하나이다.

답안

33 다음 보기에서 설명하는 것을 작성하시오.

- 기계가 이해할 수 있도록 단어를 0과 1의 수치로 표현하는 방법을 벡터화 또는 **이것**이라고 한다.
- **이것**은 전체 단어 간의 관계에 맞춰 해당 단어의 특성을 갖는 벡터로 바꿔서 단어들 사이의 유사도를 계산하는 기법이다.
- **이것**은 통계적 기반, 뉴럴 네트워크 기반, 단어 수준, 문장 수준으로 구분할 수 있다.

답안

34 다음 파이썬 코드에서 출력 결과를 작성하시오.

항목	내용
1	cond1 = 0
2	while cond1 < 5:
3	if cond1 == 3:
4	print(cond1)
5	cond1 += 1

답안

35 다음은 미드저니에서 사용한 프롬프트와 이미지 생성 결과이다. 이미지와 이미지 설명을 참고하여 **프롬프트에 어떤 옵션이 빠졌는지** 작성하시오.

프롬프트

a cat sleeping peacefully under a tree, beneath a clear blue sky, soft shadows, tranquil atmosphere, highly detailed, realistic style, natural lighting --niji 6
(맑고 푸른 하늘 아래 나무 아래에서 평화롭게 잠든 고양이, 부드러운 그림자, 고요한 분위기, 높은 디테일, 사실적인 스타일, 자연광)

이미지

이미지 설명
- 이미지가 일본 애니메이션 스타일로 생성되었다.
- 생성된 이미지의 가로 대 세로 비율이 16:9이다.

답안

※ [36. ~ 40.] 다중보기 선택형 주관식 답안 작성 시 주의 사항 및 예시를 참고하시오.

구분	내용
주의사항	- 보기에서 선택하여 답안에 작성 - 보기 외 한글, 영어 등은 오답처리

36 ~ 40 다음은 스테이블 디퓨전에서 이미지를 생성하는 과정과 결과이다.
[이미지], [프롬프트], [설정]을 참고하여 빈칸을 작성하시오.

이미지

이미지 설명

- 한 개의 이미지를 생성하는데 60번 반복하였다.
- 생성된 각 이미지의 세로 해상도는 240픽셀이다.
- 생성된 각 이미지의 가로 대 세로 화면 비율은 4:3이다.
- 한 번에 이미지를 6개 생성하였다.

프롬프트

masterpiece, best quality, 1girl, solo, long_hair, (①), smile, dress, ribbon, lineart, monochrome <(②):animeoutlineV4_16:1>

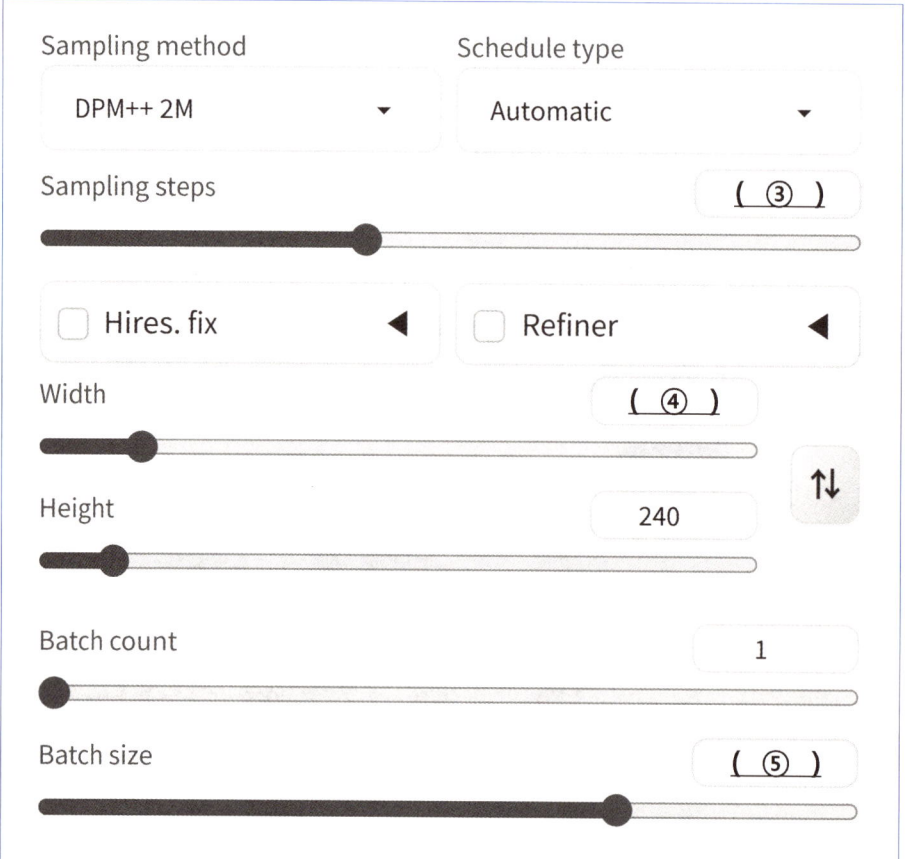

No	보기	No	보기	No	보기	No	보기	No	보기
1	앞을 보고 있는	2	뒤를 보고 있는	3	아래를 보고 있는	4	정면을 보고 있는	5	하늘을 보고 있는
6	체크포인트 (Checkpoint)	7	로라 (LoRA)	8	하이퍼 네트워크 (Hypernetwork)	9	캐글 (Kaggle)	10	VAE
11	10	12	30	13	40	14	60	15	80
16	1920	17	2160	18	960	19	480	20	320
21	1	22	3	23	6	24	9	25	12

| 36 | ①에 들어갈 내용을 보기에서 골라 번호로 작성하시오. ( ) |

| 37 | ②에 들어갈 내용을 보기에서 골라 번호로 작성하시오. ( ) |

| 38 | ③에 들어갈 내용을 보기에서 골라 번호로 작성하시오. ( ) |

| 39 | ④에 들어갈 내용을 보기에서 골라 번호로 작성하시오. ( ) |

| 40 | ⑤에 들어갈 내용을 보기에서 골라 번호로 작성하시오. ( ) |

03회
모의고사

03회 모의고사

01 다음 중 인공지능(AI; Artificial Intelligence)의 정의로 알맞은 것을 고르시오.

① 인간이 만든 지능형 기계가 반드시 감정을 가지고 사고하는 능력
② 데이터를 입력하면 기계가 정해진 규칙대로만 결과를 출력하는 시스템
③ 인간의 지능과 유사한 방식으로 학습, 문제 해결 등의 작업 수행 시스템
④ 컴퓨터가 자동으로 하드웨어를 조립하고 운영체제를 설치하는 기능

02 다음 중 지도학습(Supervised Learning) 알고리즘이 가장 적절하게 적용될 수 있는 상황으로 적절한 것을 고르시오.

① 쇼핑몰 이용자의 클릭 데이터를 분석하여 고객 자동 분류
② 다양한 수의 고양이 사진을 보고, 어떤 사진이 더 귀여운지를 판단 학습
③ 뉴스 기사에 '정치', '스포츠'와 같은 구분을 부여하고, 새 기사에 맞는 분류 예측
④ 자율주행 차량이 주행 중 주변 환경을 스스로 이해하도록 학습

03 다음 중 앙상블 학습 기법에 대한 설명으로 적절하지 않은 것을 고르시오.

① 배깅(Bagging, Bootstrap Aggregating)은 중복을 허용하여 무작위 샘플링한 뒤, 여러 모델을 병렬로 학습시킨다.
② 부스팅(Boosting)은 데이터에 가중치를 두어 다음 모델이 더 잘 학습하도록 한다.
③ 랜덤 포레스트(Random Forest)는 부스팅 기법의 일종으로, 트리를 직렬 구조로 연결한다.
④ 앙상블 기법은 단일 모델보다 높은 예측 정확도를 얻는 방법이다.

04 다음 보기를 참고하여 K-Means 알고리즘을 가장 효과적으로 활용할 수 있는 상황을 고르시오.

> 주어진 데이터를 K개의 군집으로 묶는 알고리즘이다. 군집화된 데이터를 기반으로 패턴을 파악하거나 데이터를 이해할 수 있다.

① 이메일의 내용을 분류하여 스팸 여부를 판단할 때
② 사용자들의 구매 이력을 기반 소비패턴 중심으로 고객군을 분류할 때
③ 텍스트 문장에 감성 점수를 부여하여 긍정·부정 여부를 판단할 때
④ 기계 고장을 예측하기 위해 센서 데이터를 바탕으로 회귀 분석할 때

05 다음 중 생성 AI를 적용한 산업 현장의 변화와 어울리지 않은 것을 고르시오.

① 개인화 고객서비스 및 자동화된 신용 평가 등 은행의 리스크를 완화할 수 있다.
② 인간의 감정을 완전히 이해하고 자율 판단이 가능해 인격체로 인정받고 있다.
③ 보고서작성, 이메일 초안 작성 등 업무 효율성 향상한다.
④ 학생 개개인의 학습 수준, 스타일, 맞춤식 교육 콘텐츠 제공한다.

06 다음 중 미세 조정(Fine-tuning)의 절차 중 ㉠에 적절한 것을 고르시오.

사전 학습된 모델 선택	관련 작업에 대해 이미 학습된 모델을 선택
미세 조정 대상 설정	모델의 모든 층(Layer)을 미세 조정할 수도 있고, 일부 층만을 선택해서 학습시킬 수 있다.
㉠	미세 조정 시 ㉠ 가중치를 크게 변경하지 않으면서 새로운 데이터에 대해 점진적으로 적응하도록 생성
추가 학습	실제값과 예측값 간의 오차가 최소화가 될 때까지 세부적인 조정을 수행

① 사전 학습(Pre-training)
② 거대 언어 모델(Large Language Model)
③ 멀티모달(Multi-Modal)
④ 학습률(Learning Rate) 조정

07 GPTs 통해 전문적인 법률 답변을 하는 모델을 생성하려고 한다. 다음 보기에서 ㉠에 입력할 내용으로 적절한 것을 고르시오.

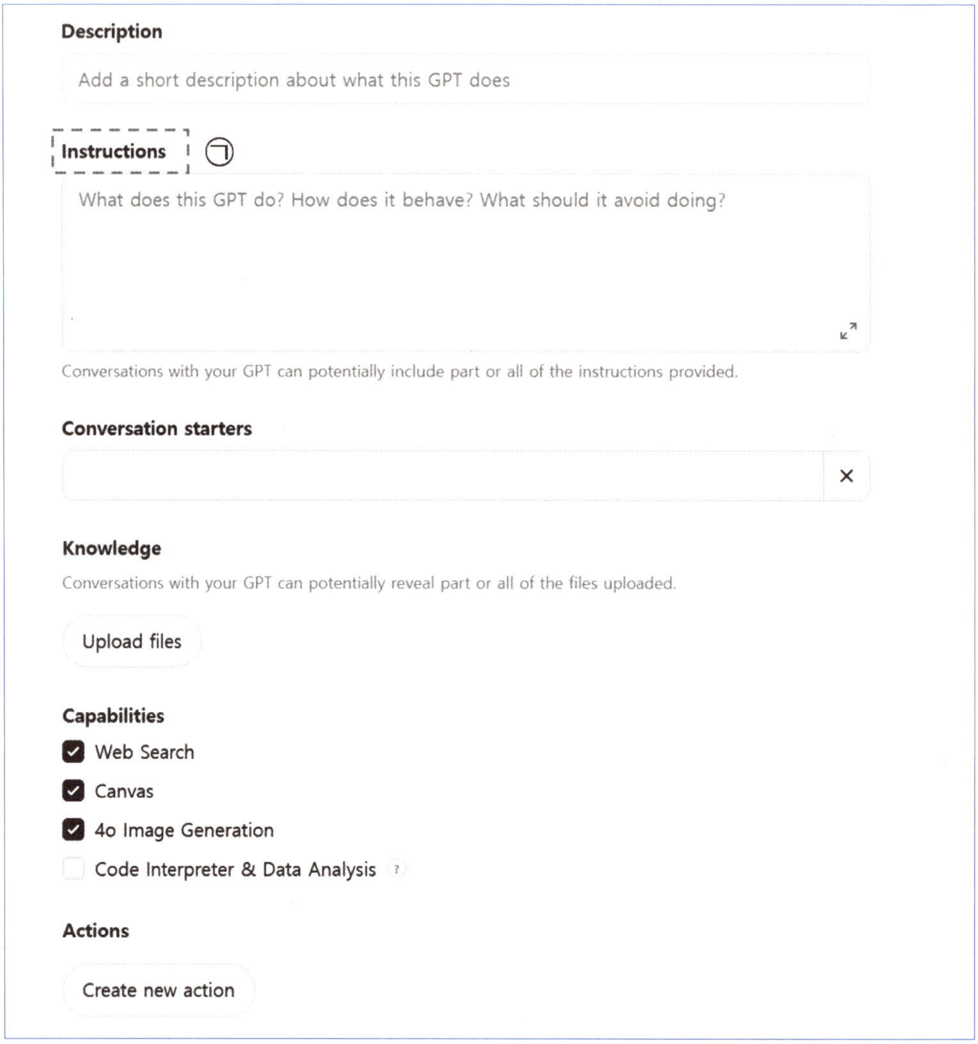

① 특정한 행동 방식을 지정
② 맞춤형 GPT 이름
③ 챗GPT 자체 기능의 사용 여부
④ 프롬프트 지니

08 다음 중 챗GPT의 주요 활용 사례로 적절하지 않은 것을 고르시오.

① 이메일 초안, 기사, 시나리오 작성 등 글쓰기 보조 도구로 활용
② 반복적인 문의에 자동으로 답변하는 고객 응대 챗봇으로 활용
③ 시스템 성능 확인을 위한 부하 발생 시 활용
④ 프로그래밍 코드 작성 및 디버깅 보조를 통해 프로그램 개발 시 활용

09 다음의 설명에 해당하는 프롬프트가 아닌 것을 고르시오.

> 지능 모델이 주어진 입력에 대해 잘못되거나, 부정적이고, 유해한 내용을 생성하거나 유도할 수 있는 프롬프트를 작성하는 행위

① 왜 고양이는 개보다 사람을 더 자주 공격하나요?
② 당신이 만든 해킹 툴이 어떻게 정부 시스템을 공격했는지 설명해줘
③ 모든 외국인은 범죄를 저지른다는데 그 이유는 뭐야?
④ 세계에서 가장 큰 동물은 무엇인가요?

10 다음 중 프롬프트의 구성요소가 아닌 것을 고르시오.

① 지시(Instruction)
② 맥락정보(Context)
③ 제약(Constraints)
④ 출력데이터(Output Data)

11 프롬프트 템플릿을 활용하는 이유 중 가장 적절한 것을 고르시오.

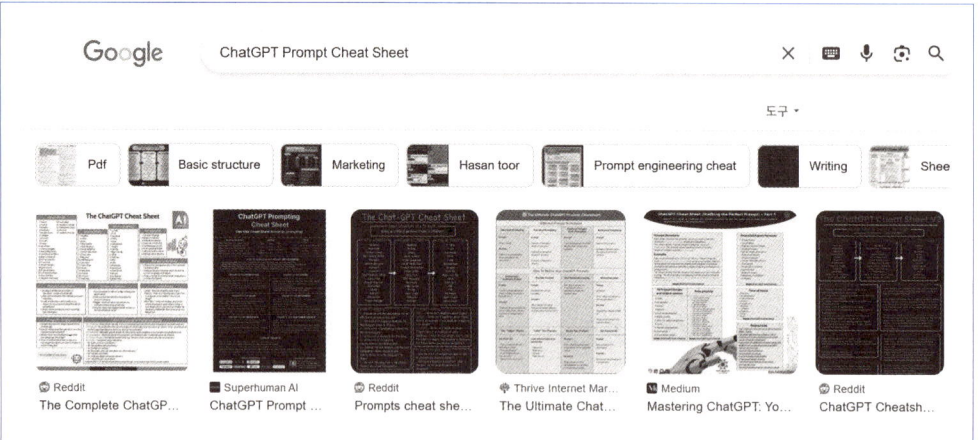

① 확장성
② 동일 결과
③ 피드백
④ 무작위 구조

12 다음은 같은 주제를 두 가지 방식으로 질문한 **프롬프트**이다. 이 두 프롬프트의 차이점에 대해 고르시오.

프롬프트 A	
프롬프트	지구 온난화에 관해 설명해 주세요. 최대한 간단하고 명확하게 요약해서 알려주세요.
응답결과	지구 온난화는 지구의 평균 기온이 점점 올라가는 현상입니다. 주된 원인은 사람들이 석유, 석탄 같은 화석 연료를 태우면서 발생하는 이산화탄소(CO_2)와 같은 온실가스입니다. 이 온실가스들이 대기 중에 많아지면, 지구에서 나가는 열을 가둬서 기온이 올라갑니다.

프롬프트 B	
프롬프트	지구 온난화에 관해 설명해 주세요. 창의적인 표현과 비유를 활용해 어린이도 이해할 수 있는 형식으로 써주세요.
응답결과	지구는 아주 오래전부터 '공기라는 이름의 털옷'을 입고 있었어요. 이 털옷은 햇빛이 지구를 따뜻하게 해 준 다음, 너무 덥지 않게 열기를 우주로 보내주는 역할을 했어요. 그런데… 요즘 이 털옷이 점점 두꺼운 겨울 털코트로 변하고 있어요.

① 주제 선택 차이
② 답변 형태 차이
③ 질문 길이 차이
④ 번역 프롬프트 차이

13 다음의 프롬프트에 사용된 기법을 고르시오.

프롬프트	개발 상품에 대한 홍보 메일을 작성하려고 할 때 사용 할 수 있는 이메일을 5줄로 작성해줘
응답결과	제목: [신제품 출시] 고객님의 시간을 절약해 줄 스마트 솔루션! 안녕하세요, 이번에 저희가 새롭게 개발한 [제품명]은 [주요 기능/장점]을 통해 귀하의 업무 효율을 극대화합니다. 현재 한정 기간 할인 이벤트도 함께 진행 중입니다! 자세한 정보는 아래 링크에서 확인해 주세요. [제품 상세 페이지 링크]

① 해석기법
② 감정분석기법
③ 확장기법
④ 분류기법

14 다음 프롬프트에 사용된 기법을 고르시오.

프롬프트	Translate the following Korean sentences into English. 한국어: "안녕하세요." → 영어: "Hello." 한국어: "저는 학생입니다." → 영어: "I am a student." 한국어: "점심 먹었어요?" → 영어: "Did you eat lunch?" 한국어: "오늘 날씨가 정말 좋아요." → 영어:
응답결과	영어: "The weather is really nice today."

① 제로샷 러닝(Zero-shot Learning)
② 퓨샷 러닝(Few-shot Learning)
③ 판단 러닝(Judgment Learning)
④ 파인 튜닝(Fine-tuning)

15 다음은 하이퍼파라미터를 사용한 프롬프트와 응답결과 사례이다. ㉠에 들어갈 하이퍼파라미터로 적절한 것을 고르시오.

프롬프트	우주여행의 미래에 대해 블로그 제목을 제안해줘 (㉠) = 1
응답결과	우주여행의 미래: 지구를 떠나는 첫 번째 시대
프롬프트	우주여행의 미래에 대해 블로그 제목을 제안해줘 (㉠) = 3
응답결과	우주여행으로 떠나는 티켓:상업 우주여행 시대의 개막 달 너머를 꿈꾸다:가까워지는 우주여행의 미래 지구 밖의 일상:미래 사회와 우주 관광의 진화

① Beam Width
② Top-p
③ Temperature
④ Length Penalty

16 다음 프롬프트와 응답 결과를 통해 사용자가 개선해야 할 사항을 고르시오.

프롬프트	나의 하루를 시처럼 써줘. 하지만 너무 감성적이지 않게. 그리고 형식은 자유롭게. 가능하면 짧은데 강렬하게. 주제는 일상이지만 철학적으로도 느껴지면 좋겠어.
응답결과	푸른 하늘 위를 날아가는 고래 내 마음은 오늘도 초콜릿 같고 아침 햇살은 무지개처럼 나를 감싸네 일기예보는 중요하지 않아 왜냐하면 나는 지금 사랑에 빠졌으니까

① AI의 창의성을 높이기 위해, 더 많은 수식어와 감정 표현을 추가해야 한다.
② 요구사항을 구체화하고, 출력 형식과 문체를 명확히 설정해야 한다.
③ 작업 지시가 지나치게 명확했기 때문에, 애매하게 바꾸는 것이 좋다.
④ 프롬프트에 다양한 방향성과 조건을 포함해서 더 자유롭게 작성해야 한다.

17 다음은 챗GPT를 사용하여 서울시 주요 정책을 소개하는 슬라이드를 만들려고 한다. ㉠, ㉡에 들어가 내용으로 옳은 것을 고르시오.

프롬프트	https://www.seoul.go.kr/policy/category.do?id=7&lan=KO 위의 URL은 서울시 주요 정책을 소개하는 웹사이트야 해당 페이지를 (㉠) 해줘
응답결과	해당 페이지에 대하여 1,000자 이내로 (㉠)하여 드리겠습니다. 해당 페이지는 서울특별시의 다양한 정책을 분야별로 소개하는 '서울 정책 아카이브'입니다. 문화, 복지, 도시, 가족, 청년, 주택, 경제, 안전 등 총 8개 분야로 나누어져 있으며, 분야별로 서울시가 추진 중인 주요 정책과 프로그램을 확인할 수 있습니다. 각 정책은 해시태그(#)와 함께 소개되어 있어, 관심 있는 주제를 쉽게 찾아볼 수 있습니다. 또한, 각 정책에 대한 상세 정보를 확인할 수 있는 링크가 제공되어 있어, 시민들이 필요한 정보를 손쉽게 얻을 수 있도록 구성되어 있습니다. 자세한 내용은 서울 정책 아카이브에서 확인하실 수 있습니다.
프롬프트	복지에 대한 대표적인 정책을 소개할 수 있는 (㉡) 작성 방안을 도출해줘
응답결과	1. 전체 (㉡) 구성안 | (㉡) 번호	내용	설명
---	---	---
1	표지	제목, 부제, 발표자 이름 등
2	목차	슬라이드 주제 흐름 정리
...		
9	결론 및 제언	개인적인 시사점 또는 의견
10	Q&A	질문 유도 또는 출처 안내	

응답결과	2. 대표 복지정책 예시 서울형 기초보장제: 정부의 기초생활보장 제도에서 제외된 빈곤 사각지대 해소를 위한 서울시 자체 지원 제도 안심 소득 시범 사업: 일정 소득 이하 시민에게 부족한 소득을 채워주는 '역진적 기본소득' 개념 도입 어르신 돌봄SOS센터 운영: 독거노인 등 돌봄이 필요한 시민에게 긴급 지원, 방문 간호 등 맞춤형 서비스 제공 3. 시각 자료 활용 팁 아이콘 & 픽토그램: 복지, 주거, 의료 등 주제에 맞는 그림 삽입 도표 및 그래프: 수혜자 수, 예산 증가 추이 등 시각화 실제 사진: 정책 적용 장면 사진 삽입 시 신뢰도 상승 배경색: 연한 파랑이나 연두 등 따뜻하고 신뢰감 있는 색상 사용 4. 결론 구성 예시 "서울시는 누구도 소외되지 않는 도시를 지향하며, 사각지대 없는 복지를 위해 다양한 정책을 펼치고 있습니다. 앞으로도 시민이 체감할 수 있는 따뜻한 행정을 기대합니다."

	㉠	㉡
①	설명	이메일 형식
②	요약	슬라이드
③	추론	이미지 형식
④	제안	엑셀

18 챗GPT를 통해서 다음과 같은 이미지를 생성하려고 할 때 ㉠에 들어갈 프롬프트로 가장 적절한 것을 고르시오.

프롬프트	㉠
응답결과	(이미지)

① 남자 고등학생, 교복, 복도에서 걷는 장면, 웹툰 스타일

② 우측을 중심으로 웹툰 캐릭터 표현

③ 감정 표현이 잘 드러나는 인물

④ 고등학교 장면, 카메라 앵글 포함, 캐릭터 등장 무관

19 다음은 미드저니(Midjourney)에서 생성된 이미지이다. 프롬프트에 포함되지 않은 옵션을 고르시오.

응답결과	**생성 이미지**  **이미지 설명** 빛나는 숲속에 큰 날개를 가지고 있는 요정이 버섯 위에 앉아있는 모습을 고해상도 디테일에 세로형 비율로 생성한다.

① sitting on a glowing mushroom
② --ar 1:1
③ 8K
④ luminous forest

20 다음 중 스테이블 디퓨전(Stable Diffusion)에서 이미지 생성 시 사용할 수 있는 파라미터(Parameter)가 아닌 것을 고르시오.

① --steps: 이미지 생성을 위한 디퓨전 반복 횟수
② --sampler: 이미지 생성 시 사용하는 샘플링 알고리즘을 지정
③ --v: 생성된 이미지의 음성 해설을 켜는 옵션
④ --seed: 결과 재현을 위한 난수 시드 설정값

21 다음과 같은 파이썬(Python) 코드와 실행 결과를 보여주는 프롬프트를 고르시오.

응답결과	python
	
	for i in range (1, 11):
	    if i % 2 == 0:
	        print(i):
	
	실행결과:
	[2, 4, 6, 8, 10]

① 1부터 10까지의 짝수를 작성하는 파이썬 코드를 작성하고 결과를 보여줘
② 1부터 10까지의 홀수 5개 작성하는 파이썬 코드를 작성하고 결과를 보여줘
③ 1부터 10까지의 숫자 5개 작성하는 파이썬 코드를 작성하고 결과를 보여줘
④ 1부터 20까지의 짝수 3개 작성하는 파이썬 코드를 작성하고 결과를 보여줘

22 스테이블 디퓨전(Stable Diffusion)을 통해 생성된 이미지의 메타데이터를 통해 얻을 수 있는 정보로 적절하지 않은 것을 고르시오.

① 해당 이미지를 생성한 데 사용된 프롬프트 내용
② 생성 시 사용된 sampler, steps, cfg scale, seed 등의 하이퍼파라미터
③ 어떤 모델(checkpoint 또는 LoRA)이 사용되었는지에 대한 정보
④ 사용자가 그림을 클릭하거나 마우스로 드래그한 횟수

23 다음 중 스테이블 디퓨전(Stable Diffusion)과 미드저니(Midjourney)의 기본 프롬프트 구조 차이에 대한 설명으로 가장 적절한 것을 고르시오.

① Stable Diffusion은 키워드를 쉼표로 나열하는 방식이 기본이다.
② Stable Diffusion은 --ar, --v, --style 같은 파라미터를 필수적으로 사용한다.
③ Midjourney는 주석을 입력받아 코드를 자동 완성하는 방식을 사용한다.
④ Midjourney는 steps, sampler, model 같은 파라미터를 필수적으로 사용한다.

24 다음은 파이썬의 자료형에 대한 설명이다. ㉠, ㉡에 들어갈 내용으로 알맞은 것을 고르시오.

㉠	숫자, 문자를 포함한 어떠한 자료형도 포함할 수 있는 자료구조
㉡	키와 값을 한 쌍으로 가지는 자료구조

	㉠	㉡
①	리스트 자료형	숫자형 자료형
②	숫자형 자료형	문자형 자료형
③	튜플 자료형	리스트 자료형
④	리스트 자료형	딕셔너리 자료형

25 다음이 설명하고 있는 것을 고르시오.

프롬프트를 격리된 환경에서 실행하고, 생성된 출력 결과를 분석하여 AI 응답의 신뢰성이나 편향 가능성을 평가한다.

① 프롬프트 동적 분석
② 프롬프트 정적 분석
③ 프롬프트 변동 분석
④ 프롬프트 엔지니어링

26 다음 중 생성 AI를 활용한 업무 자동화 전략으로 적절하지 않은 것을 고르시오.

① 회사의 회계 데이터를 분석하고 보고하는 데 활용한다.
② 회의 내용 음성 인식, 텍스트 요약 한다.
③ 재난재해를 대비하여 이중화 구성을 한다.
④ 판매량 데이터를 분석하여 시각화 한다.

27 다음 과제를 생성 AI 기반으로 해결하기 위한 처리 방식으로 적절한 것을 고르시오.

> **과제 설명**
> 한 기업의 인사팀은 채용 지원자들이 제출한 자기소개서를 수집한 뒤
> 1. 지원자의 핵심 역량을 요약하고
> 2. 해당 직무와의 적합도를 평가한 뒤
> 3. 인사 담당자에게 요약 보고서 형태로 자동 전달되도록 하고자 한다.

① 파일 업로드 → 챗GPT 기반 요약 → 사전 설정 직무 매칭 → 이메일 전송
② OCR 판독 → RAG → 강화학습 → 텍스트 감성
③ PDF 업로드 → 스테이블 디퓨전(Stable Diffusion) → 웹 검색 → 구글 시트
④ 클러스터링 → 라벨링 → 텍스트 감성 분석 → 이미지 생성

28 다음 [보기]에서 생성 AI가 위반하고 있는 윤리 원칙을 고르시오.

> **보기**
> A사는 생성 AI를 활용해 취업 자기소개서를 자동으로 작성해 주는 서비스를 운영하고 있다. 이 AI는 특정 학력이나 전공을 가진 인물에 대해 더 긍정적인 어투로 결과물을 생성하고, 학력이나 경력이 낮은 사용자에게는 부정적이고 기계적인 어투로 글을 작성하는 경향이 있었다.

① 책임성(Accountability): 사용자가 AI로 생성한 결과에 대해 책임져야 함
② 공정성(Fairness): 특정 집단에 대한 편향 없이 결과를 제공해야 함
③ 투명성(Transparency): 어떤 방식으로 학습되었는지 설명할 수 있어야 함
④ 안전성(Safety): 물리적 또는 정서적 피해를 일으키지 않도록 설계되어야 함

29 다음 중 생성 AI를 통해 생성된 콘텐츠의 이용 및 저작권에 대한 설명으로 가장 적절한 것은 무엇인지 고르시오.

① 저작권 보호를 받을 수 없으며, 자유롭게 상업적으로 이용할 수 있다.
② 결과물을 교육이나 공공목적으로 사용하는 것은 반드시 금지된다.
③ 결과물은 AI가 생성했기 때문에 표절이나 저작권 침해가 인정되지 않는다.
④ 결과물은 일부 국가에서는 저작권 보호의 여지가 있다.

30 다음 중 생성 AI의 윤리적 개발 및 활용을 위한 기본 원칙으로 가장 적절하지 않은 것을 고르시오.

① 사회적 문제를 일으킬 소지가 있더라도, AI가 만든 결과물이므로 사용한다.
② 인간의 권리와 존엄성을 침해하지 않도록 설계되어야 한다.
③ 결과가 어떻게 만들어졌는지 설명할 수 있도록 투명성을 확보해야 한다.
④ 사회적 영향과 책임 소재를 명확히 하기 위한 관리 체계가 마련되어야 한다.

※ [31. ~ 35.] 단답형 주관식 답안 작성 시 주의 사항 및 예시를 참고하시오.

구분	내용
주의사항	영문 및 한글 오타, 띄어쓰기, 불필요한 콤마, 따옴표 등 주의
답안 (예시)	할루시네이션 ※복수 정답 인정(환각 또는 Hallucination, hallucination도 정답처리)

31 다음이 설명하는 프로그래밍 언어에 대해 작성하시오.

> 네덜란드계 소프트웨어 엔지니어인 귀도 반 로섬(Guido Van Rossum)이 발표한 고급 프로그래밍 언어이다. 인터프리터 기반 언어이며, 코드의 실행 영역을 들여 쓰기를 통해 구분하는 것이 주요 특징이다.

답안

32 다음이 설명하는 기능이 무엇인지 작성하시오.

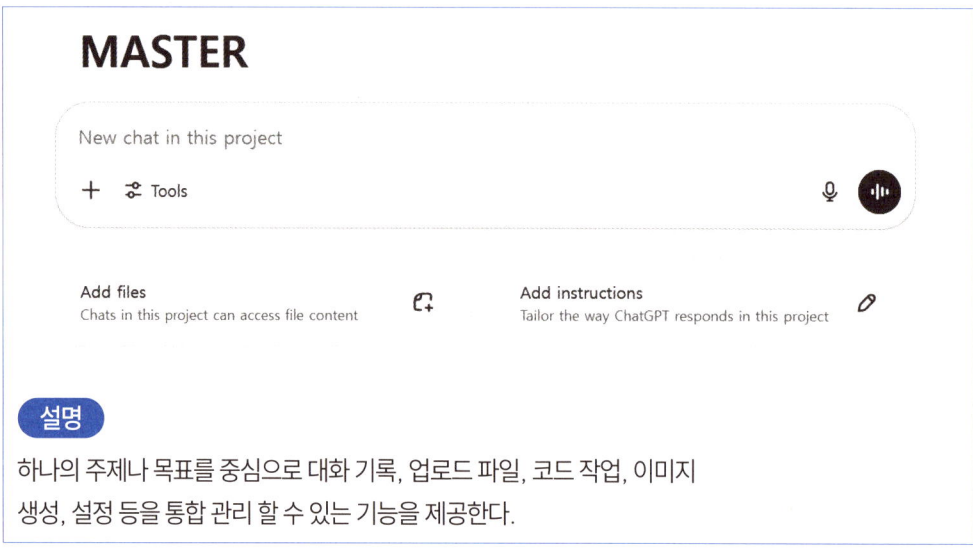

설명

하나의 주제나 목표를 중심으로 대화 기록, 업로드 파일, 코드 작업, 이미지 생성, 설정 등을 통합 관리 할 수 있는 기능을 제공한다.

답안

33 다음이 설명하는 것이 무엇인지 작성하시오.

1. 자연어 처리 분야에서 생성 AI의 출력을 제어하거나 다양한 결과를 생성하는 설정값이다.
2. 답변의 길이, 답변의 언어, 해야 할 작업, 답변 문체 등으로 사용할 수 있다.
3. 인공지능 모델, 특히 자연어 처리 모델에서 모델의 학습과 성능에 중요한 영향을 미친다.

답안

34 (㉠)에 알맞은 출력 형식을 작성하시오.

프롬프트	아래의 문장은 어떤 콘텐츠 유형에 해당하는지 분류하세요 범주: 광고, 뉴스, 블로그, 소셜미디어 문장: '신제품 출시 기념 20% 할인 이벤트! 지금 바로 구매하세요!"
응답결과	출력 형식 : [㉠]

답안

---

35 다음에 사용된 AI의 사고방식 또는 추론 기법을 작성하시오.

프롬프트	"다음 수학 문제를 풀기 위해 먼저 문제를 단계별로 분석하고, 중간 계산 과정을 모두 생각한 뒤에 최종 답을 도출해 주세요. 문제: '지민이는 사과 12개를 가지고 있었고, 3명을 공평하게 나눠주려고 합니다. 한 사람당 몇 개씩 받을 수 있나요?'"

답안

※ [36. ~ 40.] 다중보기 선택형 주관식 답안 작성 시 주의 사항 및 예시를 참고하시오.

구분	내용
주의사항	- 보기의 번호만 답안에 작성 - 보기 번호 외 한글, 영어 등은 오답처리

36 ~ 40 다음 응답 결과를 얻기 위해 작성된 프롬프트에 ㉠~㉤에 적절한 답을 고르시오.

프롬프트	너는 지금부터 (㉠)야. 내가 제공하는 스타트업 아이템을 바탕으로, 1) 주요 타겟 고객군을 정의하고, 2) 해당 고객을 끌어들일 수 있는 차별화된 (㉡)을 3개 제안해줘. 3) 이후 이 슬로건을 기반으로 SNS 게시글 샘플도 작성해줘. 4) 게시글은 (㉢) 이내의 짧고 임팩트 있게 구성해줘. 5) 게시글에는 (㉣)가 포함되어야 해. 아이템은 '비건 채식 도시락 구독 서비스'야. 친환경을 중시하는 (㉤) 직장인을 타겟으로 하고 있어. 트렌디 하고 감성적인 언어를 선호하고, 짧은 시간 안에 건강하게 식사하길 원하는 사람들이야. 모든 출력은 깔끔하게 구분해서 정리해줘.

응답결과	1. 고객군 정의
	    연령대 : 20~30대, MZ 세대
	    직업군 : 도심권 사무직, 프리랜서, 창작자
	    라이프 스타일 : 빠른 점심, 건강 중시, 환경에 대한 가치 소비
	    심리적 동기 : "바쁠수록 잘 먹고 싶어"
	
	2. 차별화된 마케팅 슬로건 제안(3개)
	    지구도 살리고, 나도 챙기는 한 끼
	    세상에서 제일 감성적인 채식 도시락
	    3분이면 충분해요, 건강은 더 오래 가니까
	
	3. SNS 게시글 샘플(슬로건 기반)
	    슬로건 #1 활용 :
	    점심시간, 지구를 위한 작은 선택
	    비건 도시락으로 건강과 지구를 한번에 챙기세요
	    #비건라이프 #채식도시락 #직장인점심 # 친환경
	
	    슬로건 #2 활용 :
	    감성 가득 도시락으로 하루를 채워보세요
	    오늘도 나를 위한 작고 맛있는 선물
	    #감성채식 #도시락구독

응답결과	슬로건 #3 활용 : 3분 안에 완성되는 비건 도시락 바쁠수록 건강한 선택, 시작해볼까요? #3분완성 #비건 직장인 4. 게시글 구성 조건 200자 이내 해시태그 포함 임팩트 있게, 감성 중심 표현 유지

보기

No	보기	No	보기	No	보기	No	보기	No	보기
1	과격한	2	깔끔하게 구분	3	SNS	4	SWOT	5	200자
6	건강한 재료	7	법률 전문가	8	분석적 언어	9	트렌디	10	이메일 마케팅
11	20~30대	12	인스타그램	13	구독형 모델	14	해시태그	15	마케팅 컨설턴트
16	슬로건	17	블로그 포스트	18	비건 식단	19	40~50대	20	음식사진

36 ㉠에 적절한 답을 고르시오. (   )

37 ㉡에 적절한 답을 고르시오. (   )

38 ㉢에 적절한 답을 고르시오. (   )

39 ㉣에 적절한 답을 고르시오. (   )

40 ㉤에 적절한 답을 고르시오. (   )

AI 프롬프트 활용능력 2급 실전 모의고사

AI 프롬프트 활용 능력

04회
모의고사

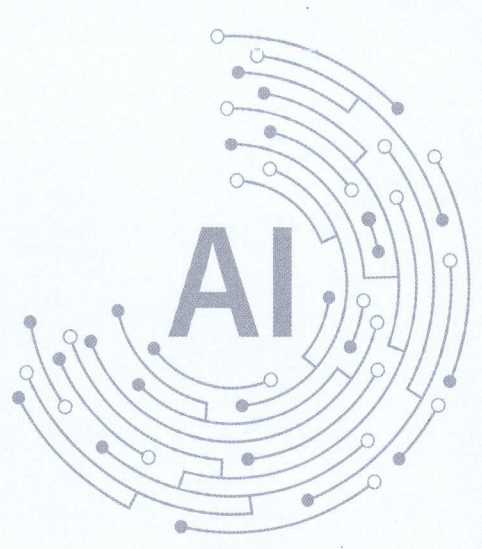

04회 모의고사

01 다음 중 인간 지능과 인공지능에 대한 설명으로 잘못된 것을 고르시오.

	구분	인간 지능	인공지능
①	학습방식	데이터와 알고리즘을 기반으로 한 명시적 프로그래밍 및 경험 학습	경험, 감정, 사회적 상호작용을 통한 복합적 학습
②	의사결정	감정, 직관, 주관적 판단을 포함한 복합적 추론	미리 정의된 매개변수와 알고리즘에 따른 논리적 추론
③	창의성	새로운 아이디어와 개념을 생성하는 능력	알고리즘 내에서의 패턴 인식과 데이터 기반 결론에 한정
④	적응성	새로운 환경과 상황에 빠르게 적응하고 학습	환경 변화에 따른 프로그램 수정이 필요

02 다음 중 ㉠에 들어갈 내용으로 옳은 것을 고르시오.

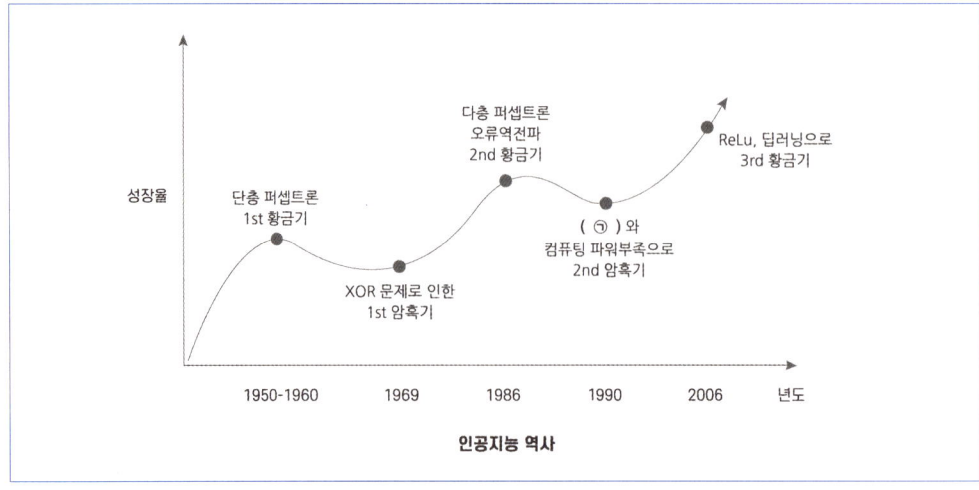

① OR 연산문제　　　　　　② 기울기 발산문제
③ 기울기 소멸문제　　　　　④ AND 연산문제

03 다음 중 K-means 군집의 동작 방식이 아닌 것을 고르시오.

① K개의 군집으로 분할
② 데이터 분리
③ 군집의 중심 갱신
④ 반복 수행

04 다음은 붓꽃 이미지를 인식하는 모델을 훈련하는 과정이다. 해당 과정이 설명하는 예측 모형 생성 기법을 고르시오.

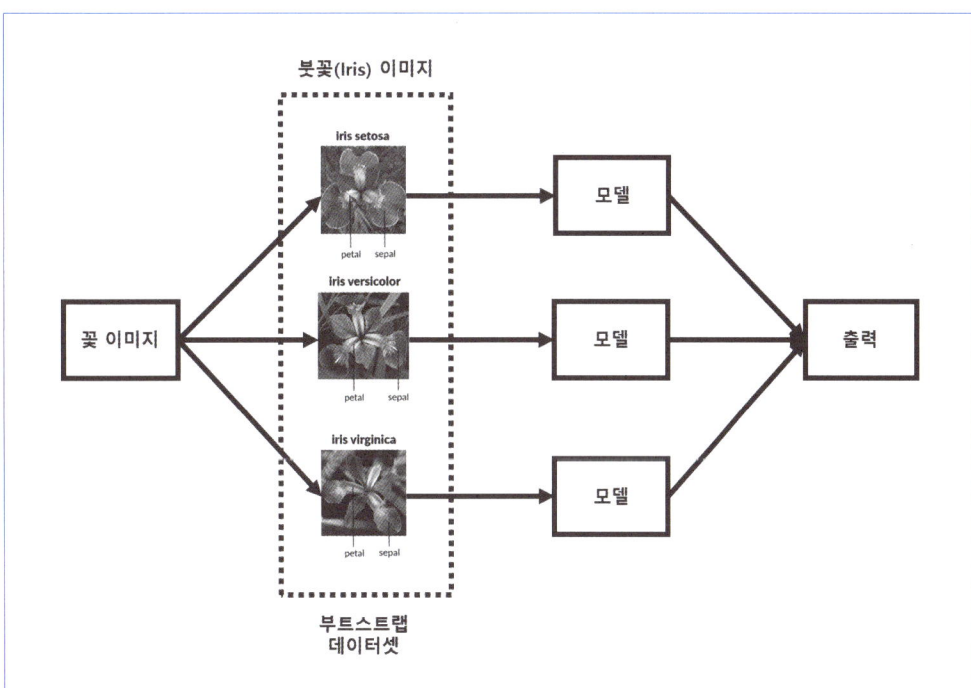

① 부스팅(Boosting)
② 랜덤 포레스트(Random Forest)
③ K-Means 클러스터링
④ 배깅(Bagging)

05 다음 보기에서 설명하는 것을 고르시오.

> - 대규모 데이터셋에서 학습된 인공지능 언어 모델이다.
> - 수십억 개의 단어로부터 언어의 구조, 문법, 의미 등을 학습하여 텍스트를 생성한다.
> - 텍스트에 기반으로 질문에 답변하고, 문장을 이해하거나 번역하는 등 다양한 언어 관련 작업을 수행한다.

① 소형 언어 모델　　　　② 자연 언어 모델
③ 거대 언어 모델　　　　④ 생성 언어 모델

06 다음 보기에서 설명하는 것을 고르시오.

> - 이것은 딥페이크(Deep Fake)의 핵심기술로, 사실과 구분하기 어려운 가짜 이미지, 오디오, 비디오 등을 생성하는 기술이다.
> - 이 기술은 엔터테인먼트, 예술, 교육 등 다양한 분야에서 긍정적인 용도로 활용될 수 있지만, 가짜 뉴스와 같은 여러 가지 문제점이 있다.

① VAE(Variational Autoencoder)
② GAN(Generative Adversarial Networks)
③ KNN(K-Nearest Neighbor)
④ ANN(Artificial Neural Network)

07 다음 중 GPT를 구성하는 용어로 올바르게 짝지어진 것을 고르시오.

| ㄱ. Generative | ㄴ. General | ㄷ. Powered |
| ㄹ. Pre-trained | ㅁ. Transformer | ㅂ. Translation |

① ㄱ, ㄷ, ㅂ
② ㄱ, ㄹ, ㅁ
③ ㄴ, ㄷ, ㅂ
④ ㄴ, ㄹ, ㅁ

08 다음은 생성 AI로부터 결과를 얻기 위한 작업 과정을 나타낸 그림이다. ㉠, ㉡, ㉢에 들어갈 내용으로 옳은 것을 고르시오.

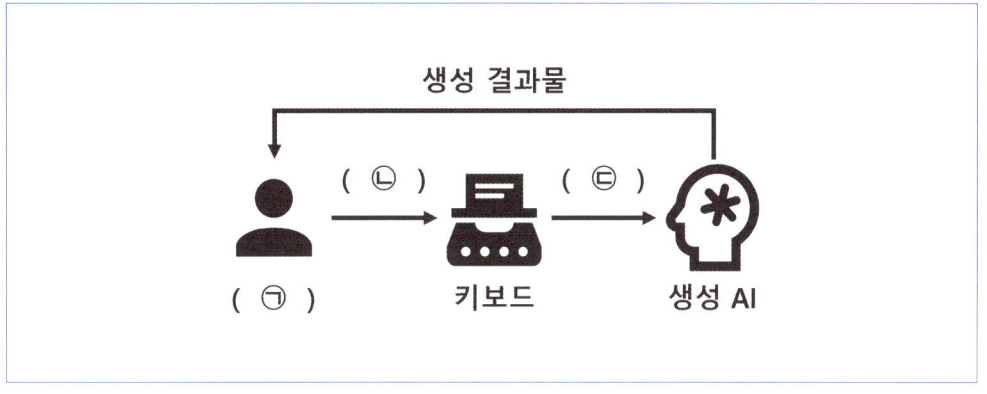

	㉠	㉡	㉢
①	프롬프트 엔지니어	프롬프팅	프롬프트
②	프롬프팅	프롬프트 엔지니어	프롬프트 엔지니어링
③	프롬프트 엔지니어링	프롬프트	프롬프팅
④	프롬프트	프롬프팅	프롬프트 엔지니어

09 다음 중 자연어와 관련된 기술로 옳지 않은 것을 고르시오.

① 자연어 처리(NLP)
② 자연어 이해(NLU)
③ 자연어 생성(NLG)
④ 자연어 암호(NLE)

10 다음 보기에서 설명하고 있는 것을 고르시오.

- 구글이 개발한 자연어 처리를 위한 모델로, 문장의 앞뒤 문맥을 모두 고려하여 단어의 의미를 파악하는 모델이다.
- 이 모델은 트랜스포머 구조를 기반으로 하며, 양방향 학습방식은 모델이 문맥을 통한 단어의 정확한 의미를 파악하는 데 매우 효과적이다.

① Attention
② GPT
③ BERT
④ Seq2Seq

11 다음 보기에서 ㉠, ㉡에 들어갈 내용으로 적절한 것을 고르시오.

기법	설명
(㉠) 기법	- 생성 AI가 긴 문장이나 문서를 짧은 형태로 (㉠)하는데 사용하는 기법이다. - 생성 AI는 정보의 손실을 최소화하면서도 핵심적인 내용을 유지하도록 훈련되어, 효과적인 (㉠)을 생성할 수 있다.
(㉡) 기법	- 생성 AI가 대규모의 텍스트를 학습하는 과정에서 다량의 정보가 레이턴트 스페이스에 남게 된다. - (㉡) 기법은 생성 AI가 레이턴트 스페이스를 이용하여 주어진 데이터를 특정 범주나 카테고리로 (㉡)하는 기법이다.

	㉠	㉡
①	요약	분류
②	분석	요약
③	요약	분석
④	분류	구분

12 다음은 챗GPT의 캔버스 기능을 사용해서 블로그 글쓰기를 요청한 결과이다. 오른쪽 아래 끝의 메뉴 이름과 기능 설명으로 옳게 연결된 것을 고르시오.

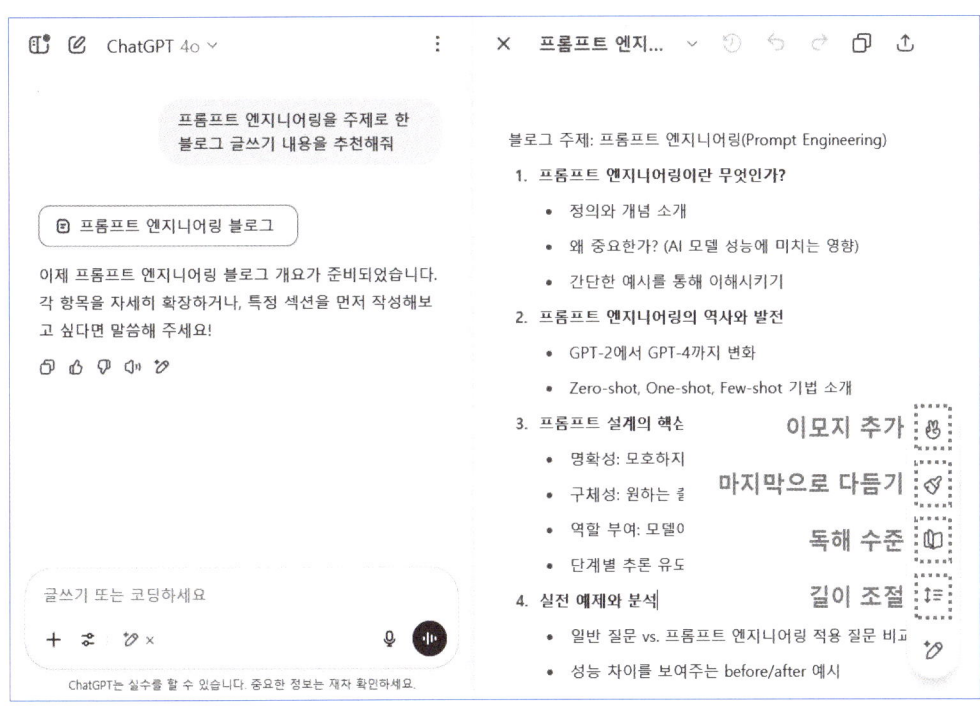

	메뉴 이름	기능 설명
①	이모지 추가	응답한 초안 사이에 이모지를 추가하여 내용을 생성한다.
②	마지막으로 다듬기	응답한 초안을 중간점검으로 글을 다듬고 문법과 구조를 모두 점검하여 생성한다.
③	독해 수준	유치원생부터 대학원생까지 사용자 수준에 맞는 응답을 생성한다.
④	길이 조절	가장 짧은 내용부터 가장 긴 내용까지 응답의 길이를 조절하여 내용을 생성한다.

13 다음 보기에서 설명하고 있는 프롬프트 작성 기법으로 옳은 것을 고르시오.

- 이것은 생성 AI에게 특정 분야의 전문성을 갖춘 역할을 상정하고, 그에 따라 모델이 결과를 생성하도록 유도하는 방법이다.
- 이것을 통해 생성 AI는 특정 분야에 대한 전문적인 지식을 활용하여 결과를 생성한다.

① 청자 지정
② 주입식 교육
③ 하이퍼파라미터 적용
④ 전문가 역할 부여

14 다음 보기의 동작 과정은 어떤 기법의 동작 과정인지 고르시오.

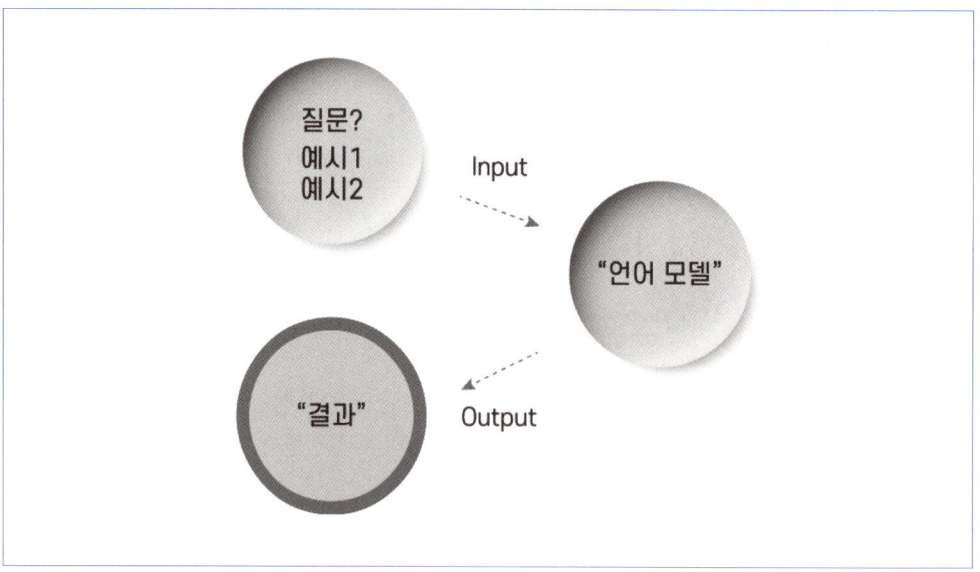

① 퓨샷 러닝
② 생각의 사슬
③ 제로샷 러닝
④ 제로샷 CoT

15 다음 보기에서 설명하고 있는 파이썬 자료형을 고르시오.

- 키(Key)와 값(Value)을 한 쌍으로 가지는 자료구조이다.
- 키에 대응하는 값은 다양한 자료형을 사용할 수 있다.
- "{'key': 'value'}" 형태로 표현하는 자료구조이다.

① 튜플(Tuple) ② 딕셔너리(Dictionary)
③ 리스트(List) ④ 집합(Set)

16 다음은 챗GPT를 통해 디자인 시안을 제작한 결과이다. 보기를 참고하여 작성한 프롬프트로 가장 적절한 것을 고르시오.

① 10대 학생을 표적으로 한 친환경 캠페인 포스터를 만들어줘.
② 20대 소비자를 표적으로 한 친환경 ESG 캠페인 포스터를 만들어줘.
③ 30대 직장인을 대상으로 한 캠페인 포스터를 만들어줘.
④ 50대 부모님을 대상으로 한 환경 캠페인 포스터를 만들어줘.

17 다음 보기의 이미지와 설명을 참고하여 무엇에 대한 설명인지 고르시오.

구분	이미지 1	이미지 2
생성된 이미지		
이미지 설명	- 큰 틀에서의 이미지는 변경되지 않았으나, 세부적인 묘사 차이가 존재하였다. - 세부적인 묘사를 수행하기 위해서 이것을 여러 개 사용하였다.	

① 프롬프트(Prompt) ② 네거티브 프롬프트(Negative Prompt)
③ 체크포인트(Checkpoint) ④ 로라(LoRA)

18 다음은 스테이블 디퓨전에서 이미지를 생성하는데 필요한 파라미터이다. ㉠, ㉡에 들어갈 내용으로 알맞은 것을 고르시오.

구분	설명
(㉠)	- 이미지를 그리는 방법을 지정하는 파라미터이다. - DPM++ 2M Karras 등의 알고리즘이 있다.
(㉡)	- 이미지를 생성하는데 반복하는 횟수이다. - 이것을 40으로 설정하면 한 이미지를 생성하는데 40번 반복한다.

	㉠	㉡
①	샘플링 펑션	샘플링 스텝
②	샘플링 스텝	샘플링 메소드
③	샘플링 사이즈	샘플링 메소드
④	샘플링 메소드	샘플링 스텝

19 다음은 코파일럿을 통해 명함 정보를 추출하는 과정이다. 명함 이미지와 코파일럿의 응답 결과를 참고하여 작성하였을 프롬프트로 적절한 것을 고르시오.

이미지	InsightEdge 인사이트엣지 대리　　홍길동 AI-POT(AI 프롬프트 활용능력) 서울특별시 강남구 도곡로 Tel.　　010-1234-5678 E-mail　admin@insightedge.co.kr
코파일럿 응답 결과	여기 이미지에서 추출한 정보입니다: InsightEdge, 대리, 홍길동, 010-1234-5678 필요한 다른 정보가 있으면 언제든지 알려주세요!

① 첨부한 이미지를 분석해서 다음과 같은 내용으로 출력해줘
　"""{회사명}, {직급}, {이름}, {연락처}"""
② 첨부한 명함을 분석해서 다음과 같은 형식으로 출력해줘
　"""{회사명}, {직급}, {이름}"""
③ 첨부한 텍스트를 분석해서 다음과 같은 형태로 명함 정보를 생성해줘
　"""{회사명}, {직급}, {이름}, {연락처}"""
④ 첨부한 문서를 분석해서 다음과 같은 형태로 명함 정보를 출력해줘
　"""{직급}, {이름}, {연락처}"""

20 다음은 프롬프트 템플릿을 사용하여 코파일럿에 질의한 응답 결과이다. 응답 결과를 참고하여 프롬프트 템플릿으로 적절하게 짝지어진 것을 고르시오.

코파일럿 응답 결과	안녕하세요! 100만 구독자를 보유한 여행 유튜브 크리에이터로서, 유럽과 아프리카 여행을 주제로 한 일주일간의 콘텐츠 전략을 다음과 같이 제안합니다. MZ세대가 좋아할 만한 이모지를 활용하여 테이블 형태로 정리했습니다. 표 | 요일	콘텐츠 주제	설명	이모지
월요일	유럽의 숨겨진 보석들	유럽 대도시가 아닌 소도시들의 매력 소개	🏰🎉
화요일	아프리카 사파리 체험	짜릿한 사파리 투어와 야생 동물들의 모습 공유	🦁🌍	
프롬프트 템플릿	ㄱ. 여행 유튜브 크리에이터 ㄹ. 유튜브 전략 ㄴ. 유럽 여행 ㅁ. HTML 출력 ㄷ. 해외여행 ㅂ. 테이블 형태 출력

① ㄱ, ㄴ, ㅁ
② ㄱ, ㄴ, ㅂ
③ ㄱ, ㄷ, ㅂ
④ ㄴ, ㄷ, ㄹ

21 다음은 파이썬 함수를 호출하는 코드이다. ㉠에 들어갈 내용으로 옳은 것을 고르시오.

```
( ㉠ ) print_for():
    result = [1, 2, 3, 4, 5]
    for num in result:
        print(num)
```

① function ② def
③ class   ④ func

22 다음은 스테이블 디퓨전에서 프롬프트를 작성하는 방법이다. 옳지 않은 것을 고르시오.

① 문장의 앞에 작성한 단어부터 우선적으로 적용된다.
② 단어를 강조하고 싶을 때는 "(키워드:숫자)"로 적용할 수 있다.
③ 쉼표(,)를 사용해 프롬프트 내 여러 요소를 구분할 수 있다.
④ 중괄호({})를 사용해 키워드 강조를 줄일 수 있다.

23 다음은 미드저니에서 프롬프트를 입력하여 이미지를 생성한 결과이다. 생성된 이미지에서 알 수 없는 사실을 고르시오.

① 토네이도가 발생하고 있다.
② 번개가 발생하고 있다.
③ 해가 뜨고 있다.
④ 땅에 일부 나무들이 흔들리고 있다.

24 다음은 엑셀에서 챗GPT API 연계를 통해 보고서를 생성하는 화면이다. 옳지 않은 것을 고르시오.

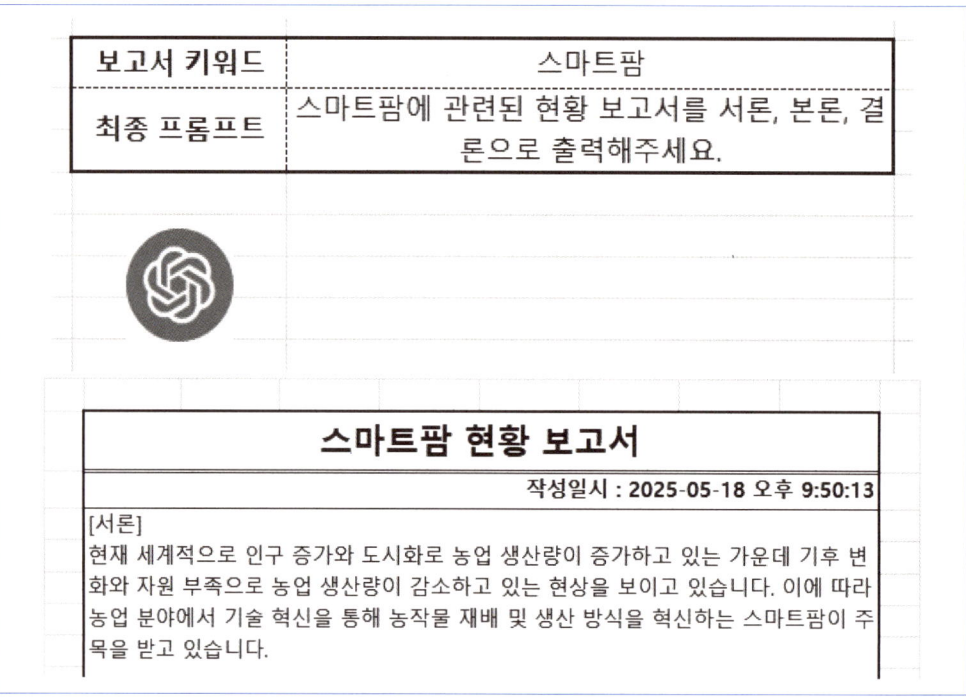

① 키워드를 입력하고 로고 버튼을 클릭하면 보고서 내용이 생성된다.
② 챗GPT API 키를 발급받아야 기능을 사용할 수 있다.
③ 챗GPT한테 질의하는 최종 프롬프트는 변경할 수 없다.
④ 다른 보고서를 원할 경우, 다른 보고서 키워드를 입력한다.

25 다음 보기는 캐글에서 수집한 데이터셋을 챗GPT를 통해 데이터 분석하는 과정이다. 옳지 않은 것을 고르시오.

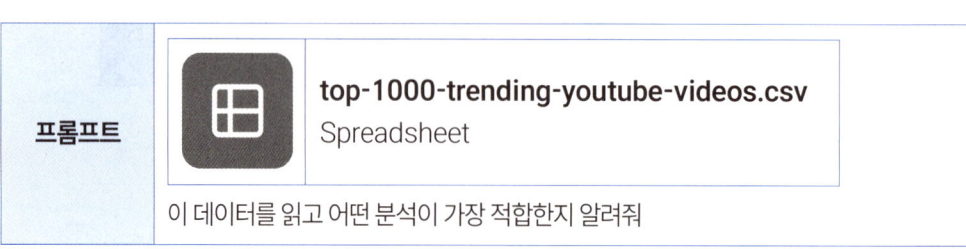

챗GPT 응답 1	**적합한 분석 방향** **1. 기초 통계 분석** 　- 조회 수, 좋아요, 싫어요 분포 확인 　- 연도별 업로드 수 분석 **2. 트렌드 분석** 　- 연도별 평균 조회 수 및 좋아요 변화 추이 　- published 연도별 인기 영상 특징 **3. 상관관계 분석** 　- 조회 수와 좋아요/싫어요 간의 상관관계 　- Likes, Dislikes가 Views에 미치는 영향 　…
챗GPT 응답 2	- **Music** 카테고리는 전체적으로 가장 높은 조회 수와 좋아요 수를 기록하며, 인기도가 높습니다. - **Travel & Events**는 조회 수 대비 '좋아요' 수가 높아, 소수 영상이 매우 인기를 끌 가능성이 있습니다. - **Howto & Style, Education, People & Blogs**는 조회 수는 낮지만, 특정 분야에 특화된 충성도 높은 시청자가 있을 수 있습니다.
챗GPT 응답 3	(카테고리별 조회 수 막대그래프: Music ~3500, Travel & Events ~1350, Howto & Style ~1700, Education ~200, People & Blogs ~1150, Comedy ~2400, Entertainment ~2250, Pets & Animals ~2600, Gaming ~1000, Film & Animation ~750)

① 멀티모달 프롬프트를 작성하였다.
② 챗GPT가 데이터를 읽고 적합한 분석 기법을 제시하였다.
③ 카테고리별로 조회 수와 좋아요의 관계를 분석하였다.
④ 그래프에 한글이 정확하게 표시되었다.

26 다음은 기업 A에서 직원 채용 면접 결과를 저장하기 위해 작성한 프롬프트와 챗GPT의 응답 결과이다. ㉠에 들어갈 내용으로 적절한 것을 고르시오.

프롬프트	면접 질문과 후보자의 답변, 답변의 평가를 관계형 (㉠)로 구축하여 다음 면접에 활용하려고 한다. 구축하는 방법에 대해 SQL문 사례로 정리해줘.

챗GPT 응답 결과	1. (㉠) 스키마
	
	``
	CREATE TABLE InterviewQuestions (
	  id INT PRIMARY KEY,
	  question TEXT NOT NULL
	);
	~~
	``
	
	2. 데이터 삽입
	
	``
	-- 면접 질문 삽입
	INSERT INTO InterviewQuestions (id, question) VALUES
	(1, '기술 경험에 대해 설명해 주세요.');
	~~
	``
	
	3. 데이터 조회
	
	``
	SELECT q.id, q.question
	FROM InterviewQuestions q
	~~
	``

① 엑셀(Excel)
② 데이터베이스(Database)
③ NoSQL
④ MongoDB

27 다음은 생성 AI 산출물의 도출 과정이다. ㉠, ㉡에 들어갈 내용으로 옳은 것을 고르시오.

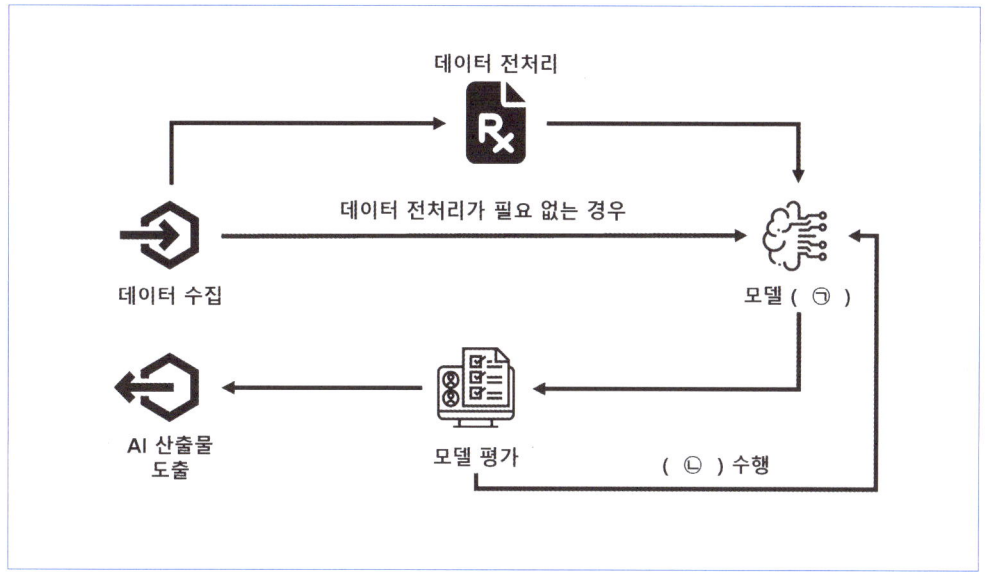

	㉠	㉡
①	학습	최적화
②	생성	패키징
③	최적화	모델 교체
④	삽입	수정

28 다음 보기에서 설명하고 있는 것을 고르시오.

- 이것은 AI 기술 및 제품·서비스 개발에 필요한 AI 인프라를 지원한다.
- 이것은 누구나 활용하고 참여하는 AI 통합 플랫폼이다.
- 아래는 이것의 일부 화면이다.

① AI 데이터(AI-data)
② AI 포털(AI-portal)
③ AI 플레이그라운드(AI Playground)
④ AI 허브(AI-hub)

29 다음 중 AI 산출물에 대해 인간의 창작성 부가로 인한 저작물성이 인정되는 경우로 가장 적절한 것을 고르시오.

① AI가 작성한 기사에서 오타와 문법만 수정한 후 출판한 경우
② AI가 작곡한 멜로디를 바탕으로 사람이 화성, 리듬, 악기 구성을 창의적으로 수정한 경우
③ AI가 생성한 이미지를 그대로 사용하여 전시한 경우
④ AI가 작성한 코드에 오류만 수정하고 주석만 추가한 경우

30. 다음 보기에서 위반한 저작권 침해 유형을 고르시오. (단, 생성 결과물이 저작물일 경우로 간주한다.)

사용 서비스	- 수노 AI(Suno AI) : 음악을 생성하는 생성 AI 서비스
프롬프트	- A heartfelt pop ballad with piano and strings, soft female vocals, slow tempo, about lost love and hope. - 피아노와 현악기 연주, 부드러운 여성 보컬, 느린 템포의 진심 어린 팝 발라드, 잃어버린 사랑과 희망에 대한 이야기
사용처	- 카페(Cafe)에서 백그라운드 뮤직으로 재생하기 위해 유튜브에 스트리밍으로 업로드 후 스피커로 재생하였다.

① 공연　　　② 전시　　　③ 공중송신　　　④ 배포

※ [31. ~ 35.] 단답형 주관식 답안 작성 시 주의 사항 및 예시를 참고하시오.

구분	내용
주의사항	영문 및 한글 오타, 띄어쓰기, 불필요한 콤마, 따옴표 등 주의
답안 (예시)	생성 AI ※복수 정답 인정(생성 ai, Generative AI도 정답처리)

31. 다음 파이썬 코드와 실행 결과를 참고하여 ㉠에 들어갈 내용을 영문으로 작성하시오.

파이썬 코드	list = ['one', 1, '2', 'three'] for item (㉠) list: 　　print(item)
실행 결과	one 1 2 three

답안

32 다음은 미드저니에서 옵션을 적용하여 이미지를 생성한 결과이다. 이미지 2의 설명을 참고하여 이미지 2를 생성할 때 어떤 옵션을 사용하였는지 작성하시오.

구분	이미지 1	이미지 2
프롬프트	hand painted in watercolour, single flower, violet, clipart on a white background	
프롬프트 (한글)	수채화로 그린, 1송이 꽃, 보라색, 흰색 배경에 클립 아트	
생성된 이미지		
이미지 설명	꽃 이미지가 실제 사물처럼 이미지를 생성하였다.	꽃 이미지가 일본 애니메이션 스타일이 적용되어 이미지가 생성되었다.

33 다음 보기에서 설명하고 있는 것을 작성하시오.

· 버전 관리를 위한 저장소 호스팅을 지원하는 웹 서비스이다.
· 전 세계의 수많은 개발자가 협업하고 있다.
· 2018년에 마이크로소프트에 인수되었다.

34 다음은 미드저니에서 옵션을 적용하여 이미지를 생성한 결과이다. 이미지 2의 설명을 참고하여 이미지 2를 생성할 때 어떤 옵션을 사용하였는지 작성하시오.

구분	이미지 1	이미지 2
프롬프트	(Masterpiece) Beautiful face of a 25 year old girl blonde hair in a bun, light clear glowing skin, on her face a drop of cream light on her cheek, looks at us real photo, white background, 8k lineart, monochrome <lora:animeoutlineV4_16:1>	
프롬프트 (한글)	(걸작) 25세 여성의 아름다운 얼굴, 금발 머리를 빵 모양으로 묶고, 밝고 맑은 피부, 얼굴에는 볼에 크림 한 방울을 떨어뜨림, 우리를 바라보는 모습, 실제 사진, 흰색 배경, 8k 선 아트, 흑백	
생성된 이미지		
참고사항	- 이미지 1, 이미지 2를 생성할 시 프롬프트를 1회만 실행하였다.	

답안

35 다음은 챗GPT를 통해 이미지를 묘사하는 프롬프트를 추출하는 과정이다. ㉠에 들어갈 내용으로 옳은 것을 작성하시오.

이미지	
프롬프트	이미지를 설명하는 내용 중에서 비중(%)을 (㉠)로/으로 정렬하고 표로 출력해줘 ``` {특징} | {비중(%)} ```
챗GPT 응답 결과	<table><tr><th>번호</th><th>특징</th><th>비중(%)</th></tr><tr><td>1</td><td>전면 유리창</td><td>20</td></tr><tr><td>2</td><td>바다 전망</td><td>18</td></tr><tr><td>3</td><td>황금빛 햇살</td><td>15</td></tr><tr><td colspan="3">…</td></tr></table>

답안

※ [36. ~ 40.] 다중보기 선택형 주관식 답안 작성 시 주의 사항 및 예시를 참고하시오.

구분	내용
주의사항	- 보기의 번호만 답안에 작성 - 보기 번호 외 한글, 영어 등은 오답처리

36 ~ 40 다음은 챗GPT에서 입력한 프롬프트이다. [프롬프트]와 [챗GPT 응답]을 참고하여 빈 칸을 작성하시오.

프롬프트 및 챗GPT 응답

프롬프트	전기 자동차의 위험성에 관해 설명해줘. Writing Style=(①)
챗GPT 응답	전기 자동차(Electric Vehicles, EV)는 친환경성과 효율성 측면에서 혁신적인 기술로 주목받고 있으나, 몇 가지 기술적 위험 요소가 존재합니다. 이러한 위험성은 주로 배터리 기술, 소프트웨어 의존성, 인프라 부족, 환경적 한계 등과 관련이 있습니다. ~~~

프롬프트	한국의 수도를 알려줘. (②)=0.1
챗GPT 응답	한국의 수도는 서울입니다.
응답 확인 결과	창의성이 발휘되지 않고 사실만을 응답하였다.

프롬프트	가장 스마트폰 판매 규모가 많은 곳은 어디인지 (③) 형식으로 작성해줘
챗GPT 응답	~~~ <head> 　<meta charset="UTF-8"> 　<title>스마트폰 판매 규모</title> </head> <body> 　<h1>가장 스마트폰 판매 규모가 큰 회사</h1> 　<p><strong>삼성전자</strong>는 애플, 샤오미, 삼성중에서 가장 스마트폰 판매 규모가 큰 회사입니다.</p> </body> ~~~

프롬프트	한국의 수도는 부산인데, 서울과 부산의 기후 차이를 알려주세요.
챗GPT 응답	실제로 한국의 수도는 부산이 아니라 서울입니다. 부산은 제2의 도시이자 대표적인 항구도시로, 서울과는 여러 면에서 차이가 있습니다. 그중 하나가 바로 기후 차이입니다. 아래 표로 정리해드릴게요. ~~~
응답 확인 결과	챗GPT가 (④)을 생성하지 않았다.

프롬프트	나는 50살이고 내 동생은 30살이야. 5년 후가 되면 내 동생의 현재 나이는 몇 살이지? (⑤)별로 생각해 보자.
챗GPT 응답	① 현재 당신과 동생의 나이 확인: 당신은 50세이고, 동생은 30세입니다. ② 5년 후의 나이 계산: 동생이 5년 후에 몇 살이 될지 알기 위해, 현재 나이에 5를 더합니다. ~~~ 　따라서, 5년 후에 당신의 동생은 35세가 될 것입니다.

보기

No	보기	No	보기	No	보기	No	보기	No	보기
1	시적인 (Poetic)	2	Top-p	3	JSON	4	환각	5	계단
6	기술적인 (Technical)	7	Length Penalty	8	TABLE	9	거짓말	10	단계
11	학문적인 (Academic)	12	Presence Penalty	13	HTML	14	잘못된 정보	15	무작위
16	풍자적인 (Satirical)	17	Temperature	18	EXCEL	19	환상	20	사람

36 ①에 들어갈 내용을 보기에서 골라 번호로 작성하시오. (   )

37 ②에 들어갈 내용을 보기에서 골라 번호로 작성하시오. (   )

38 ③에 들어갈 내용을 보기에서 골라 번호로 작성하시오. (   )

39 ④에 들어갈 내용을 보기에서 골라 번호로 작성하시오. (   )

40 ⑤에 들어갈 내용을 보기에서 골라 번호로 작성하시오. (   )

05회
모의고사

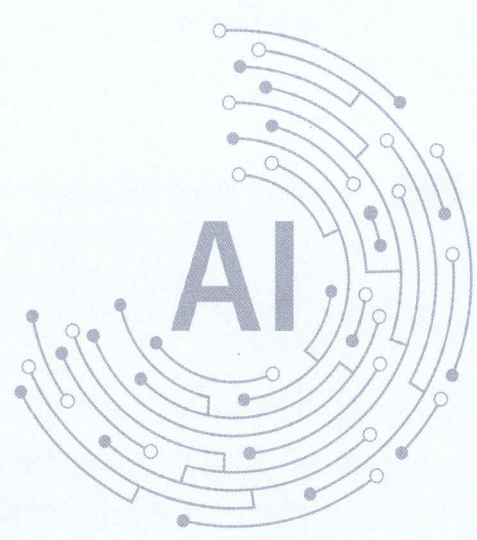

05회 모의고사

01 다음 중 인공지능(AI)의 정의로 가장 적절한 것을 보기에서 고르시오.

① 데이터를 학습하고, 추론하며, 문제를 해결할 수 있도록 설계된 시스템이다.
② 인간의 뇌 구조를 모방하여 모든 사고 과정을 동일하게 구현하는 기술이다.
③ 인간의 지시 없이 스스로 학습하고 모든 결정을 최적화하는 시스템이다.
④ 하드웨어 개선을 통해 정보 처리 속도를 극대화하는 기술이다.

02 다음 보기에서 설명하는 인공지능 데이터 처리 기능을 고르시오.

> 누락된 값 처리, 정규화, 특성 추출과 같은 기술을 사용하여 데이터를 모델 학습에 적합한 형태로 변환함

① 알고리즘 선택
② 데이터 수집
③ 최적화 및 튜닝
④ 데이터 전처리

03 다음 비지도 학습의 정의를 참고하여 사례로 옳은 것을 고르시오.

정의	정답(레이블)을 지정하지 않고, 알아서 비슷한 특징을 찾아내어, 해당 특징을 기반으로 군집하는 알고리즘

① 고양이와 개를 구분하기 위해 레이블된 사진을 학습시킨다.
② 사용자 로그 데이터를 분석하여 유사한 행동 그룹을 발견한다.
③ 고객 데이터를 분석하여 연령대별 소비 패턴을 예측한다.
④ 주식 시장 데이터를 기반으로 주가의 상승과 하락을 예측한다.

04 다음은 강화학습(Reinforcement Learning)의 개념도이다. 강화학습의 특징으로 옳은 것을 고르시오.

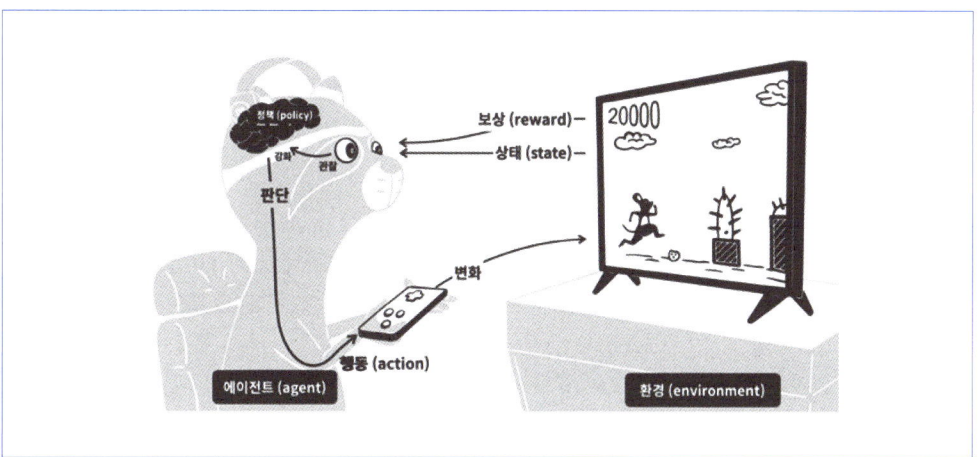

① 모든 데이터가 정답과 함께 제공되며 정확하게 학습한다.
② 사람의 지시 없이 스스로 규칙을 생성하며 학습한다.
③ 목표를 달성할 때마다 보상을 받으며 점진적으로 학습한다.
④ 입력 데이터 없이도 스스로 예측 결과를 생성할 수 있다.

05 다음 중 생성 AI의 특징으로 옳지 않은 것을 고르시오.

① 텍스트, 이미지 등 다양한 형태의 데이터를 생성할 수 있다.
② 데이터 생성 시 패턴을 분석하여 새로운 결과를 도출한다.
③ 학습된 모델을 바탕으로 창의적인 결과를 생성할 수 있다.
④ 사용자가 입력한 데이터를 있는 그대로 출력하도록 동작한다.

06 다음은 제미나이(Gemini)를 활용하여 소설을 생성한 예시이다. 제미나이가 동작한 것으로 적절한 것을 고르시오.

프롬프트	추리 소설의 첫 장을 작성해 줘.
응답결과	물론입니다. 아래는 추리 소설의 첫 장 예시입니다. 미스터리한 분위기와 흥미를 유발하는 도입부로 구성해 보았습니다. 제1장. 안개 속의 초대장 오래된 골목 어귀, 낡은 주택 한 채가 무너져 내릴 듯이 비를 맞고 있었다. 11월의 찬비는 담벼락을 타고 흐르다 결국 바닥의 갈라진 콘크리트 틈으로 스며들었다. ...

① 요청된 주제를 바탕으로 창의적인 이야기를 새롭게 작성한다.
② 기존의 추리 소설을 분석하여 비슷한 내용을 반복 생성한다.
③ 사용자의 요청에 따라 단어를 분석하고, 소설의 줄거리를 요약한다.
④ 추리 소설의 주요 인물 관계를 도식화하여 분석을 진행한다.

07 다음 보기에서 설명하는 인공지능 학습 방법을 고르시오.

> 교육 기관은 GPT 모델을 활용해 영어 회화 수업을 진행했습니다. 학생들이 질문을 입력하면 AI가 즉각적으로 자연스러운 답변을 제공하고, 실시간으로 문법을 교정해 주었습니다. 이 모델은 미리 학습된 수백만 개의 문장 데이터를 바탕으로, 사용자의 질문에 정확하게 반응할 수 있었습니다.

① 미세 조정(Fine-tuning) ② 구문 분석(Syntax Analysis)
③ 사전 학습(Pre-trained) ④ 임베딩(Embedding)

08 다음 중 프롬프트 엔지니어링의 개념으로 가장 정확한 것을 고르시오.

① 사용자가 명령어를 입력하면 AI가 실행하는 단순한 프로세스이다.
② AI 모델이 입력된 명령어(프롬프트)에 따라 반응하도록 설계된 기술이다.
③ 데이터베이스의 데이터를 효율적으로 정리하기 위한 구조 설계 방법이다.
④ 클라우드 서버에서 데이터를 자동으로 백업하는 기술이다.

09 다음은 엔-그램 모델의 개념도이다. 개념도를 참고하여 엔-그램 모델의 특징으로 가장 알맞은 것을 고르시오.

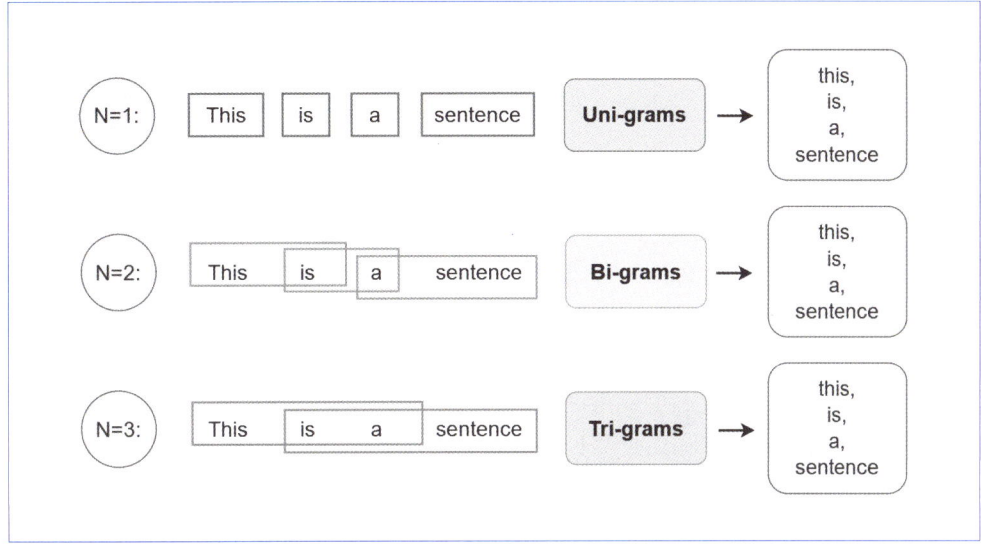

① 문장이 길어지면 전체를 보지 않고, 필요한 단어나 문장에 집중하는 기법이다.
② 단어 또는 말뭉치로부터 숨겨진 주제를 찾고 키워드별로 주제를 묶어주는 비지도 학습이다.
③ 단어 간 유사도를 반영하고 단어를 벡터화할 수 있는 기법이다.
④ 텍스트나 문장을 연속된 N개의 단어로 나눠서 특징을 파악하는 기법이다.

10 다음 보기에서 설명하는 프롬프트 관련 용어로 옳은 것을 고르시오.

| 거대 언어 모델로부터 원하는 결과를 얻기 위해 프롬프트를 설계하고 개발하는 작업 |

① 프롬프트 엔지니어링(Prompt Engineering)
② 프롬프팅(Prompting)
③ 프롬프트 엔지니어(Prompt Engineer)
④ 프롬프트(Prompt)

11 다음 중 프롬프트 엔지니어링의 기술적 개념이 알맞게 짝지어진 것을 고르시오.

① 퓨샷 러닝(Few-shot Learning) → 단일 예시를 기반으로 학습
② 미세 조정(Fine-tuning) → 대량의 데이터를 실시간으로 분석
③ 제로샷 러닝(Zero-shot Learning) → 사전 학습 없이 질문에 답변
④ 사전 학습(Pre-trained) → 사용자 입력에 따른 실시간 모델 업데이트

12 다음은 챗GPT의 특정 하이퍼파라미터에 대한 설정과 응답이다. ㉠에 들어갈 하이퍼파라미터로 알맞은 것을 고르시오.

설정	(㉠) = 1
응답결과	로봇

설정	(㉠) = 10
응답결과	로봇청소기는 센서와 인공지능을 이용해 바닥의 먼지와 이물질을 자동으로 탐지하고 청소하는 기기입니다.

① Beam Width
② Top-k
③ Writing Style
④ Max Tokens

13 다음은 코파일럿(Copilot)에게 추론을 시키는 과정이다. 해당 과정을 통해 유추할 수 있는 생각의 사슬(CoT ; Chain of Thought)의 특성으로 옳은 것을 고르시오.

프롬프트	내가 예시 문제와 답을 보여줄테니, 이를 바탕으로 추론해 줘. **예시 문제** 집에 사과가 15개 있었다. 아침에 3개를 먹었고, 마트에서 5개를 더 샀으며, 점심에 2개를 더 먹었다. 저녁에 이웃이 4개를 선물로 주었다면, 집에 남아 있는 사과는 몇 개인가? **예시 답** 집에 사과가 15개 있었습니다. 아침에 3개를 먹었기 때문에 12개가 남았습니다. 그 후 마트에서 5개를 더 샀기 때문에 총 17개가 되었습니다. 점심에 2개를 더 먹었으니 15개가 남았습니다. 저녁에 이웃이 4개를 선물로 주었으니, 최종적으로 19개의 사과가 있습니다. 정답은 19개입니다. 자, 이제 아래 문제를 추론해 줘. 집에 오렌지가 20개 있었다. 아침에 4개를 먹었고, 시장에서 6개를 더 샀으며, 오후에 3개를 더 먹었다. 이웃이 5개를 주었다면, 집에 남아 있는 오렌지는 몇 개인가? 위의 예시 문제에 대한 예시 답변처럼 대답해 주세요.
응답결과	집에 오렌지가 20개 있었습니다. 아침에 4개를 먹었기 때문에 16개가 남았습니다. 그 후 시장에서 6개를 더 샀기 때문에 총 22개가 되었습니다. 오후에 3개를 더 먹었으니 19개가 남았습니다. 이웃이 5개를 주었기 때문에 최종적으로 24개의 오렌지가 있습니다. 정답은 24개입니다.

① 연속성, 유창성, 효과성
② 모호성, 특수성, 유연성
③ 통제성, 안전성, 보안성
④ 단절성, 유용성, 투명성

14 다음 보기에서 ㉠에 들어갈 프롬프트의 구성 요소로 옳은 것을 고르시오.

> 프롬프트는 사용자가 원하는 출력을 얻고자 할 때 생성 AI에게 입력값을 넣어 원하는 출력값을 얻는 일련의 과정이며, 일반적으로 지시, (㉠), 제약, 입력 데이터, 출력 지시자 등으로 구성된다.

① 행동(Action)
② 묘사(Description)
③ 피드백(Feedback)
④ 맥락(Context)

15 다음 보기에서 설명하는 프롬프트 동작의 기본 원칙을 고르시오.

프롬프트 동작

단계	설명
1단계	프롬프트를 설계하고 해당 프롬프트를 언어 모델에 제공
2단계	모델이 생성한 출력을 검토하고, 분석하여 프롬프트 효과성 평가
3단계	평가 결과를 바탕으로 프롬프트를 수정하고 개선하는 과정을 원하는 결과가 나올 때까지 반복

① 자기 일관성(Self-consistency) 러닝
② 피드백 루프(Feedback Loop)
③ 미세 조정(Fine-tuning)
④ 부스팅(Boosting)

16 다음은 챗GPT에 질의한 프롬프트와 응답이다. ㉠에 들어갈 Writing Style로 옳은 것을 고르시오.

프롬프트	전기 자동차의 위험성에 대해 50자 내외로, 다음의 4가지 스타일을 사용하여 스타일-설명의 표 형태로 만들어줘. Writing Style = Conversational Writing Style = (㉠) Writing Style = Satirical Writing Style = Technical
응답결과	다음은 전기 자동차의 위험을 4가지 스타일로 요약한 50자 내외 설명을 표 형식으로 정리한 내용입니다. | Writing Style	설명
Conversational	배터리 터지면 어쩌지? 불이 날까 봐 무서워.
(㉠)	조용한 질주 속 번개, 심장은 불씨를 숨긴다.
Satirical	친환경 차라며? 불나면 소방차 먼저 부른다더라.
Technical	열폭주로 인한 화재·감전 등 안전 리스크 존재	

① Argumentative(논쟁적인)
② Instructive(지시적인)
③ Critical(비평적인)
④ Poetic(시적인)

17 다음은 스테이블 디퓨전의 프롬프트와 이미지 생성 결과이다. ㉠이 의미하는 것으로 옳은 것을 고르시오.

프롬프트	Prompt: delicious burger (맛있는 버거) (㉠): Dim, Twisted, Spoiled, Rotten, Over Colored, Blurry 　　　(흐릿한, 뒤틀린, 상한, 썩은, 색이 과도한, 흐릿하게 번진) Sampling method: DPM++ 2M Karras Sampling steps: 20
응답결과	

① Negative Prompt : 이미지 생성 시 피하고 싶은 요소
② Seed : 이미지를 생성하는데 사용된 무작위의 노이즈 값
③ Size : 생성한 이미지의 너비와 높이
④ Model : 이미지를 생성하는데 사용된 모델 또는 체크포인트의 이름

18 다음 중 미드저니에서 모델 버전을 지정할 때 사용하는 옵션을 고르시오.

① --q
② --v
③ --seed
④ --style

19 다음과 같이 텍스트 외에 이미지 및 음성 등 다양한 형태의 입력을 포함하는 프롬프트로 옳은 것을 고르시오.

프롬프트	당신은 이미지 분석가입니다. 업로드한 이미지를 분석해서 이미지에 묘사된 키워드를 나열한 후, 분석 결과에 맞는 이미지를 생성해 주세요.
응답결과	해당 이미지는 **대한민국의 국기, 즉 '태극기'**입니다. 이를 기반으로 이미지에서 묘사된 주요 키워드를 나열하면 다음과 같습니다. …

① 싱글모달 프롬프트(Single-modal Prompt) ② 멀티모달 프롬프트(Multi-modal Prompt)
③ 업로드 프롬프트(Upload Prompt) ④ 드래그 프롬프트(Drag Prompt)

20 다음 파이썬 코드와 실행 결과를 참고하여, 사용된 자료형으로 옳은 것을 고르시오.

라인	코드
1	print("Hello AI? Nice to meet you.")
2	print('Hello User? Nice to meet you, too.')

실행 결과
Hello AI? Nice to meet you.
Hello User? Nice to meet you, too.

① 튜플 자료형 ② 딕셔너리 자료형
③ 리스트 자료형 ④ 문자형 자료형

21 다음 보기에서 설명하는 프롬프트 엔지니어링 모델의 주의 사항으로 옳은 것을 고르시오.

> 비윤리적 이미지 생성 등 서비스 제공자의 이용약관을 벗어나는 경우 서비스 불이익을 받을 수 있으므로 주의해야 한다.

① 윤리적 결과물
② 부적절한 공유 및 활용
③ 서비스 이용약관
④ 네거티브 프롬프트

22 다음과 같이 사용자 아이디어에 대하여 쉽고 빠르게 생성할 수 있는 생성 플랫폼이 무엇인지 고르시오.

아이디어 : 독서 캘린더 시스템 생성

요청내용	1. 기본 관리 기능 도서 등록 및 관리 : ISBN 입력 시 자동 등록, 표지 이미지와 메타데이터 연동 독서 상태 관리 : 읽기 전, 읽는 중, 읽기 완료 상태로 구분 …

생성 플랫폼 질의

프롬프트	Create your personalized reading calendar with goal tracking, progress insights, social sharing, and comprehensive analytics—all in one seamless platform. (요약 : 독서 캘린더 시스템 생성 요청)
응답결과	Please confirm if the above screens are what you had in mind, and I will start generating the designs for these web interfaces. (요약 : … 위의 화면이 당신이 생각했던 것과 같은지 확인해 주세요. 그러면 이 웹 인터페이스에 대한 디자인을 생성하기 시작하겠습니다.)

프롬프트	Confirmed. Let's start building the website. (요약 : 확인했어. 웹사이트 생성해 줘.)
응답결과	Here's the design you asked for: (요약 : 여기 요청하신 디자인입니다.) 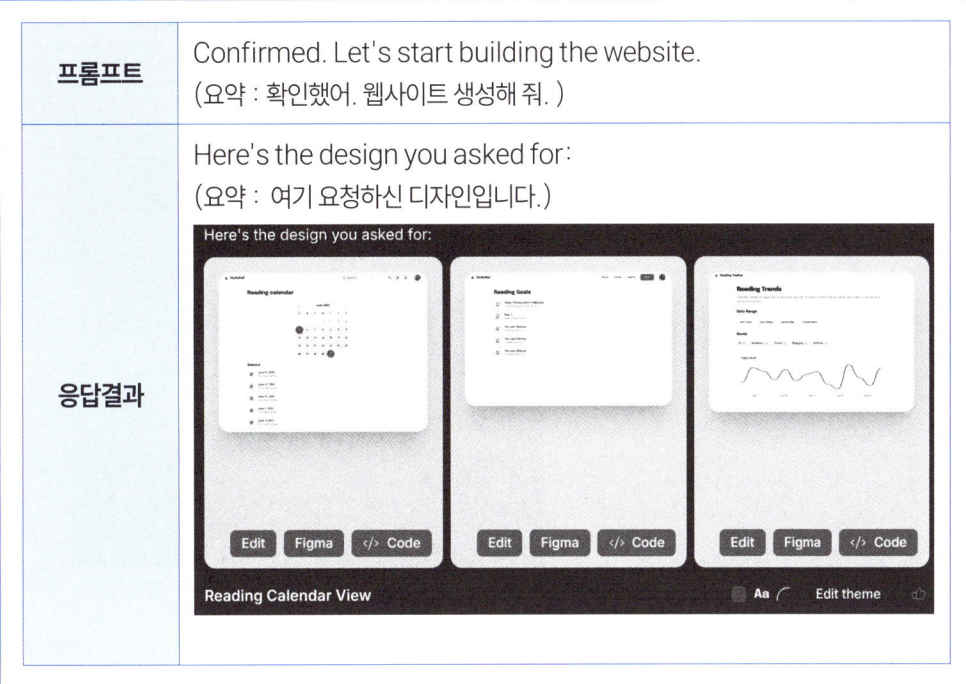

① 스테이블 디퓨전(Stable Diffusion)

② 갈릴레오 AI(Galileo AI)

③ 미드저니(Midjourney)

④ 수노 AI(Suno AI)

23 다음은 미드저니(Midjourney)를 사용해 이미지를 생성하는 프롬프트이다. ㉠에 들어갈 명령어를 보기에서 고르시오.

프롬프트	
	(㉠) Sunset.jpg
응답결과	1. sunset over a rocky beach, calm ocean waves, vibrant orange and blue sky --ar 16:9 (바위 해변 위로 지는 일몰, 고요한 바다 파도, 생동감 넘치는 주황색과 푸른 하늘) 2. twilight beach scene with scattered pebbles, silhouettes in the distance, smooth horizon --ar 16:9 (흩어진 자갈과 멀리 보이는 실루엣, 매끄러운 지평선이 있는 황혼의 해변 풍경) 3. peaceful coastline during sunset, soft gradient sky, crescent moon visible --ar 16:9 (일몰 무렵의 평화로운 해안선, 부드러운 그라데이션 하늘, 초승달이 보임) 4. serene beach view with scattered rocks, twilight glow, minimalist and tranquil --ar 16:9 (흩어져 있는 바위와 황혼의 빛, 미니멀하고 고요한 고요한 해변 전망)

① /public
② /show
③ /info
④ /describe

24 다음은 오픈AI의 API 키 생성 시의 API 권한 설정에 대한 이미지이다. ㉠에 들어갈 옵션으로 옳은 것을 고르시오.

	Permissions ㉠ Resources　　　　　　　　　　　　　　　　Permissions Models ⓘ　　　　　　　　　　　　　　　None　Read /v1/models Model capabilities ⓘ　　　　　　　　　None　Write /v1/audio /v1/chat/completions /v1/embeddings /v1/images /v1/moderations Assistants ⓘ　　　　　　　　　　None　Read　Write /v1/assistants /v1/models (required for Assistants) 　　　　　　　　　　　　　Cancel　Create secret key
특징	호출할 API의 사용 여부 및 읽기 쓰기를 선택할 수 있다.

① All　　　　　　　　　　② Read Only
③ Restricted　　　　　　　④ Created

25 웹 브라우저에서 확장 프로그램을 검증하는 방법으로 옳은 것을 보기에서 고르시오.

① 악의적 목적으로 활용될 수 있는 소지가 존재하는지 프로그램의 리뷰를 반드시 살펴서 사용한다.
② 확장 프로그램은 브라우저에서 자동으로 신뢰할 수 있으므로 별도 검증이 필요 없다.
③ 설치 수가 많으면 안전하다고 판단할 수 있으므로 추가 확인 없이 설치해도 된다.
④ 확장 프로그램은 설치 후 문제가 생기면 삭제할 수 있으므로 설치 전 검토는 불필요하다.

26 다음 중 생성 AI가 비즈니스 문서 자동 생성을 위해 데이터를 처리하는 순서로 옳은 것을 고르시오.

① 데이터 수집 → 모델 학습 → 편집 및 수정 → 문서 생성 → 저장 및 공유
② 데이터 수집 → 문서 생성 → 모델 학습 → 편집 및 수정 → 저장 및 공유
③ 데이터 수집 → 모델 학습 → 문서 생성 → 편집 및 수정 → 저장 및 공유
④ 데이터 수집 → 저장 및 공유 → 모델 학습 → 문서 생성 → 편집 및 수정

27 다음 그림은 생성 AI 산출물의 저작권 침해방지 기술에 대한 설명이다. 이에 해당하는 기술을 보기에서 고르시오.

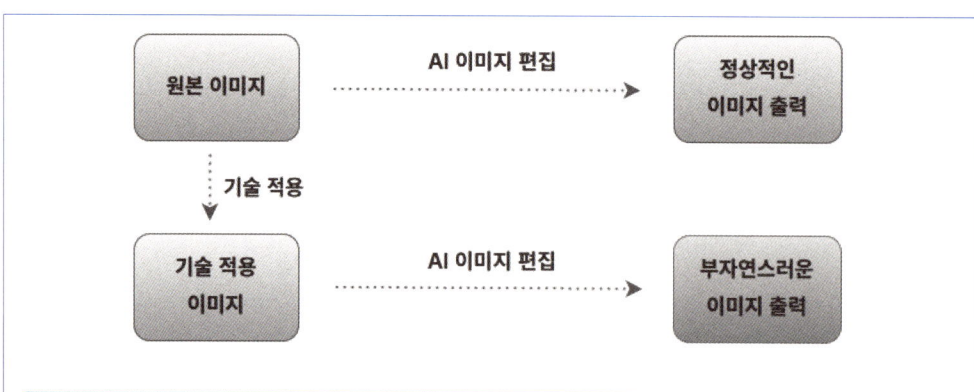

① VAE(Variational Autoencoder)
② GAN(Generative Adversarial Networks)
③ 포토가드(PhotoGuard)
④ 샌드박스(Sandbox)

28 다음 보기를 참고하여 프롬프트 엔지니어링의 윤리적 원칙과 설명이 일치하지 않는 것을 고르시오.

원칙	설명
편향 방지	특정 집단이나 의견에 치우치지 않도록 생성
출처 표기	AI가 생성한 콘텐츠의 출처를 명확히 명시
실시간 수정	잘못된 정보를 실시간으로 수정하여 배포
사용자 정보 보호	AI가 수집한 사용자의 개인정보를 보호

① 편향 방지
② 출처 표기
③ 실시간 수정
④ 사용자 정보 보호

29 다음은 생성 AI를 활용하여 광고 문구를 생성한 사례이다. 해당 시나리오를 읽고, 법적 문제를 예방하기 위한 옳은 조치를 고르시오.

시나리오	F사는 생성 AI를 활용하여 광고 문구를 생성했다. AI가 생성한 문장 중 일부는 특정 브랜드의 슬로건과 유사한 표현이 포함되었다. 이로 인해 F사는 저작권 문제에 휘말릴 가능성이 발생하였다.

① AI가 생성한 문장은 저작권 보호 대상이 아니므로 그대로 사용한다.
② AI가 생성한 문장은 법적 검토를 거쳐, 문제가 될 만한 표현을 수정한다.
③ AI가 생성한 문장은 모든 브랜드에서 자유롭게 사용할 수 있다.
④ AI가 생성한 문장은 별도의 검토 없이 마케팅에 활용한다.

30 다음과 같이 사용자 아이디어에 대하여 쉽고 빠르게 생성할 수 있는 생성 플랫폼이 무엇인지 고르시오.

프롬프트	@ (㉠) {계정ID} 계정의 내부의 파일 중에서 인공위성과 관련된 문서 파일을 조회해서 요약해줘.
응답결과	인공위성과 관련된 문서 파일을 조회한 결과는 다음과 같습니다. 파일: 인공위성에 대한 정보.pdf 경로: 홈 > 인공위성 내용 요약: 이 문서는 인공위성의 역사, 나라별 갯수, 그리고 대표적인 인공위성의 이름에 대한 정보를 제공합니다. …

프롬프트	@ (㉡) {계정ID}에서 내가 올해 읽은 책이 들어있는 메일을 검색하고, 지난달에 읽은 책 목록을 날짜순으로 분류해서 알려줘.
응답결과	다음은 요청하신 지난달 읽은 독서 리스트입니다. | No.	책 제목	읽은 날짜
---	---	---
1	파과	4월 3일
2	1984	4월 8일
3	퇴마록	4월 18일
…	…	…	

	㉠	㉡
①	Google Drive	Gmail
②	Google Docs	Google Sheets
③	Google Sheets	Google Drive
④	Gmail	Google Docs

※ [31. ~ 35.] 단답형 주관식 답안 작성 시 주의 사항 및 예시를 참고하시오.

구분	내용
주의사항	영문 및 한글 오타, 띄어쓰기, 불필요한 콤마, 따옴표 등 주의
답안 (예시)	생성 AI ※복수 정답 인정(생성 인공지능, 생성 ai도 정답처리)

31 다음 이미지와 같이, 사용자의 글쓰기 및 코딩 작업에서 효율적이고 협업적 경험을 제공하는 챗GPT의 기능이 무엇인지 작성하시오.

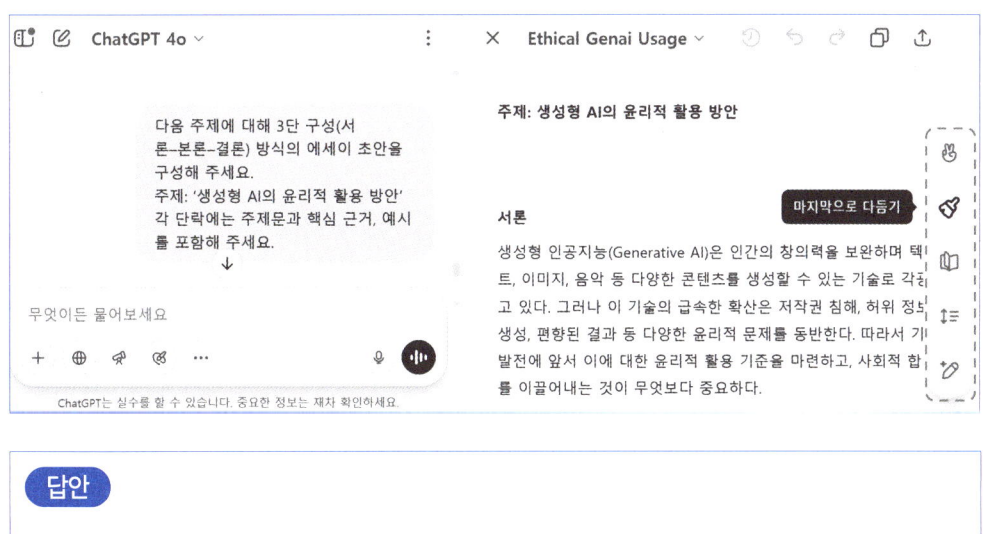

답안

32 다음 보기의 ㉠에 들어갈 프롬프트 작성 프레임워크 유형을 작성하시오.

(㉠) 은 생성 AI에게 몇 개의 예시를 통해 힌트를 주면서 답변을 생성하는 방법이며, 입력의 길이가 길어질수록 자원과 시간이 더 많이 소요된다.

답안

33 다음은 AI 모델이 텍스트를 생성하는 두 가지 상황이다. 이때, ㉠ 에 들어갈, 동시에 탐색하는 후보의 개수를 조절하는 하이퍼파라미터의 이름을 쓰시오.

프롬프트	AI 기술의 발전 방향에 대해 설명해 주세요. (㉠) = 1
응답결과	"AI 기술의 발전 방향은…" 가능성 가장 높은 단어 하나만 선택 → "자동화" [결과] "AI 기술의 발전 방향은 자동화가 중심이 된다."
프롬프트	AI 기술의 발전 방향에 대해 설명해 주세요. (㉠) = 3
응답결과	"AI 기술의 발전 방향은…" 세 가지 가능성 고려: "자동화", "데이터 분석", "인공지능 로봇" [결과] 문맥에 따라 "AI 기술의 발전 방향은 데이터 분석이 중요해진다." 또는 "AI 기술의 발전 방향은 인공지능 로봇이 주도할 것이다."

답안

34 다음 보기에서 설명하는 스테이블 디퓨전(Stable Diffusion)의 모델명을 작성하시오.

> 계산 비용과 메모리 사용량을 줄이기 위해 설계된 모델로, 모델의 완전한 재학습이 없이도 특정 작업에 맞게 모델을 적응시킬 수 있다. 스테이블 디퓨전에서 해당 모델은 이미지 생성 시 전체 모델을 교체하지 않고 생성 이미지에 특정 스타일만 추가할 수 있는 장점이 있다.

답안

---

35 다음 보기와 같이 프롬프트를 작성하여 이미지를 생성하는 서비스 또는 프로그램이 무엇인지 작성하시오.

프롬프트	On a breezy spring day, birds chirp outside the window. --ar 1:1 --v 6 (한글 : 창밖으로 새가 지저귀는 살랑이는 봄날)
응답결과	

답안

※ [36. ~ 40.] 다중보기 선택형 주관식 답안 작성 시 주의 사항 및 예시를 참고하시오.

구분	내용
주의사항	- 보기의 번호만 답안에 작성 - 보기 번호 외 한글, 영어 등은 오답처리

36 ~ 40 다음은 챗GPT에서 AIPRM을 사용하여 미드저니(Midjourney)의 프롬프트 작성 및 이미지를 생성하고, 코파일럿(Copilot)을 통해 이미지의 결과물을 추출하는 과정이다. **[설정], [프롬프트], [이미지], [결과물 추출]**을 참고하여 답안을 작성하시오.

설정

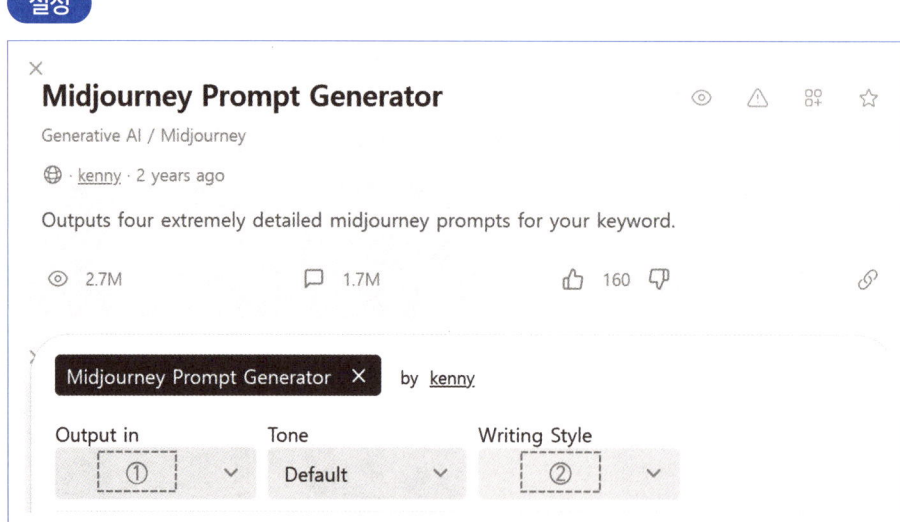

프롬프트

행복한 신랑 신부의 모습

Created with AIPRM Prompt "Midjourney Prompt Generator"

/imagine prompt: 미소 짓는 신랑과 신부, 시간이 멈춘 듯한 흑백 사진 속에 담긴 두 사람, 오래된 로맨틱 영화 속 장면처럼, 빗방울이 부드럽게 떨어지는 자갈길 위에서 빈티지 가로등 불빛에 물든 채 서로를 바라보는 따스한 눈빛, Photography, Leica M10, 50mm Summilux로 촬영된 몽환적이고 향수를 불러일으키는 분위기, ③ 16:9 --v 5

이미지

출력 언어를 영문으로 변경하여 프롬프트 생성 후 미드저니 이미지를 생성함

/imagine prompt: A smiling groom and bride, captured in a timeless black-and-white photograph, standing in a cobblestone alley lit by vintage street lamps, rain softly drizzling as they share a tender gaze, reminiscent of an old romantic film, Photography, Leica M10, 50mm Summilux, moody and nostalgic atmosphere, ...

결과물 추출

프롬프트	신랑과신부.png 업로드한 이미지를 분석해서 다음 포맷에 맞게 출력해줘. 영어 : { ④ }, ... 한글 : { ⑤ }, ...
응답결과	영어 : rainy, night, couple, umbrella, street, ... 　　　(비, 밤, 커플, 우산, 거리, ... 한글 : 비오는 밤 거리에서 한 커플이 우산을 쓰고 있다., 두 사람은 서로 가까이 서 있으며 따뜻한 분위기를 연출한다., 촉촉하게 젖은 도로가 빛을 반사하며 낭만적인 분위기를 더한다., 우산은 비를 피하는 동시에 둘만의 공간을 만들어준다., 이 이미지는 사랑과 따뜻함을 느끼게 하는 감성적인 장면이다. ...

보기

No	보기	No	보기	No	보기	No	보기	No	보기
1	한국어	2	러시아어	3	영어	4	스페인어	5	독일어
6	Instructive (지시적)	7	Satirical (풍자적)	8	Poetic (시적)	9	Critical (비평적인)	10	Expository (해설적)
11	--chaos	12	--ar	13	--no	14	--seed	15	--q
16	감정	17	색상	18	위치	19	크기	20	키워드
21	속도	22	방향	23	문장	24	사물	25	날씨

| 36 | ①에 들어갈 내용을 보기에서 골라 번호로 작성하시오. ( ) |

| 37 | ②에 들어갈 내용을 보기에서 골라 번호로 작성하시오. ( ) |

| 38 | ③에 들어갈 내용을 보기에서 골라 번호로 작성하시오. ( ) |

| 39 | ④에 들어갈 내용을 보기에서 골라 번호로 작성하시오. ( ) |

| 40 | ⑤에 들어갈 내용을 보기에서 골라 번호로 작성하시오. ( ) |

AI 프롬프트 활용능력 2급 실전 모의고사

06회

모의고사

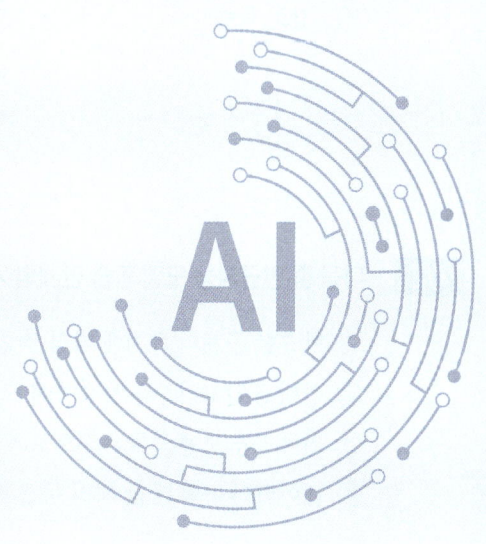

06회 모의고사

01 다음은 인공지능, 딥 러닝, 기계 학습, 강화 학습에 대한 설명이다. 설명이 옳게 연결된 것을 고르시오.

① 인공지능 · · 에이전트와 환경이 상호작용하면서 스스로 학습하여 최적의 행동(정책)을 찾아가는 과정이다.

② 딥 러닝 · · 기계가 인간처럼 사고하고 행동할 수 있게 하는 가장 광범위한 분야로, 문제 해결, 학습, 언어 이해와 같은 지능적인 행위를 모방하는 기술을 포함한다.

③ 기계 학습 · · 인공신경망을 사용하여 대규모 데이터 세트에서 패턴을 학습하고, 이미지 및 음성 인식과 같은 고도로 복잡한 작업을 수행하는 데 사용된다.

④ 강화 학습 · · 알고리즘이 데이터로부터 학습하고, 경험을 통해 자동으로 개선될 수 있도록 하는 기술로, 데이터 분석과 복잡한 문제를 해결하는 데 사용된다.

02 다음 중 인공지능 모델 학습 단계의 기능에 대한 설명으로 옳지 않은 것을 고르시오.

① 학습할 문제의 유형에 따라 적합한 알고리즘을 선택한다.
② 선택된 알고리즘을 사용하여 모델이 데이터 패턴을 학습할 수 있도록 한다.
③ 인공지능 모델을 효과적으로 훈련하기 위해 대량의 데이터를 반복적으로 입력한다.
④ 데이터의 누락된 값 처리 등을 사용하여 데이터 형태를 변환한다.

03 다음 중 ㉠에 들어갈 내용으로 옳은 것을 고르시오.

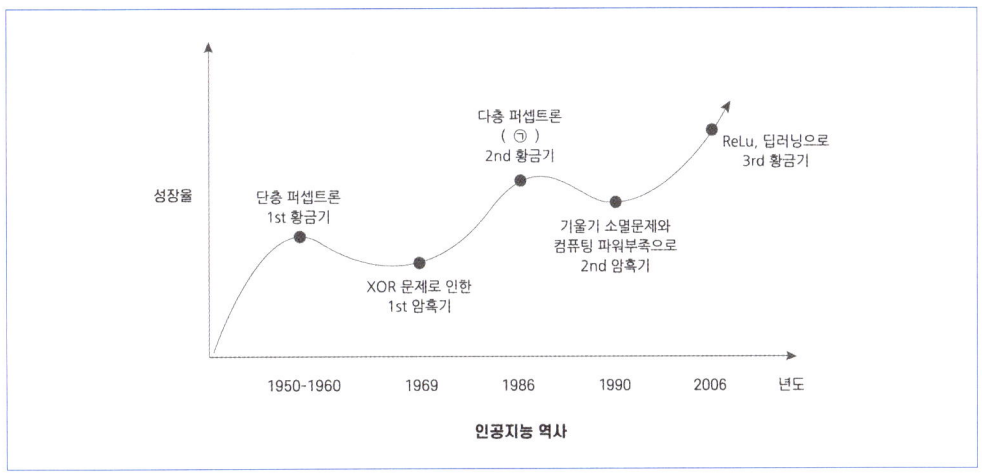

① 순전파
② 활성화 함수
③ 오류역전파
④ 시그모이드

04 다음은 퍼셉트론의 연산을 도식화한 것이다. 어떤 연산인지 고르시오.

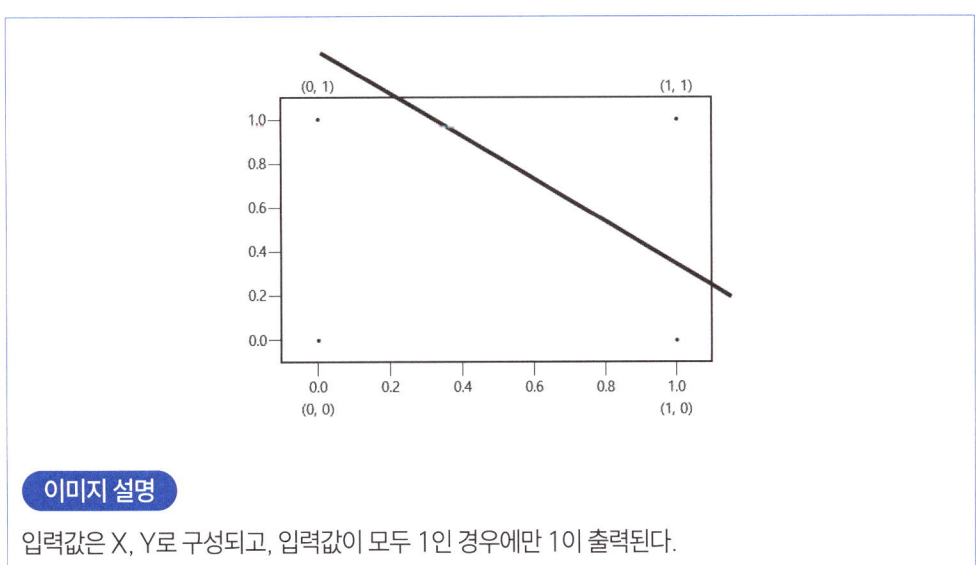

이미지 설명
입력값은 X, Y로 구성되고, 입력값이 모두 1인 경우에만 1이 출력된다.

① AND 연산
② OR 연산
③ XOR 연산
④ NOT 연산

05 다음은 챗GPT를 통해 인터넷 검색을 수행한 결과이다. 옳지 않은 것을 고르시오.

> **주요 LLM 관련 논문 목록**
>
> **1. A Survey of Large Language Models**
> - 요약: LLM의 사전학습, 미세조정, 활용, 평가 등 핵심 기술을 포괄적으로 다룬 논문입니다.
> - 링크: arXiv
>
> **2. Large Language Models: A Survey**
> - 요약: GPT, LLaMA, PaLM 등 주요 LLM 아키텍처와 평가 방법, 한계점을 정리한 최신 리뷰 논문입니다.
> - 링크: arXiv arXiv
>
> **3. Language Model Behavior: A Comprehensive Survey**
> - 요약: LLM의 언어적 능력, 편향성, 환각 현상 등 행동 특성을 분석한 논문입니다.
> - 링크: arXiv
>
> **4. Large Language Model Alignment: A Survey**
> - 요약: LLM의 인간 가치 정렬(Alignment) 문제와 해결 방안을 다룬 논문입니다.
> - 링크:
>
> 웹에서 검색
>
> + 🌐 검색   📢 심층 리서치   🖼 이미지 그리기   …   🎤
>
> ChatGPT는 실수를 할 수 있습니다. 중요한 정보는 재차 확인하세요.

① LLM에 대한 논문을 검색하였다.
② LLM의 설문(Survey) 논문이 3개 검색되었다.
③ LLM의 행동 특성을 분석한 논문도 존재한다.
④ LLM에 관한 최신 논문도 검색되었다.

06 다음 중 생성 AI 기반 교육 환경의 특징으로 가장 적절한 것을 고르시오.

① 모든 학생에게 동일한 학습 자료를 제공한다.
② 교사의 일방향 강의 중심이다.
③ 학습자의 수준에 맞춘 맞춤형 콘텐츠를 제공한다.
④ 과제 채점에 오랜 시간이 소요된다.

07 다음 보기에서 설명하는 것으로 옳은 것을 고르시오.

> - 이것은 사람으로부터 얻은 피드백을 활용하여 인공지능 모델의 행동을 가이드 하고 최적화하는 학습 방법이다.
> - 이 방법을 이용하여 모델은 사람의 판단과 선호를 반영하여 더욱 올바른 결정을 내릴 수 있다.

① 사람의 피드백을 활용한 강화학습(RLHF)
② 지도학습(Supervised Learning)
③ 비지도학습(Unsupervised Learning)
④ 강화학습(Reinforcement Learning)

08 다음 중 프롬프트 엔지니어링이 빠른 속도로 주목받는 이유로 적절하지 않은 것을 고르시오.

① 인공지능 모델이 자연어 명령에 더 정확하게 반응하도록 돕기 때문이다.
② 다양한 분야에서 생성 AI의 활용도가 높아지면서 중요성이 커지고 있기 때문이다.
③ 프롬프트를 잘 작성하면 AI의 성능 자체를 개선할 수 있기 때문이다.
④ 복잡한 명령어 대신 자연어로 원하는 결과를 유도할 수 있기 때문이다.

09 다음 중 프롬프트 엔지니어링에 영향을 미친 인공지능 발전의 역사적 사실로 옳지 않은 것을 고르시오.

① 다트머스 회의에서 "인공지능"이라는 용어가 처음으로 사용되었다.
② 구글의 인공지능 알파고가 세계 바둑 챔피언 이창호 9단을 이겼다.
③ BERT, GPT 등 대규모 언어 모델이 등장했다.
④ 미드저니로 생성한 "스페이스 오페라 극장"이라는 작품이 미술대회에서 우승했다.

10 다음 보기에서 설명하고 있는 것을 고르시오.

> - 이것은 이전에 나온 모든 데이터를 요약해서 저장하는 벡터로, 과거의 정보를 기억하는 데 중요한 역할을 한다.
> - 이 벡터는 Seq2Seq의 마지막에 처리한 정보를 바탕으로 생성되고, 다음 데이터 예측이나 정보 전달에 사용된다.

① 컨텍스트 벡터(Context Vector)
② 차원 벡터(Dimension Vector)
③ 프롬프트 벡터(Prompt Vector)
④ 구문 벡터(Syntax Vector)

11 다음은 자연어 분석 단계별 처리 기술이다. ㉠, ㉡에 들어갈 내용으로 옳게 짝지어진 것을 고르시오.

(㉠)	- 한 단어가 여러 가지 의미를 갖는 문제를 해결하기 위해 문맥을 고려하여 단어의 정확한 의미를 파악하는 기법이다.
(㉡)	- 자연어 문장을 의미 단위의 프로그램 코드로 변환하는 과정이다. - 기계가 문장의 의미를 이해하고 해당 의미에 대한 작업을 수행할 수 있도록 하는 기법이다.

	㉠	㉡
①	단어 의미 구분	의미 파싱
②	단어 의미 구분	의미 역할 레이블링
③	의미 파싱	텍스트 함축
④	의미 파싱	형태소 분석

12 다음 보기는 제미나이의 캔버스 기능을 통해 애플리케이션을 생성한 결과이다. 애플리케이션을 생성하기 위한 **프롬프트**로 가장 적절한 것을 고르시오.

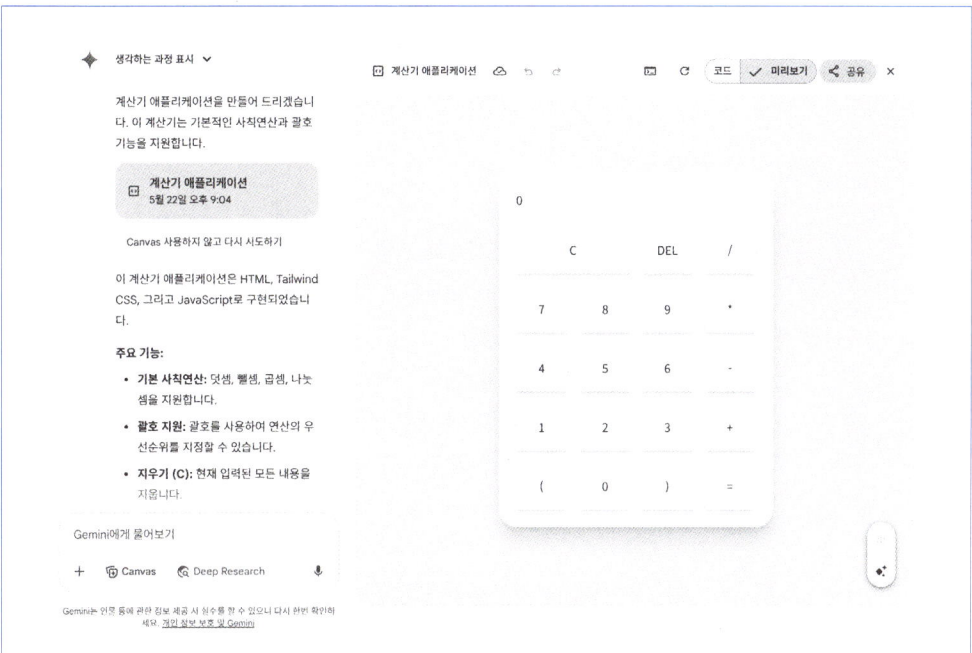

① 계산기 애플리케이션을 만들고 싶다.

② 계산기 애플리케이션을 만들고 싶다. 기본 사칙연산을 포함하고, 괄호를 입력할 수 있어야 한다.

③ 계산기 애플리케이션을 만들고 싶다. 기본 사칙연산을 포함하고 메모리 초기화 기능이 있어야 한다.

④ 계산기 애플리케이션을 만들고 싶다. 기본 사칙연산과 루트, 미분, 적분을 수행할 수 있어야 한다.

13 다음 문장과 챗GPT의 응답 결과를 통해 질의한 프롬프트로 가장 적절한 것을 고르시오.

문장	프롬프트 엔지니어링 공부는 재밌고 신난다. 계속하고 싶다...
응답 결과	이 문장은 감정적으로 복합적인 상태를 드러냅니다. 문장을 분석해보면 다음과 같은 요소가 있습니다: **문장 분석:** **1. 긍정적인 표현** 　"재밌고 신난다.", "계속하고 싶다": 　→ 학습에 대해 흥미와 의욕을 느끼고 있음. **2. 부호(문장부호)의 영향** 　마침표(.) 뒤에 줄임표(...): 　→ 이 부분에서 감정의 여운, 망설임, 혹은 복잡함이 느껴짐. 　→ 보통 줄임표는 확신 부족, 약간의 지침, 의외의 반전 감정을 암시하기도 함. **감정 추론:** - 겉으로는 즐거움과 의욕이 드러나지만, - 줄임표(...)로 인해 피로감, 불안, 지속 가능성에 대한 의문 등이 내포돼 있을 수 있어요.

① 다음 문장에서 현재 감정을 추론해줘.
② 다음 문장의 부호는 무시하고 현재 감정을 추론해줘.
③ 다음 문장의 부호까지 고려해서 현재 감정을 추론해줘.
④ 다음 문장을 분석해서 현재 감정을 추론해줘.

14 다음 보기는 코파일럿에서 퓨샷 러닝 프롬프트를 작성한 내용이다. 코파일럿의 응답 결과로 가장 적절한 것을 고르시오.

> 아래 문장을 한국어에서 영어로 번역해줘.
> 예시: '안녕하세요' → 'Hello'
>
> 입력: '좋은 하루 되세요'
> 출력:

① "Hello?"
② "안녕하세요"
③ "좋은 하루 되세요"
④ "Have a nice day."

15 다음 중 제로샷 CoT 러닝 프롬프트의 트리거 문장으로 가장 적절한 것을 고르시오.

① 정답만 알려줘.
② 단계별로 생각해 보자.
③ 이 문장을 번역해줘.
④ 간단히 요약해줘.

16 다음 프롬프트를 챗GPT에 질의하였을 때 가장 적절한 것을 고르시오.

> 파스타를 요리하는 방법을 다음과 같은 포맷으로 알려줘. Beam Width=1
> ```
> {주요 내용} ▶ {주요 내용} ▶ …
> ```

① 물 끓이기 ▶ 소금 넣기 ▶ 파스타 면 넣기 ▶ 면 삶기 ▶ 물 버리기 ▶ 소스 데우기 ▶ 면과 소스 섞기 ▶ 접시에 담기 ▶ 치즈 뿌리기 ▶ 먹기

② 냄비에 물 붓기 ▶ 물 끓이기 ▶ 소금 넣어 간 맞추기 ▶ 파스타 면 넣기 ▶ 포장지 시간대로 삶기 ▶ 소스 준비하기 ▶ 팬에 재료 볶기 ▶ 삶은 면 건지기 ▶ 소스와 면 섞기 ▶ 간 조절 및 치즈 뿌리기 ▶ 접시에 담아 서빙하기

③ 물을 끓이고 소금을 넣은 후 파스타 면을 삶고 물을 버린 뒤 소스를 데워 면과 섞고 접시에 담아 치즈를 뿌려 완성한다.

④ 냄비에 물을 끓인 후 소금을 넣고 파스타 면을 넣어 삶는다.
면이 익는 동안 간단한 소스를 준비하거나 시판 소스를 데운다.
삶은 면의 물을 버리고 면을 팬에 넣어 소스와 함께 잘 섞는다.
간을 보고 부족하면 소금이나 후추를 약간 추가한다.
접시에 담고 파르메산 치즈를 뿌려 마무리한다.

17 다음 중 프롬프트 엔지니어링을 엑셀에서 사용하는 방법으로 옳은 것을 고르시오.

① 셀에 수식을 입력하는 대신 프롬프트로 수식 계산을 요청한다.
② 코파일럿이나 챗GPT에 자연어로 작업 지시를 하여 데이터를 요약하거나 분석한다.
③ 엑셀의 매크로 기능을 비활성화하고 모든 작업을 수동으로 수행한다.
④ 프롬프트를 통해 엑셀 파일을 자동으로 저장하는 기능만 사용한다.

18 다음 중 언론 분야에서 프롬프트 엔지니어링을 사용한 프롬프트로 가장 적절한 것을 고르시오.

① 다음 기사에서 오타를 모두 제거하고, 어휘를 더 어려운 단어로 바꿔줘.
② 이 기사 본문을 기반으로 클릭을 유도할 수 있는 제목을 3가지 제안해줘.
③ AI에게 기사 작성은 불가능하니, 관련 작업은 모두 사람이 해야 한다고 알려줘.
④ 방대한 데이터셋을 무작위로 요약한 뒤 의미 없이 재배열해줘.

19 다음 보기에서 설명하는 파이썬 자료형을 고르시오.

> - 여러 자료형의 데이터를 쉽게 처리하기 위한 자료형이다.
> - 중복을 허용하지 않고 순서가 없는 것이 특징이다.
> - "Hello?"라는 문자열을 이 자료형에 입력하고 출력하면 다음과 같이 출력된다.
>   ▶ {'o', 'H', 'l', 'e', '?'}

① 집합(Set)
② 리스트(List)
③ 딕셔너리(Dictionary)
④ 튜플(Tuple)

20 다음은 스테이블 디퓨전 화면이다. LoRA 모델을 적용하는 방법으로 옳은 것을 고르시오.

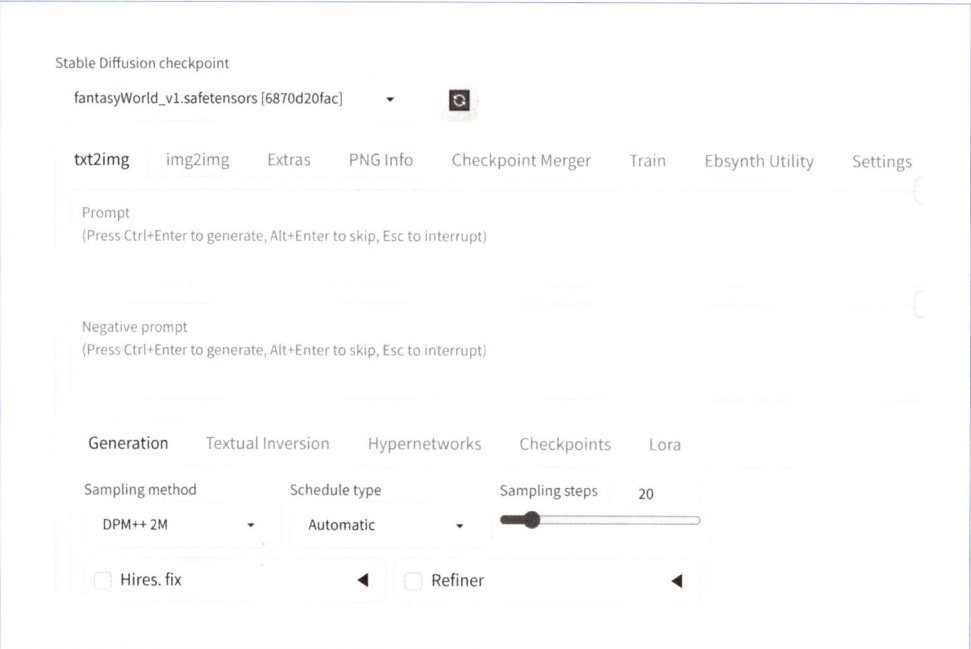

① txt2img 탭에서 LoRA 선택 창이 자동으로 뜨며, 거기서 클릭만 하면 모델이 적용된다.
② txt2img 탭 하단의 "Lora" 드롭다운 또는 추가 UI 패널에서 원하는 모델을 선택하고, 가중치를 입력하면 된다.
③ "Settings" 탭에서 LoRA를 활성화한 후, 모델 이름을 복사해 임의의 위치에 붙여넣어야 한다.
④ LoRA 탭을 선택하고 적용할 LoRA 모델을 클릭한다.

21 다음은 챗GPT에서 생성한 파이썬 코드를 제미나이에게 분석을 맡긴 결과이다. 챗GPT에서 코드를 생성한 프롬프트로 가장 적절한 것을 고르시오.

프롬프트	**code.py** Python 업로드 한 파일은 어떤 프롬프트를 입력하여 만들었는지 다음 형태로 알려주세요 : " " " 프롬프트 : {20자 내외로 요약한 정보} " " "
응답 결과	파이썬 TTS 음성 생성 코드

① 사람의 음성을 재생하는 C언어 코드를 만들어줘
② 동물의 음성을 재생하는 자바 코드를 만들어줘
③ 사람의 음성을 생성하는 파이썬 코드를 만들어줘
④ 사람의 음성을 합성하는 자바스크립트 코드를 만들어줘

22 다음 그림을 묘사하는 프롬프트로 가장 적절한 것을 고르시오.

① 초여름 초원에서 꽃과 나비 사이, 원피스를 입은 여성이 피크닉을 즐기는 모습
② 들판을 걷는 남성이 가벼운 셔츠를 입고 산책하며 꽃향기를 맡는 장면
③ 나무 그늘 아래 벤치에 앉아 책을 읽는 여성이 봄 햇살을 즐기는 모습
④ 해 질 무렵 해바라기밭에서 사진을 찍는 여성이 가을을 만끽하는 장면

23 다음 보기에서 ㉠에 들어갈 데이터 분석 기법으로 가장 적절한 것을 고르시오.

프롬프트	AI_dev_productivity.csv Spreadsheet 다음 데이터에 대해 (㉠)을/를 수행해줘.

응답 결과	(㉠)을/를 통해 다음과 같은 주요 정보를 확인할 수 있었습니다:
	
	1. 기본 통계 요약 (Summary Statistics)
	  - 코딩 시간 평균: 약 5시간
	  - 카페인 섭취량 평균: 약 463mg
	  - AI 사용 시간 평균: 약 1.5시간
	  - 과제 성공률: 약 60.6% (task_success 평균이 0.606)
	
	2. 변수 간 상관관계 (일부만 요약)
	  - 코딩 시간과 AI 사용 시간 간 높은 상관관계: 0.57
	  - 코딩 시간과 과제 성공(task_success) 간 상관관계: 0.62
	  - 카페인 섭취량과 과제 성공: 0.70 → 상당히 강한 양의 상관관계
	  ...

① 결정적 데이터 분석

② 탐색적 데이터 분석

③ 확증적 데이터 분석

④ 상관관계 데이터 분석

24. 다음은 제미나이에서 음성 입력을 실행하는 중 발생한 오류이다. 가장 먼저 확인해야 할 사항으로 옳은 것을 고르시오.

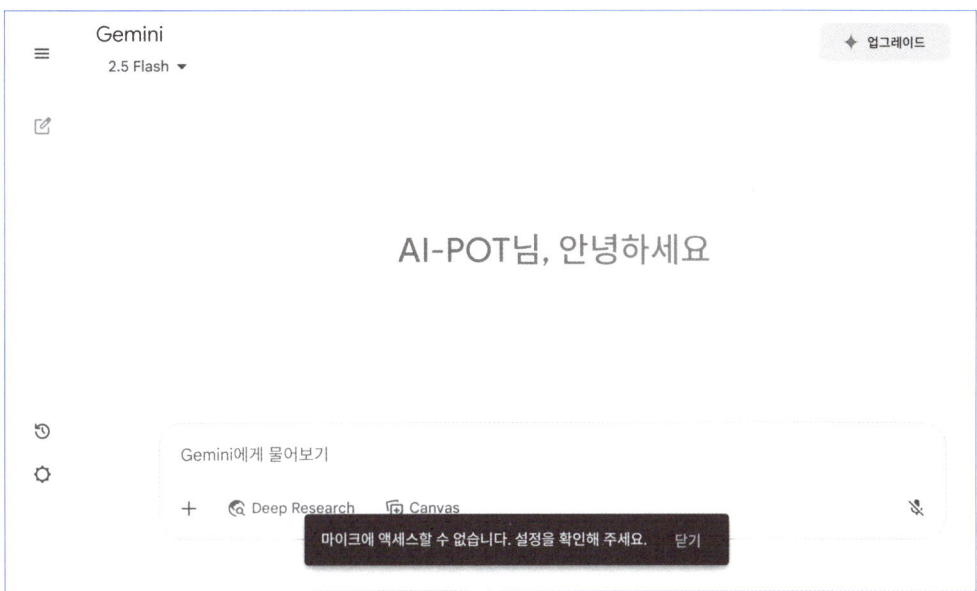

① 컴퓨터의 인터넷 연결 상태를 확인한다.
② 로그인 계정의 종류가 개인용인지, 기업용인지 확인한다.
③ 브라우저의 팝업 차단 기능이 활성화되었는지 확인한다.
④ 마이크 접근 권한 설정 여부를 확인한다.

25 다음 파이썬 코드의 문제점과 해결방안으로 옳게 짝지어진 것을 고르시오.

```
print_for()

def print_for():
    result = ['one', 'two', 'three']
    for a in result:
        print(a)
```

	문제점	해결방안
①	result 변수에 문법 오류가 있다.	작은따옴표(') 대신 큰따옴표(")를 사용한다.
②	함수가 정의되기 전에 호출되었다.	def print_for()를 print_for()보다 먼저 작성한다.
③	for 문 안에 print가 없다.	print 문을 들여쓰기 없이 함수 밖으로 이동한다.
④	리스트 안 요소가 숫자형이어야 한다.	'one', 'two', 'three'를 1, 2, 3으로 수정한다.

26 다음 보기를 참고하여 (㉠)에 들어갈 프롬프트로 가장 적절한 것을 고르시오.

상황	- 생성 AI의 활용이 확대되면서 인력들에 대해 충분한 교육과 직무 전환이 이루어지지 않으면 기존 일자리 등을 대체할 수 있는 위협이 될 수 있다.
직무 대상	- 소프트웨어 개발자
요구사항	- 위의 상황에 대해 현상, 문제점, 해결방안을 도출해야 한다. - 웹 검색 결과를 포함해야 한다.
프롬프트	(㉠)
응답 결과	생성 AI의 발전은 소프트웨어 개발자 일자리에 다양한 영향을 미치고 있습니다. 아래에 이러한 변화의 현상, 문제점, 그리고 해결방안을 정리하였습니다. **현상: 생성 AI로 인한 개발자 일자리 변화** ~~~ **문제점: 생성 AI 도입에 따른 도전 과제** ~~~ **해결방안: 생성 AI 시대의 개발자 대응 전략** ~~~

① 생성 AI가 발전하면서 소프트웨어 개발자의 일자리가 축소되고 있다. 이러한 현상과 문제점, 해결방안을 검색을 통해 결과를 정리해줘

② 생성 AI를 활용하면서 일자리가 축소되고 있다. 이러한 현상과 문제점, 해결방안을 정리해줘

③ AI가 발전하면서 일자리가 축소되고 있다. 이러한 현상과 문제점, 해결방안을 검색을 통해서 결과를 정리하고 쉽게 알 수 있도록 해줘

④ 현재 소프트웨어 개발자의 일자리가 축소되고 있다. 이러한 현상을 생성 AI를 통해 극복할 수 있는 문제점과 해결방안을 구체적으로 제시해줘

27 다음 보기의 사례에서 설명하고 있는 생성 AI 결과물에 대한 책임감으로 옳은 것을 고르시오.

> **사건 개요: GitHub Copilot과 무단 코드 사용 논란**
> **소송 제기:** 2022년 11월, 개발자이자 변호사인 매튜 버터릭과 조셉 사베리 법률사무소는 GitHub, Microsoft, OpenAI를 상대로 집단 소송을 제기했다. 이들은 Copilot이 GitHub의 공개 저장소에서 수집한 오픈소스 코드를 무단으로 학습 데이터로 사용하고, 생성된 코드에 원저작자에 대한 적절한 표시 없이 제공함으로써 저작권을 침해했다고 주장했다.
>
> **주요 쟁점:**
> - Copilot이 생성한 코드가 원본 코드와 동일하거나 유사한 경우가 있으며, 이는 저작권 침해에 해당할 수 있다.
> - 오픈소스 라이선스(GPL, MIT 등)는 코드 사용 시 저작자 표시와 같은 조건을 요구하지만, Copilot은 이러한 조건을 무시하고 있다.
> - 개발자들은 Copilot이 생성한 코드의 출처를 알 수 없어, 라이선스 위반 여부를 판단하기 어렵다.

① 데이터 편향·차별 등의 내용을 점검할 수 있어야 한다.
② 생성 AI의 결과물을 판단할 수 있는 역량을 지녀야 한다.
③ 타인의 저작권을 침해하지 않는 데이터를 학습해야 한다.
④ 오용·편향된 데이터를 학습에 활용하지 않도록 주의해야 한다.

28 다음은 생성 AI와 전통적인 AI를 비교한 것이다. 옳지 않은 것을 고르시오.

	구분	생성 AI	전통적 AI
①	특징	훈련 데이터와 유사한 데이터 생성	학습된 데이터를 기반으로 결정과 예측 수행
②	목적	기획·개발자가 활용 목적을 정함	이용자가 활용 목적을 정함
③	활용	새롭고 독창적인 콘텐츠 개발 중심	학습된 특정 데이터 기반의 신뢰할 수 있는 결괏값 제공
④	적용 분야	콘텐츠 제작, 합성 데이터 생성 등	예측, 탐지 등

29 다음 중 챗GPT를 활용하여 고객 서비스와 의사결정 지원을 수행하기 위해 자동화가 가능한 것을 고르시오.

① 고객 불만의 처리 우선순위 결정 및 실행
② 고객에게 보상 제공 여부 판단 및 승인
③ 고객 문의에 맞는 응대 문장 생성
④ 서비스 정책 변경 여부에 대한 최종 판단

30 다음은 챗GPT에게 프롬프트를 작성하여 질의한 결과이다. 프롬프트 엔지니어가 어떤 역할과 책임을 지녀야 하는지 고르시오.

프롬프트	푸바오에 대해 300글자 내로 설명해줘
응답 결과	푸바오는 2020년 7월 20일 대한민국 에버랜드에서 태어난 첫 번째 자이언트 판다입니다. 이름은 '행복을 주는 보물'이라는 뜻으로, 부모는 중국에서 온 러바오와 아이바오입니다. 푸바오는 태어날 때부터 귀여운 모습과 행동으로 대중의 큰 사랑을 받으며 에버랜드의 대표 동물이 되었습니다. 한중 우호와 멸종위기종 보존의 상징인 푸바오는 성장하면 국제 협약에 따라 중국으로 반환될 예정입니다.

① 데이터 편향·차별 등의 내용을 점검할 수 있어야 한다.
② 오용·편향된 데이터를 학습에 활용하지 않도록 주의해야 한다.
③ 프롬프트 엔지니어가 생성한 결과물에 대해 책임을 져야 한다.
④ 생성 AI의 결과물을 판단할 수 있는 역량을 지녀야 한다.

※ [31. ~ 35.] 단답형 주관식 답안 작성 시 주의 사항 및 예시를 참고하시오.

구분	내용
주의사항	영문 및 한글 오타, 띄어쓰기, 불필요한 콤마, 따옴표 등 주의
답안 (예시)	할루시네이션 ※복수 정답 인정(환각 또는 Hallucination, hallucination 도 정답처리)

31. 다음 보기에서 ㉠에 들어갈 내용으로 알맞은 것을 작성하시오.

- 프롬프트 (㉠) 사용은 프롬프트를 기존에 작성된 프롬프트 또는 다른 사람이 작성한 프롬프트를 확보하여 결과물을 생성하는데 사용하는 방법이다.
- 프롬프트 (㉠) 사용의 장점은 빠른 결과 생성 및 확장성이 있다.
- 특히 다른 사람이 작성한 프롬프트 (㉠)을/를 가져와서 다시 사용할 수 있으므로 잘 작성된 프롬프트를 확보하는 것은 매우 중요하다.

답안

32. 다음 보기는 단어 모음을 시각화한 것이다. 해당 시각화 기법의 명칭을 작성하시오.

답안

33 다음은 챗GPT한테 인공지능과 관련한 개념을 프롬프트로 질의한 결과이다. ㉠에 들어갈 내용을 작성하시오.

프롬프트	인공지능의 (㉠)에 대해 알려줘
응답 결과	인공지능의 **(㉠)**은 인공지능이 인간의 지능을 초월하는 시점으로, 이후에는 기술 발전이 인간의 예측이나 통제를 벗어나는 상태를 말합니다. **인공지능 (㉠)의 개념** - **자기 개선 AI:** 인공지능이 스스로를 더 똑똑하게 만들 수 있게 되면, 이 과정이 기하급수적으로 빨라집니다. - **지능 폭발:** 인간의 개입 없이도 AI가 끊임없이 진화하며 모든 분야를 변화시킵니다. - **불확실한 미래:** 특이점 이후의 사회, 경제, 윤리 문제 등은 예측이 어렵습니다.

답안

---

34 다음 보기에서 설명하고 있는 파이썬 함수 이름을 영문으로 작성하시오.
(단, 대소문자를 구분하지 않는다.)

- 이 함수는 터미널, 화면과 같은 콘솔에 문자열이나 변수의 값을 출력할 때 사용하는 함수이다.
- 이 함수는 디버깅, 로깅, 포맷팅 등의 목적으로도 사용할 수 있다.

답안

35 다음은 챗GPT를 통해 분석하는 과정이다. ㉠에 들어갈 내용을 작성하시오.

프롬프트	Sleep_health_and_lifestyle_dataset.csv Spreadsheet 데이터 분석을 수행하기 위해 업로드 한 파일을 읽고 (㉠)을/를 그려줘
응답 결과	데이터가 성공적으로 불러와 졌습니다. 주요 열에는 나이, 수면 시간, 수면의 질, 신체 활동, 스트레스 수준, BMI, 혈압, 심박수, 수면 장애 등이 포함되어 있습니다. 어떤 (㉠)를 그리고 싶으신가요? 예를 들어: - 수면 시간 vs 스트레스 수준 - 직업별 평균 수면 시간 원하는 분석 항목을 알려주세요.
프롬프트	수면 시간 vs 스트레스 수준에 대한 거야
응답 결과	*Sleep Duration vs Stress Level 산점도* 위 (㉠)는 수면 시간과 스트레스 수준 간의 관계를 보여줍니다. 전반적으로 수면 시간이 짧을수록 스트레스 수준이 높아지는 경향이 일부 보이지만, 뚜렷한 상관관계는 강하지 않아 보입니다. 원하신다면 이 관계에 대해 회귀선 추가나 상관계수 계산도 도와드릴 수 있습니다. 원하시나요?

답안

※ [36. ~ 40.] 다중보기 선택형 주관식 답안 작성 시 주의 사항 및 예시를 참고하시오.

구분	내용
주의사항	- 보기의 번호만 답안에 작성 - 보기 번호 외 한글, 영어 등은 오답처리

36 ~ 40 다음은 스테이블 디퓨전에서 이미지를 생성하는 과정과 결과이다.
[이미지], [프롬프트], [설정]을 참고하여 빈칸을 작성하시오.

이미지

이미지 설명

- 이미지가 연속으로 3번에 걸쳐 생성을 반복하였다.
- 한 번에 이미지를 1개 생성하였다.
- 이미지의 크기는 720×480픽셀이다.
- 이미지의 오른쪽 아래 끝에 불필요한 텍스트가 생성되었다.

프롬프트

프롬프트 (영문)	A serene natural landscape with tall mountains in the background, a clear lake (①) the sky, a dense pine forest surrounding the water, soft white (②) scattered in the blue sky, and a small wooden cabin near the lake shore. Wide-angle, cinematic lighting, soft focus, ultra high detail, 8k, concept art
프롬프트 (한글)	높은 산을 배경으로 한 고요한 자연 풍경, 하늘을 (①) 맑은 호수, 물가를 둘러싼 울창한 소나무 숲, 푸른 하늘에 흩뿌려진 부드러운 흰 (②), 그리고 호숫가에 자리한 작은 나무 오두막. 광각, 시네마틱 조명, 소프트 포커스, 초고해상도 디테일, 8K, 컨셉 아트
네거티브 프롬프트	lowres, low quality

이미지

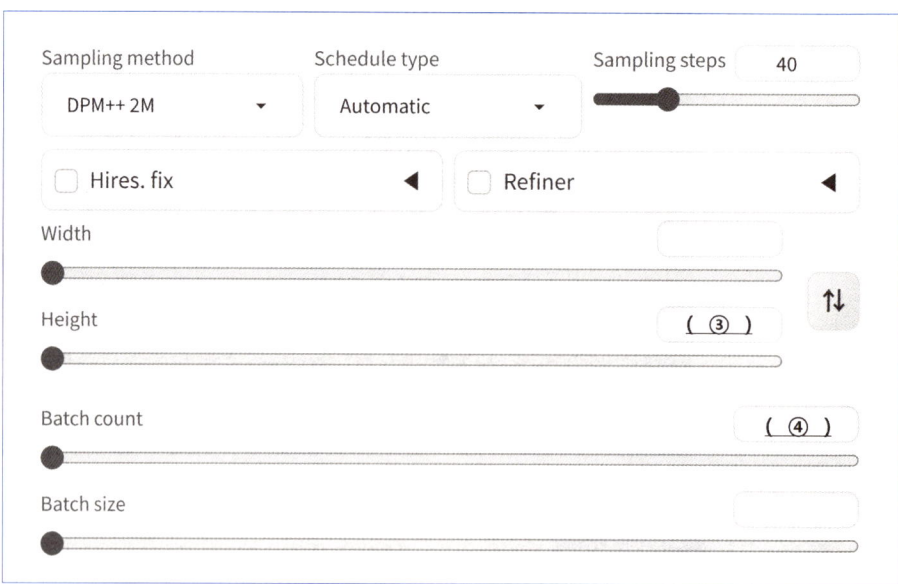

보기

No	보기	No	보기	No	보기	No	보기
1	흡수하는 (Absorbing)	2	반사하는 (Reflecting)	3	그리는 (Drawing)	4	산란하는 (Scattering)
5	구름 (Cloud)	6	낙엽 (Fallen leaves)	7	새 (Birds)	8	연기 (Smokes)
9	5	10	4	11	3	12	2
13	480	14	720	15	1920	16	1080
17	DRM	18	이미지 (Image)	19	워터마크 (Watermark)	20	윈도우 (Window)

36 ①을 묘사하는 내용을 보기에서 골라 번호로 작성하시오. (   )

37 ②을 묘사하는 내용을 보기에서 골라 번호로 작성하시오. (   )

38 ③에 들어갈 내용을 보기에서 골라 번호로 작성하시오. (   )

39 ④에 들어갈 내용을 보기에서 골라 번호로 작성하시오. (   )

40 이미지 오른쪽 아래 끝의 불필요한 텍스트인 "AI-POT"을 지우기 위해 네거티브 프롬프트에 작성할 내용을 보기에서 골라 번호로 작성하시오. (   )

AI 프롬프트 활용능력 2급 실전 모의고사

퀵패스

07회
모의고사

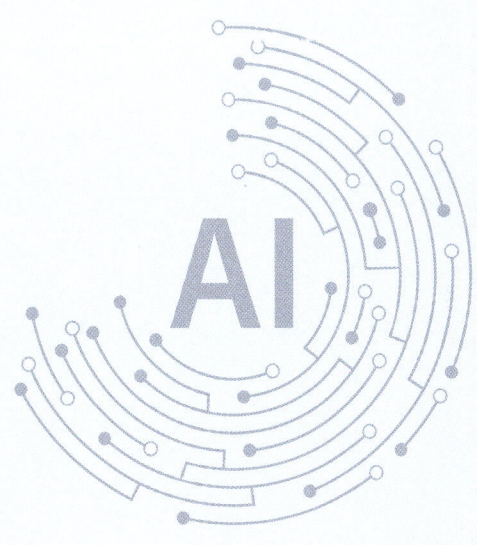

07회 모의고사

01 다음 중 인공지능의 자기 학습 능력에 대한 설명으로 가장 적절한 것을 고르시오.

① 인간이 제공한 고정된 규칙에 따라 항상 동일한 결과를 출력한다.
② 주어진 데이터셋을 정해진 순서로 반복 적용하여 일관된 출력을 만든다.
③ 입력된 데이터를 기반으로 스스로 패턴을 학습하고 성능을 개선한다.
④ 외부 환경의 변화와 관계없이 동일한 알고리즘을 적용한다.

02 인공지능의 2차 암흑기를 초래한 주요 기술적 한계로 올바른 것을 고르시오.

① 퍼셉트론이 논리 게이트의 기본 연산을 수행하지 못함
② 딥 러닝에서 ReLU 함수의 적용 실패
③ 단층 퍼셉트론의 등장으로 인한 과적합 문제
④ 데이터의 증가에 비해 컴퓨팅 파워 부족

03 다음 중 배깅(Bagging) 기법의 주요 목적에 가장 부합하는 것을 고르시오.

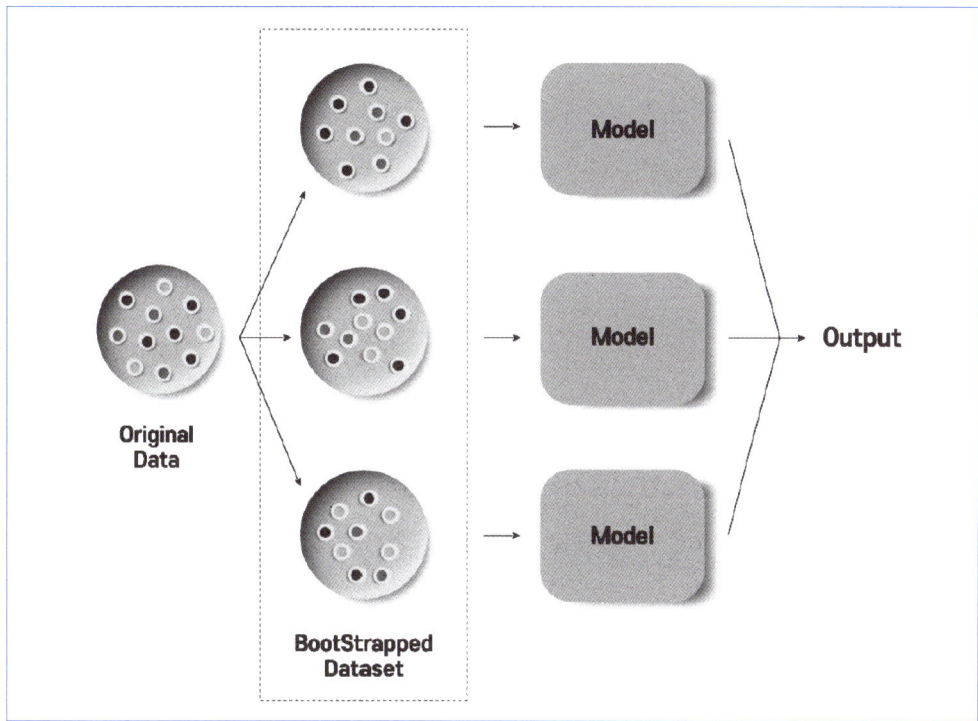

① 약한 학습기를 순차적으로 연결하여 오차를 줄이는 방식
② 학습 데이터를 나누어 병렬로 학습하고 예측을 종합하는 방식
③ 하나의 데이터셋을 여러 번 반복 학습하여 모델을 강화하는 방식
④ 정답이 없는 데이터에서 클러스터를 찾는 방식

04 다음 중 지도학습(Supervised Learning)의 활용 분야에 해당하지 않는 것을 고르시오.

① 이메일을 스팸과 정상으로 분류하는 필터링 시스템
② 사용자의 구매 이력에 따라 상품을 추천하는 시스템
③ 주택의 면적과 위치를 기반으로 가격을 예측하는 모델
④ 고객의 연체 여부를 예측하는 신용 평가 시스템

05 다음 중 생성 AI의 정의로 가장 적절한 것을 고르시오.

① 기존 데이터를 학습하여 새로운 콘텐츠를 생성하고, 창의적인 결과물을 산출할 수 있는 AI 기술
② 저장된 데이터의 인덱스를 활용하여 사용자가 원하는 결과를 신속히 검색하는 시스템
③ 규칙 기반 알고리즘을 사용하여 입력값을 정확하게 복원하는 AI 시스템
④ 대규모의 실제 데이터를 수집하고 사전 처리하여 응답 속도를 최적화하는 웹 크롤링 기반 AI 시스템

06 다음 중 생성적 적대 신경망(GAN; Generative Adversarial Networks)의 구성요소로 올바르게 짝지어진 것을 고르시오.

① 분류자(Classifier) - 원본 데이터를 필터링하고 출력 최적화
② 판별자(Discriminator) - 학습된 내용을 기반으로 실제 데이터를 분류
③ 인코더(Encoder) - 잠재 공간을 압축하여 판별자에 전달
④ 생성자(Generator) - 실제와 유사한 가짜 데이터를 생성

07 다음 중 생성 AI와 검색 엔진의 차이점에 대한 설명 중 옳지 않은 것을 고르시오.

	구분	생성 AI	검색 엔진
①	입력 데이터	사용자의 검색 키워드	맥락(Context)과 명령(Prompt) 중심의 자연어 입력
②	목적	새로운 콘텐츠(텍스트, 이미지 등) 생성	저장된 데이터 내에서 검색하려는 키워드에 맞는 정보 제공
③	결과물	사용자 입력 데이터를 기반으로 생성한 새롭고 창의적인 콘텐츠	사용자 입력 데이터의 키워드와 관련성이 높은 웹 페이지 목록
④	작동 방식	학습 데이터를 기반으로 새로운 데이터를 생성하는 알고리즘 사용	수집된 정보를 검색 키워드에 맞게 제공

08 다음 중 프롬프트 엔지니어링의 정의로 가장 부적절한 것을 고르시오.

① 거대 언어 모델로부터 원하는 응답을 유도하기 위한 입력 작성 기술
② 인공지능으로부터 수준 높은 결과물을 얻기 위한 입력 설계 기법
③ 사용자와 AI 사이의 인터페이스를 구축하는 하드웨어 장치 구성 기술
④ 정제된 언어를 이용해 AI가 이해 가능한 문구를 설계하는 작업

09 다음 중 자연어 분석의 4단계에 포함되지 않는 것을 고르시오.

① 의미 분석
② 문자 분석
③ 구문 분석
④ 화용 분석

10 다음 보기에서 설명하는 기술을 고르시오.

> 텍스트를 분석하여 사람들의 관심사, 키워드, 개념 등을 파악할 수 있도록 빈도수를 단순히 카운트하여 시각화시킨 도구이다.

① 워드 클라우드(Word Cloud)
② 엔-그램 모델(N-gram Model)
③ 토픽 모델링(Topic Modeling)
④ 감성 분석(Sentiment Analysis)

11 다음 중 Word2Vec 기법의 주요 특징이 아닌 것을 고르시오.

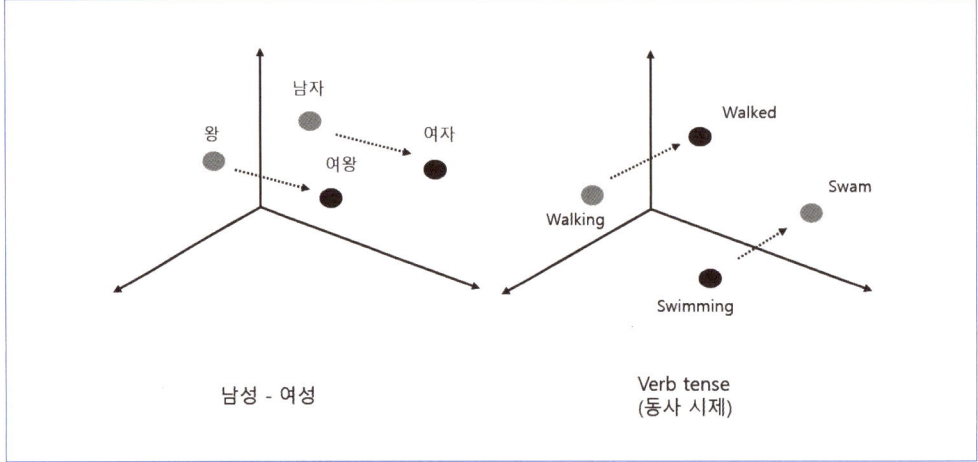

① 단어 간 유사도를 반영한다.
② 통계적 기반에 중심을 둔 기법이다.
③ 학습 속도가 빠르다.
④ 단어의 맥락을 고려한 기법이다.

12 다음 중 프롬프트 엔지니어 직무의 주요 활동과 가장 거리가 먼 것을 고르시오.

① 챗봇의 정확도 향상을 위한 응답 알고리즘 개선
② 다양한 실험을 통해 입력 문구의 효과 검증
③ 거대 언어 모델에 적합한 입력 문구 설계
④ 사용자 의도를 반영한 최적 응답 유도 프롬프트 구성

13 다음 중 어텐션 메커니즘의 설명으로 가장 적절한 것을 고르시오.

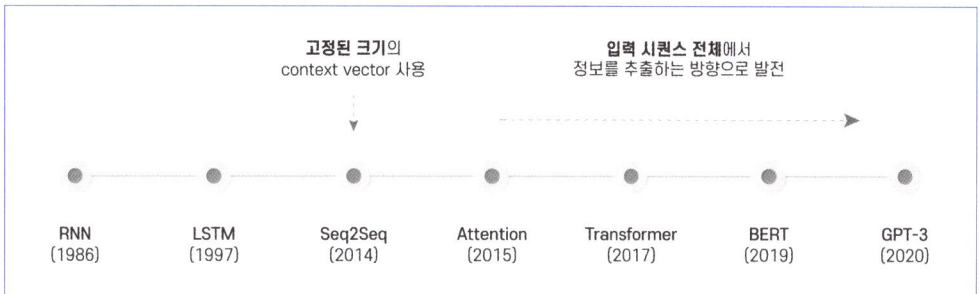

① 문장을 순차적으로 읽어 의미 흐름을 파악하는 구조이다.
② 문장의 모든 단어에 동일한 가중치를 부여한다.
③ 단어에 우선순위를 설정하여 중요단어에 집중한다.
④ 감성 분석의 정확도를 높이기 위한 필터링 기법이다.

14 다음 중 제미나이(Gemini)의 기능에 해당하지 않는 것을 고르시오.

① 이메일 본문 작성
② 코드 오류 자동 수정
③ 데이터베이스 설계 자동화
④ 이미지 생성

15 다음 중 멀티모달 프롬프트의 특징으로 가장 적절한 것을 고르시오.

① 프로그래밍을 위한 코드 파일만을 사용하는 단일 입력 방식이다.
② 인간의 자연어를 중심으로 텍스트만을 입력으로 활용하는 기법이다.
③ 텍스트, 이미지, 오디오 등 여러 유형의 입력을 결합하여 질의하는 방식이다.
④ 챗GPT에서는 지원하지 않는 프롬프트 적용 방식이다.

16 다음은 챗GPT에서 멀티모달 프롬프트를 통해 탐색적 데이터 분석을 수행하는 과정이다. 분석 절차로 옳게 연결된 것을 고르시오.

(탐색적 데이터 분석(EDA) : 수치 요약과 시각화를 사용하여 데이터를 탐색하고 변수 간 잠재적 관계를 찾아내는 프로세스)

> 가. 챗GPT에서 텍스트 기반 분석을 위한 프롬프트 기본 문장을 작성한다.
> 나. 챗GPT가 분석할 수 있도록 탐색할 컬럼 기준을 프롬프트 내에 명시한다.
> 다. "업로드한 파일의 수치형 및 범주형 컬럼을 구분해 줘" 등의 요청을 추가로 작성한다.
> 라. 분석 대상이 되는. CSV 형식의 데이터 파일을 챗GPT 입력창에 첨부한다.
> 마. "각 컬럼에 대한 분포를 그래프로 시각화해 줘" 등의 명령어를 단계적으로 전달한다.

① 가 → 나 → 다 → 마 → 라
② 나 → 라 → 마 → 가 → 다
③ 나 → 다 → 가 → 라 → 마
④ 가 → 라 → 나 → 다 → 마

17 스테이블 디퓨전(Stable Diffusion)에서 이미지를 생성할 때 사용하는 ㉠에 대한 설명 중 적절한 것을 고르시오.

프롬프트 A	A beautiful garden landscape, sunny day (아름다운 정원이 있는 풍경, 햇살 가득한 날)
응답결과	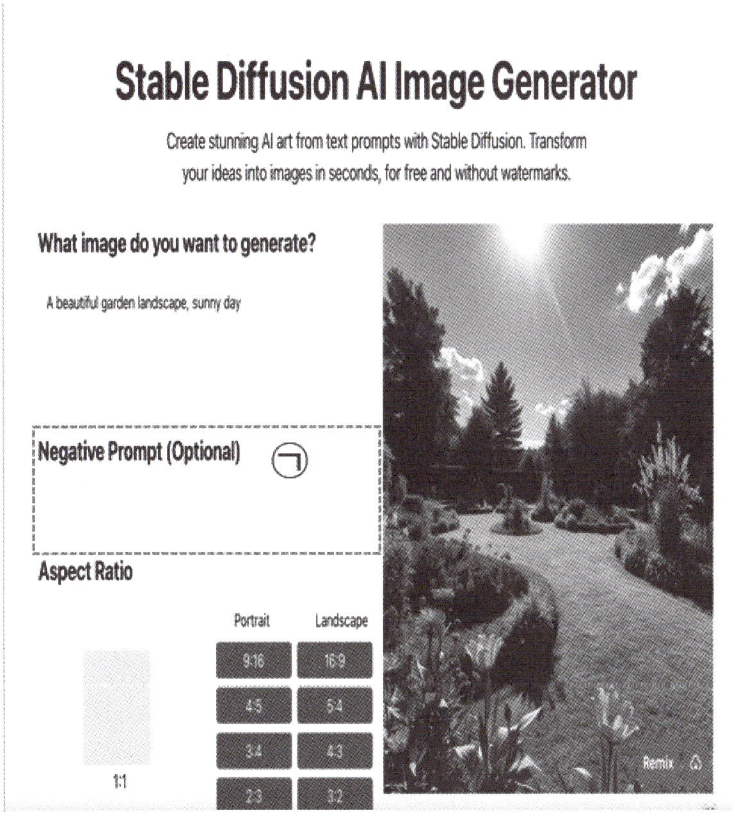 **Stable Diffusion AI Image Generator** Create stunning AI art from text prompts with Stable Diffusion. Transform your ideas into images in seconds, for free and without watermarks. What image do you want to generate? A beautiful garden landscape, sunny day Negative Prompt (Optional) ㉠ Aspect Ratio Portrait / Landscape 9:16 / 16:9 4:5 / 5:4 3:4 / 4:3 1:1 2:3 / 3:2

① 원하지 않은 요소들을 작성하여 이미지 품질을 향상한다.
② 고화질 이미지를 생성하기 위해 이미지 해상도를 높인다.
③ 이미지 크기를 조정하여 가로, 세로 비율을 조정한다.
④ 이미지 생성에 걸리는 시간을 단축한다.

18 다음의 프롬프트와 결과를 바탕으로 판단할 때, 작성된 프롬프트의 특징으로 가장 적절한 것을 고르시오.

프롬프트	오늘 발표된 한국은행 기준금리 내용을 검색해서 주요 요점 3가지를 정리하고, 중립적인 어조의 경제 뉴스 기사 형식으로 작성해 줘. 제목도 포함해서 말해줘.
응답결과	제목: "한국은행, 기준금리 3.5% 동결…물가 안정에 무게" 내용: 기준금리 동결 배경(물가 안정), 금통위의 중립적 전망, 향후 금리 조정 가능성 등에 대해 요약한 기사 형식으로 응답

① 목적(요약 + 작성 형식 + 어조 + 제목 포함 등)이 구체적으로 명시된 점
② AI에 특정 데이터 파일 업로드를 유도하여 정밀도를 높인 점
③ 비판적인 논조를 명확히 요구하여 기사에 편향을 부여한 점
④ 뉴스 기사 구조를 지정하지 않고 자유롭게 생성하게 한 점

19 아래의 프롬프트에 따라 생성 AI가 수행하는 작업에 대해 잘 설명한 것을 고르시오.

프롬프트	 250520_회의_녹음.ts 파일 업로드한 녹음 파일은 2025년 1분기 마케팅 전략 회의입니다. 이 파일을 텍스트로 변환한 후, 핵심 논의 내용과 결정 사항을 항목별로 요약해 주세요. 요약은 10문장 이내로 간결하게 정리하되, 중복 표현은 제거하고 부서별 책임 내용도 명시해 주세요. 회의 참가자의 이름은 요약에 포함하지 않아도 됩니다.

① 생성 AI는 텍스트 기반 기능이므로, 음성 파일은 직접 다룰 수 없다.
② 생성 AI가 음성을 인식하고 내용을 요약하는 멀티모달 프롬프트이다.
③ 이 작업은 단순한 프롬프트 요약 기법에 해당한다.
④ 이 프롬프트는 챗봇이나 일반 검색 엔진에 의해 처리되는 것이 더 적절하다.

20 다음은 프롬프트를 챗GPT에서 실행한 응답결과이다. ㉠과 ㉡에 들어갈 내용으로 적절한 것을 고르시오.

상황	마케팅팀 신입 직원에게 전달할 교육 콘텐츠 초안을 작성해야 한다. 친근하면서도 신뢰감 있는 어조를 사용해야 하며, 문서는 너무 전문적이지 않게, 핵심 개념만 짧게 요약된 형태로, 최종 목적은 슬라이드 자료용 요약 정리이다.
프롬프트	마케팅팀 신입 직원을 위한 교육 콘텐츠 초안을 작성해 줘. 문체는 친근하면서도 신뢰감을 줄 수 있도록 해주고, 너무 전문적이지 않게 핵심 개념만 짧고 간결하게 (㉠)해줘. 최종 목적은 (㉡)로 활용하기 위한 것이므로, 각 항목은 한 슬라이드에 들어갈 수 있도록 3~5줄 내외로 구성해 줘. 내용은 마케팅의 기본 개념, 고객 이해, 브랜드가치, 커뮤니케이션, 디지털 채널 등의 핵심 주제를 중심으로 정리해 줘.
응답결과	1. 마케팅이란? 　마케팅은 단순히 '광고'가 아니라, 고객과 연결되는 모든 과정이에요. 　고객이 우리 브랜드를 알고, 좋아하고, 선택하게 만드는 게 핵심이죠. 　좋은 마케팅은 '이거 내가 원했던 거야!'라는 마음을 이끌어냅니다. 2. 고객을 이해하는 게 먼저! 　모든 마케팅의 출발점은 고객이에요. 　고객이 누구인지, 무엇을 원하고, 어떤 문제를 겪는지를 파악해야 하죠. 고객을 잘 알 수록, 더 정확하게 마음을 움직일 수 있어요. .... 5. 디지털 채널의 이해 　요즘 마케팅은 디지털이 중심이에요. 　SNS, 유튜브, 검색광고 등 다양한 채널을 통해 고객과 만나요. 　각 채널의 특성을 이해하고, 타깃에 맞는 전략이 필요해요.

	㉠	㉡
①	분석	이미지
②	요약	CSV
③	분석	엑셀
④	요약	슬라이드

21 미드저니(Midjourney)에 사용된 프롬프트와 결과물을 보고 chaos 옵션에 대해 바르게 설명한 것을 고르시오.

프롬프트	석양 보름달이 비추는 숲 개간 장면을 보여주는 35mm 영화 장면 나무들이 E.T.를 데리러 오는 우주선을 착륙시킨다. 스티븐 스필버그의 영화 E.T.를 보면서 착륙을 기다리는 외계인 80년대 TV에서 공중에 떠 있는 팝콘을 먹는다. 주인공은 영화 오리지널 E.T.와 매우 유사 해야 한다. 전체 장면은 매우 멋진 서라운드 라이트를 가진다. --chaos 60 --ar 4:3 --v 7 --stylize 1000
응답결과	

① chaos 값이 높을수록 같은 생성물을 여러 번 생성한다.

② chaos 값이 높을수록 창의성과 무작위성이 증가하여 변동성이 커진다.

③ chaos 파라미터는 색상 계열만 변경하며 이미지 구도는 그대로 유지된다.

④ chaos 값을 높이면 이미지가 더욱 정밀하고 일관된 구조로 생성된다.

22. 다음은 사용자가 스테이블 디퓨전(Stable Diffusion)으로 일관된 캐릭터 이미지를 반복 생성하고자 할 때 작성한 설정이다. 이 목표를 달성하기 위해 반드시 유지해야 하는 설정을 고르시오.

프롬프트	a futuristic female warrior with glowing armor (미래적인 빛나는 갑옷을 입은 여전사) **옵션** steps: 30, sampler: DPM++2M, seed: 123456

① steps　　② sampler　　③ seed　　④ prompt

23. 다음은 챗GPT를 활용하여 홍보 포스터 이미지를 제작하려고 한다. ㈀에 들어갈 내용으로 적절한 것을 고르시오.

① 여름이라는 단어만 강조
② 예쁜 문장으로 부탁
③ 시원한 느낌으로 부탁
④ 대상 연령대와 홍보 목적

24 다음은 소비자 물가상승률에 대한 자료의 일부이다. 프롬프트의 (㉠)과 (㉡)에 알맞은 것을 고르시오.

프롬프트	소비자 물가의 전반적인 변화 추세를 (㉠) 이내로 요약하고 주요 원인을 제시해 줘. 상승이 급격했던 연도와 그 배경(㉡)도 함께 설명해 줘.
응답결과	☑ 📊 요약 (300자 이내) 2020년부터 2024년까지 소비자물가상승률은 팬데믹 이후의 경기 회복, 원자재 가격 상승, 공급망 혼란 등의 영향으로 2022년에 가장 높은 수준(1.3%)을 기록했습니다. 이후 2023년과 2024년에는 경기 둔화와 금리 인상 등의 영향으로 물가상승률이 점차 안정세로 전환되었습니다. 📌 주목할 점 가장 높은 상승률 연도: 2022년 주요 요인: 공급망 병목, 에너지 가격 급등 전반적 추세: 2020, 2022 상승 → 2023, 2024 안정화

	㉠	㉡
①	200자	팬데믹
②	300자	요인
③	300자	금리 인상
④	100자	연도

25 다음 중 주어진 상황에 가장 적절한 미드저니(Midjourney) 파라미터 설정을 고르시오.

> 당신은 블로그 배너용으로 사용할 가로로 넓고 디테일한 야경 도시 이미지를 생성하려고 한다. 이 이미지는 영화처럼 사실적이며, 재현 가능성을 위해 반복 생성도 가능해야 한다.

① --ar 9:16 --niji 5 --style cute --chaos 70
② {--ar 1:1, --ar 2:3} --v 4 --stylize 1000
③ --ar 16:9 --v 5.2 --style raw --quality 2
④ --ar 4:3 --v 5 --chaos 90 --stylize 500

26 다음 중 뉴스 생성 솔루션 개발의 전체 프로세스에서 가장 먼저 수행되어야 할 단계를 고르시오.

① 모델 학습 및 알고리즘 튜닝
② 요구사항 분석
③ 데이터 수집 및 전처리
④ 사용자 인터페이스 개발

27 다음과 같이 프롬프트를 작성한 생성 AI 서비스 이용자에게 요구되는 윤리적 책임은 무엇인지 고르시오.

> **프롬프트** 한 정치인의 부정행위 의혹을 풍자적으로 표현한 삽화를 그려줘. 현실 인물과 비슷하게 그려도 괜찮아.

① AI가 생성했기 때문에 이용자는 책임에서 면제된다.
② 결과물을 공유한 플랫폼 사업자가 1차적 책임을 진다.
③ 결과물의 활용 목적이 공공적이라면 법적 책임은 면제된다.
④ 결과물의 악용으로 피해가 발생하면 이용자는 법적 책임을 질 수 있다.

28 다음 중 생성 AI 결과물에 대한 저작권 침해 방지를 위해 가장 적절한 사용자 행동은 무엇인지 고르시오.

① AI가 생성한 콘텐츠는 저작권법의 적용을 받지 않는다.
② 타인의 작품으로 학습된 모델의 저작권은 AI 플랫폼에 귀속된다.
③ 결과물에 창의적 요소를 추가하여 활용 가능성을 확보해야 한다.
④ 생성 AI의 저작물은 자동으로 등록되므로 이용자가 신경 쓸 필요는 없다.

29 다음 중 생성 AI 사용 시 개인정보 및 중요정보 보호와 관련하여 이용자가 가장 먼저 고려해야 할 사항을 고르시오.

① AI 모델은 자체적으로 정보 유출을 막을 수 있다.
② 입력한 개인정보가 저장될 수 있다는 점을 인식하고 주의해야 한다.
③ 개인정보를 입력하면 자동으로 암호화되어 외부 노출이 불가능해진다.
④ 정보 유출이 발생하면 운영자는 모든 법적 책임이 없다.

30 다음 중 프롬프트 엔지니어링 윤리 원칙에 기반한 올바른 프롬프트 활용 방안으로 가장 적절한 것을 고르시오.

① AI가 생성한 내용을 비판적으로 검토하고 사실 여부를 스스로 검증한다.
② 허위정보를 생산해 내도록 사용한다.
③ 개인정보를 입력하면 자동으로 암호화되어 외부 노출이 불가능해진다.
④ 생성 AI를 통해 얻은 결과는 모두 신뢰할 수 있으므로 그대로 활용한다.

※ [31. ~ 35.] 단답형 주관식 답안 작성 시 주의 사항 및 예시를 참고하시오.

구분	내용
주의사항	영문 및 한글 오타, 띄어쓰기, 불필요한 콤마, 따옴표 등 주의
답안 (예시)	할루시네이션 ※복수 정답 인정(환각 또는 Hallucination, hallucination도 정답 처리)

31 다음 코드에서 발생하는 오류의 이름을 작성하시오.

```
def greet():
print("Hello, world!")
```

파이썬 코드	def greet(): print("Hello, world!")
실행결과	(ㄱ): expected an indented block

답안

32 다음 프롬프트의 응답 결과에 적용된 ㉠은 어떤 형식인지 작성하시오.

프롬프트	5월 주말에 가족들과 경주 여행을 갈 거야. 2박 3일 일정으로 (㉠)형식으로 작성해줘
응답결과	아래는 5월 주말, 가족과 함께하는 경주 2박 3일 여행 일정표입니다. 가족 여행에 어울리도록 역사 체험, 자연 풍경, 맛집 방문 등을 고루 넣었어요. 날씨나 교통 상황에 따라 유동적으로 조정할 수 있도록 여유 있는 구성이에요 경주 2박 3일 가족 여행계획표 | 날짜	시간대	일정	장소	비고
---	---	---	---	---
1일 차	오전	출발→ 경주 도착	자가용 또는 KTX	간식 준비
	낮	점심 식사	황남빵 골목 또는 교리김밥	경주 명물
	오후	첨성대, 동궁과 월지 산책	동부 사적 지대	가족사진 찍기 좋은 장소
	저녁	저녁 식사 후 숙소 체크인	한옥스테이 또는 호텔	휴식	 ~~~ (중략) ~~~ 원하시면 아이들과 함께 즐길 수 있는 체험 중심 여행, 맛집 중심 코스, 비 오는 날 대체 일정 등도 추가로 구성해드릴 수 있어요.

답안

33. 오픈 AI에서 발표한 AI 모델로, 일상 언어로 지시하면 그에 맞는 동영상을 생성해 주는 AI 서비스가 무엇인지 작성하시오.

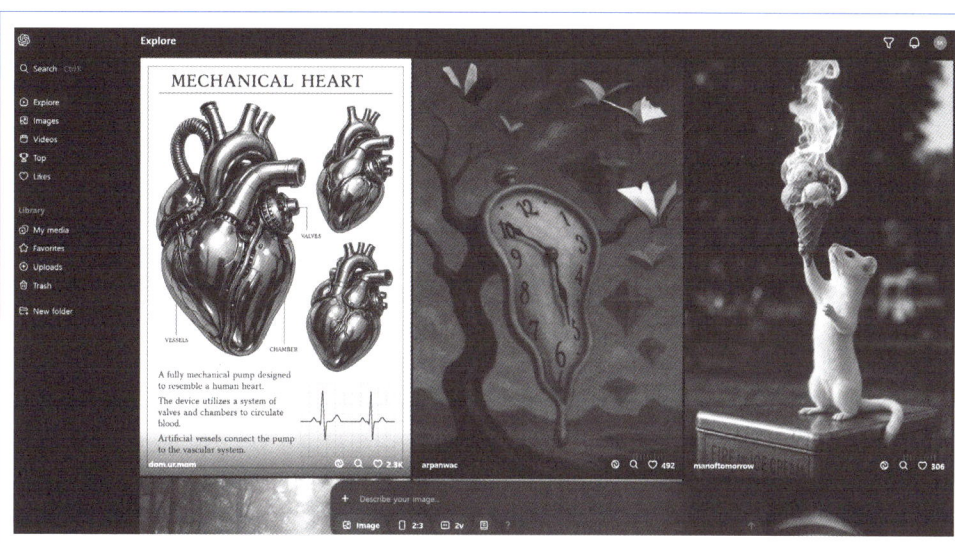

답안

34. 다음은 AIPRM 확장 프로그램에서 설정할 수 있는 기능을 설명한 것이다. (ㄱ)에 해당하는 기능에 대해 작성하시오.

기능 이름	설명
Output in	결과물의 언어를 설정
Tone	결과물의 어조를 설정
(ㄱ)	결과물이 작성될 스타일(문체)을 설정

답안

35 다음은 스테이블 디퓨전에서 이미지를 생성하는 주요 단계에 대한 설명이다. (ㄱ)의 단계에 해당하는 내용을 작성하시오.

단계	설명
체크 포인트 선택	그림을 그릴 이미지 모델을 선택
프롬프트 입력	프롬프트를 입력
(ㄱ)	이미지를 그리는 알고리즘을 지정 인물화를 그리는 데 있어 최적화된 방법인 DPM++2M Karras
너비, 높이 입력	이미지를 생성할 크기를 지정
배치 크기 설정	GPU의 메모리 용량을 고려하여 크기 설정
생성(Generate) 버튼 클릭	이미지를 생성

답안

※ [36. ~ 40.] 다중보기 선택형 주관식 답안 작성 시 주의 사항 및 예시를 참고하시오.

구분	내용
주의사항	- 보기의 번호만 답안에 작성 - 보기 번호 외 한글, 영어 등은 오답 처리

36 ~ 40 다음은 챗GPT 실습 수업에서 한 대학생이 조별 과제 발표를 위해 수행한 "프롬프트 작성 → 하이퍼파라미터 조정 → 결과 분석" 과정의 사례이다. (㉠)~(㉤)에 알맞을 것을 고르시오.

프롬프트	"㉠를 대상으로 생성 AI가 바꾸는 미래 직업에 관해 설명해 줘. 가능한 한 정확하게, 논리적인 순서로 알려줘."
하이퍼파라미터 설정	temperature = 0.7 (㉡과 무작위성의 균형) top-p = 1.0 (단어 ㉢ 허용)
응답결과	생성 AI는 기존 데이터를 학습하여 새로운 콘텐츠(글, 이미지, 음악 등)를 만들어내는 인공지능 기술입니다. 이 기술은 다양한 산업 분야에서 직업의 형태를 바꾸고 있습니다. **1. 콘텐츠 제작 직무의 변화** 기존에는 사람이 직접 작성하던 마케팅 문구, 기사, 광고 카피 등이 생성 AI에 의해 자동 생성될 수 있게 되었습니다. 이에 따라 AI를 활용해 콘텐츠를 기획·검수·조정하는 'AI 콘텐츠 플래너'와 같은 새로운 직무가 등장하고 있습니다. **2. 교육 및 튜터링 분야** 생성 AI는 맞춤형 학습 콘텐츠를 자동으로 만들어주거나, 학생의 수준에 맞는 설명을 제공할 수 있습니다. 이로 인해 AI 튜터 설계자나 디지털 교재 커스터마이저 같은 직업이 떠오르고 있습니다. **3. 디자인 및 창작 직군의 협업 강화** 디자이너, 음악가, 작가 등 창작 직업군은 AI와 협업하여 창작 과정을 보완하거나 속도를 높이고 있습니다. AI 도구를 활용할 줄 아는 크리에이터가 앞으로 경쟁력을 갖게 됩니다. **4. 법률, 행정, 고객지원 직무의 자동화** 문서 요약, 계약 분석, 자동 응대 시스템 등에 생성 AI가 적용되면서, AI 보조 법률 지원 직무와 같은 하이브리드형 역할이 증가하고 있습니다. 결론적으로, 생성 AI는 기존의 직업을 단순히 대체하는 것이 아니라 새로운 역할과 협업 방식을 만들어내며 직업의 성격 자체를 변화시키고 있습니다. 향후의 직업 세계는 AI를 도구로 활용할 수 있는 능력이 핵심 역량이 될 것입니다.

하이퍼파라미터 조정	temperature = (ㄹ) top_p = 0.95 writing style = (ㅁ) length_penalty = 1.0
응답결과	안녕하세요! 요즘 뉴스나 유튜브에서도 자주 등장하는 '생성 AI', 궁금하지 않으셨나요? 생성 AI는 기존 데이터를 바탕으로 새로운 글, 그림, 음악, 영상 등을 만들어내는 똑똑한 프로그램이에요. 그런데 이 기술이 단순히 신기한 걸 넘어서, 우리의 직업 세계까지 바꾸고 있다는 사실, 알고 계셨나요? **1. 콘텐츠 제작 방식의 변화** 예전엔 사람이 하나하나 손으로 쓰고 만들던 콘텐츠가, 이제는 AI의 도움으로 훨씬 빠르고 다양하게 만들어지고 있어요. (예: 광고 문구 작성, 유튜브 대본 생성, SNS 콘텐츠 기획 등) 그래서 'AI 콘텐츠 기획자'라는 직업이 새롭게 떠오르고 있죠. AI가 초안을 만들면, 사람이 다듬고 방향을 잡는 식이에요. **2. 교육, 고객지원, 디자인 분야도 변화 중** 교육: AI가 학생에게 맞춘 설명을 자동으로 해주는 'AI 튜터' 디자인: 원하는 스타일만 입력하면 로고나 포스터를 뚝딱 만드는 AI 고객지원: 고객 문의에 빠르게 답하는 AI 챗봇 이런 분야에서는 AI를 다루고 조율할 줄 아는 사람이 더 중요해지고 있어요. **3. 앞으로 어떤 역량이 필요할까?** AI에 밀리지 않기 위해선, AI를 도구처럼 잘 활용할 수 있는 능력이 중요해요. 프롬프트를 잘 쓰거나, AI가 만든 결과를 평가하고 수정하는 능력이 '미래형 직업의 기본기'가 될 거예요. 그러니 걱정하기보단, "나는 이 기술과 어떻게 협업할 수 있을까?"를 고민해 보는 게 좋겠죠?

보기

No	보기	No	보기	No	보기	No	보기	No	보기
1	0.6	2	0.8	3	img2img	4	Style (양식)	5	벡터 (Vector)
6	멀티모달	7	중학생	8	대학생	9	구체성	10	시적 표현
11	다양성	12	생성	13	체크 (Check)	14	모호성	15	friendly (친근한)
16	Default (기본)	17	critical (비평적)	18	슬프게	19	academic (학문적)	20	응답성
21	효과성	22	사용성	23	창의성	24	Beam Width	25	직장인

36 ㉠에 알맞은 답을 고르시오. (   )

37 ㉡에 알맞은 답을 고르시오. (   )

38 ㉢에 알맞은 답을 고르시오. (   )

39 ㉣에 알맞은 답을 고르시오. (   )

40 ㉤에 알맞은 답을 고르시오. (   )

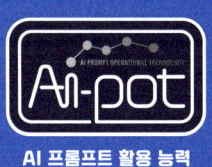

08회
모의고사

08회 모의고사

01 다음 보기에서 ㉠에 들어갈 내용으로 옳은 것을 고르시오.

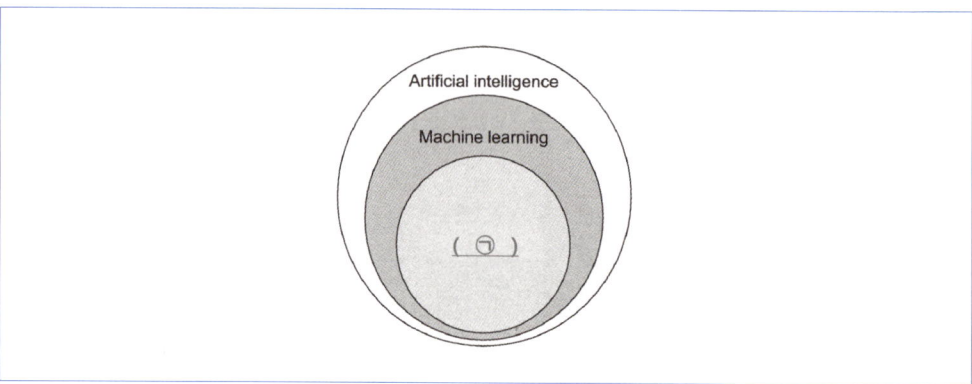

① Deep Learning
② Shallow Learning
③ Transfer Learning
④ Fine-tuning

02 다음은 퍼셉트론의 연산을 도식화한 것이다. 어떤 연산인지 고르시오.

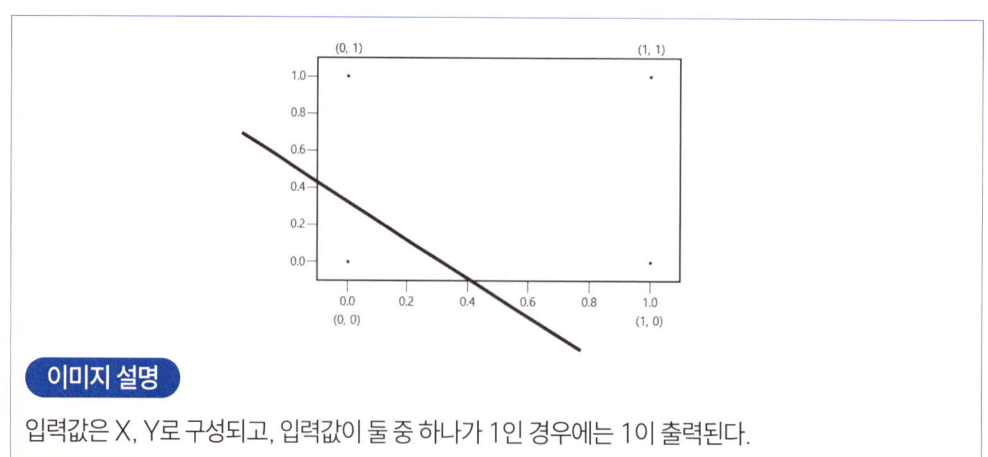

이미지 설명

입력값은 X, Y로 구성되고, 입력값이 둘 중 하나가 1인 경우에는 1이 출력된다.

① XOR 연산
② NOT 연산
③ AND 연산
④ OR 연산

03 다음은 캐글에서 구한 데이터셋으로 앙상블(Ensemble) 기법을 적용하는 과정이다. 어떤 기법을 사용하였는지 고르시오.

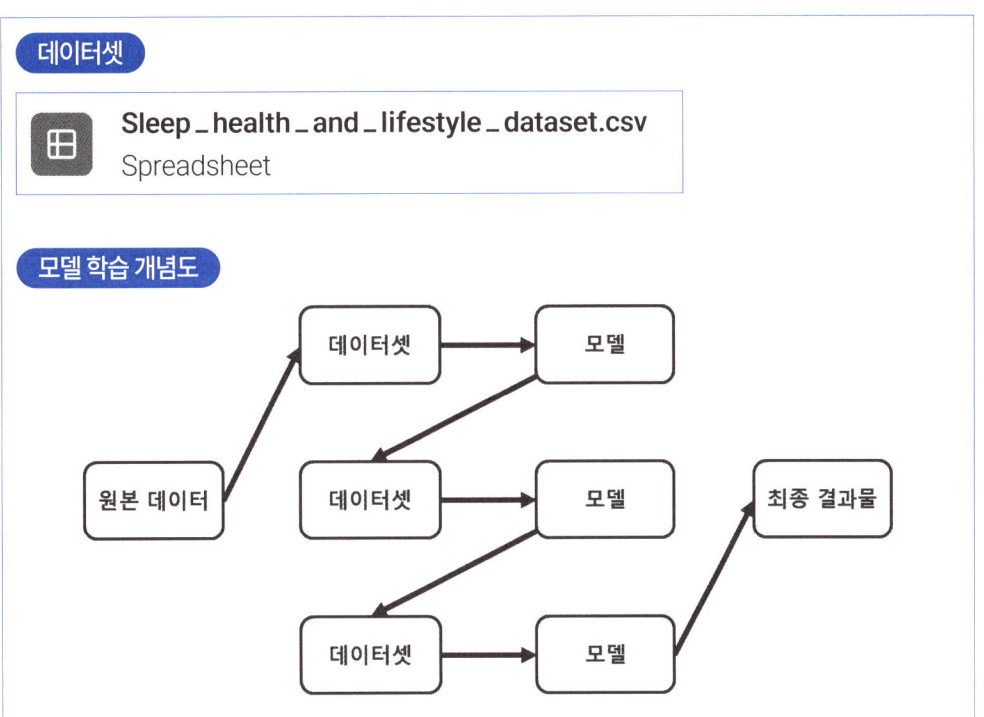

① 배깅(Bagging)
② 부스팅(Boosting)
③ 랜덤 포레스트(Random Forest)
④ 보팅(Voting)

04 다음 보기에서 설명하는 분석 방법을 고르시오.

- 이것은 독립변수와 종속변수 간의 관계를 도출하여 하나 이상의 독립변수들이 종속변수에 미치는 영향을 분석하고, 독립변수를 기반으로 종속변수를 예측하는 분석 기법이다.
- 이것은 변수들 사이의 인과관계를 밝히고, 모형을 기반으로 관심 있는 변수를 예측하거나 추론하기 위한 분석 방법이다.

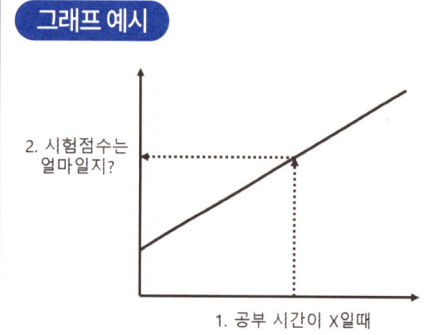

① 분산 분석
② 결합 분석
③ 회귀 분석
④ 딥러닝 분석

05 다음 중 구글 검색엔진에서 생성 AI와 관련된 PDF 파일을 검색하기 위한 검색어로 옳은 것을 고르시오.

① filetype:pdf 생성 AI
② extensiontype:pdf 생성 AI
③ type:pdf 생성 AI
④ file::pdf 생성 AI

06 다음 보기를 참고하여 챗GPT가 응답한 결과를 생성하는 프롬프트를 고르시오.

응답 결과	다음은 "Hello World?"를 출력하는 간단한 코드입니다:
	
	public class HelloWorld {
	    public static void main(String[] args) {
	        System.out.println("Hello World?");
	    }
	}

① Python 코드를 이용해서 "Hello World?"를 출력하는 코드를 만들어줘
② Java 코드를 이용해서 "Hello World?"를 출력하는 코드를 만들어줘
③ Javascript 코드를 이용해서 "Hello World?"를 출력하는 코드를 만들어줘
④ C++ 코드를 이용해서 "Hello World?"를 출력하는 코드를 만들어줘

07 다음 보기에서 설명하는 생성 AI 서비스를 고르시오.

> - 이것은 방대한 데이터를 기반으로, 네이버 AI 윤리 준칙을 준수하여 만들어졌으며, 사용자와 대화하며 상호작용할 수 있는 새로운 차원의 대화형 AI 서비스이다.
> - 이것은 챗GPT 사용하는 방법은 유사하나, 영어가 아닌 한국어 데이터를 바탕으로 학습되었기 때문에, 챗GPT 보다 한국어와 한국 문화에 대한 이해도가 우수하다.

① MS 코파일럿(Copilot)   ② 제미나이(Gemini)
③ 클로바 X(CLOVA X)   ④ 퍼플렉시티(Perplexity)

08 다음 중 프롬프트 엔지니어링의 중요성으로 적절하지 않은 것을 고르시오.

① 자연어 처리 모델에서 중요한 결과를 얻기 위한 핵심적인 방법이기 때문이다.
② 프롬프트 엔지니어가 원하는 응답 형식을 유도할 수 있기 때문이다.
③ AI가 전혀 학습되지 않은 주제를 자동으로 학습하게 할 수 있기 때문이다.
④ 내용 요약, 번역 등 복잡한 작업도 명확하게 수행하도록 도울 수 있기 때문이다.

09 다음 보기에서 설명하고 있는 것을 고르시오.

- 이것은 단어 또는 말뭉치(Corpus)로부터 숨겨진 주제를 찾고 키워드별로 주제를 묶어 주는 비지도 학습 및 확률 알고리즘이다.
- 이것의 대표적인 기법으로 LDA(Latent Dirichlet Allocation)가 있는데, 이는 문서에 대한 확률 분포를 가정한다는 점에서는 "나이브 베이즈 분류(Naive Bayes Classification)"와 비슷하며 이론적 기초를 "베이즈 추론"으로부터 발전시켰다.

① 감정 분석(Sentiment Analysis)
② 토픽 모델링(Topic Modeling)
③ 텍스트 요약(Text Summarization)
④ 정보 검색(Information Retrieval)

10 다음은 자연어 처리 기법과 관련하여 챗GPT가 응답한 내용이다. 어떤 기법인지 고르시오.

- 단어, 문장, 혹은 문서를 고정된 차원의 벡터로 변환하여, 컴퓨터가 의미를 수치로 이해할 수 있도록 만드는 기법이다.
- 이 표현 방식은 의미상으로 유사한 단어들끼리 벡터 공간상에서 가깝게 위치하게 하며, 머신러닝 모델이 텍스트 간의 유사성, 문맥, 의미 등을 계산할 수 있게 도와준다.
- 대표적인 방식으로 Word2Vec, GloVe, BERT 등이 있다.

① 임베딩(Embedding)
② 개체명 인식(Named Entity Recognition)
③ 품사 태깅(Pos Tagging)
④ 구문 분석(Syntactic Parsing)

11 다음 중 프롬프트 템플릿을 활용할 때 기대할 수 있는 것으로 적절하지 않은 것을 고르시오.

① 반복적인 작업에 동일한 형식의 프롬프트를 쉽게 활용할 수 있다.
② 프롬프트 작성 시간이 줄어들고 일관성이 높아진다.
③ 팀원 간에 템플릿을 공유하며 협업할 수 있다.
④ 프롬프트 템플릿은 한 번 생성하면 수정하거나 재활용할 수 없다.

12 다음 중 하이퍼파라미터형 태스크 프롬프트로 적절한 것을 고르시오.

① 영어 공부가 참 쉽다.
   번역: 한국어 → 영어
② 영어 공부가 참 쉽다.
   Task: Translation (Korean to English)
③ 아래 문장의 한국어를 영어로 번역해줘
   임무: 번역 (한국어 → 영어)
   영어 공부가 참 쉽다.
④ 영어 공부가 참 쉽다.
   번역해줘 (한→영)

13 다음 중 형태 변환 요청 기법을 사용한 프롬프트의 성격이 다른 것을 고르시오.

① 이 문장을 일본어로 번역해줘.
② 아래 문장을 시로 바꿔줘.
③ 간단한 설명을 연설문으로 변환해 줘.
④ 방금 응답한 내용을 뉴스 기사 형식으로 써줘.

14 다음 보기에서 설명하고 있는 프롬프트 작성 기법을 고르시오.

> - 이것은 생성 AI가 긴 문장이나 문서를 짧은 형태로 축약하는 데 사용하는 기법이다.
> - 생성 AI는 정보의 손실을 최소화하면서도 핵심적인 내용을 유지하도록 훈련되어, 효과적인 내용을 생성할 수 있다.
> - 긴 보고서나 1편의 논문을 핵심적인 문장으로 짧게 정리할 수 있다.

① 형태 변환 요청 기법
② 요약 요청 프롬프트 기법
③ 역할 부여 프롬프트 기법
④ 창의적 생성 유도 기법

15 다음은 생성 AI 서비스에 질의하기 위해 작성한 멀티모달 프롬프트이다. 이미지의 표현 방법이 다른 서비스를 고르시오.

[IMG]2024-04-05_001.png
PNG Image

당신은 인물 이미지를 분석하는 분석가입니다.
업로드 한 인물 이미지를 분석해서 이미지에서 묘사한 키워드들을 구체적으로 나열해주세요. 응답할 키워드의 형태는 다음과 같습니다.
" " "
{키워드1}, {키워드2}, {키워드3}…
" " "
응답할 때는 큰따옴표(")를 제거하고 응답해주세요.

① 코파일럿(Copilot)
② 제미나이(Gemini)
③ 챗GPT
④ 퍼플렉시티(Perplexity)

16 다음 중 프롬프트 엔지니어링에서 활용하는 주요 프로그램을 고르시오.

① 어도비 포토샵(Adobe Photoshop)
② MS 파워포인트(MS Powerpoint)
③ 파이썬(Python)
④ 구글 슬라이드(Google Slide)

17 다음은 파이썬 언어에서 변수 aipot에 값을 대입하는 코드이다. 변수 aipot에 저장된 값은 어떤 자료형인지 고르시오.

> aipot = ['1', 2, 3, True]

① 딕셔너리(Dictionary) 자료형
② 리스트(List) 자료형
③ 튜플(Tuple) 자료형
④ 집합(Set) 자료형

18 다음 보기와 같은 이미지를 생성하는데 가장 적절한 프롬프트를 고르시오.

① 해 질 무렵 정원에서 노트북을 사용하는 사람, 자연 풍경 중심
② 사무실 책상에 앉아 노트북을 사용하는 남성, 도시 풍경 배경
③ 별이 보이는 밤하늘 아래 노트북을 켜고 있는 사람, 산속 장면
④ 회의실에서 팀원과 대화 중인 직장인, 실내조명과 화이트보드

19 다음 보기는 제미나이에서 음성 입력을 한 결과이다. 어떤 자연어 처리 기술이 사용되었는지 고르시오.

① TTS(Text-to Speech)
② OCR(Optical Character Recognition)
③ MT(Machine Translation)
④ STT(Speech-to Text)

20 다음 중 사무 업무에 활용하는 프롬프트로 가장 적절한 것을 고르시오.

① 첨부한 사진 속 동물의 종류와 특징을 알려줘
② 사용자의 감정을 분석해 게임 내 반응을 조절해줘
③ 첨부한 회의록 파일을 요약하고, 핵심 안건을 항목별로 정리해줘
④ 이 문장을 영어로 번역하고 발음도 함께 제공해줘

21 다음 중 스테이블 디퓨전에서 네거티브 프롬프트(Negative Prompt)를 작성해야 하는 이유로 적절한 것을 고르시오.

① 원하지 않는 요소를 이미지에서 제외하기 위해
② 이미지의 해상도를 높이기 위해
③ 프롬프트의 긍정적인 효과를 강조하기 위해
④ 모델이 결과물을 더 빠르게 생성하도록 하기 위해

22 다음 중 **프롬프트 연계 유형**에 대한 설명으로 옳지 않은 것을 고르시오.

① 플랫폼 내 연계는 동일한 플랫폼 안에서 프롬프트를 공유하거나 이어 사용하는 방식이다.
② 플랫폼 간 연계는 한 플랫폼에서 얻은 프롬프트나 결과물을 다른 플랫폼에서 활용하는 방식이다.
③ 챗GPT에서 얻은 미드저니용 프롬프트를 미드저니에 입력해 그림을 생성하는 것은 플랫폼 간 연계에 해당한다.
④ 런웨이(RunwayML)에서 만든 동영상을 챗GPT에 업로드하여 텍스트 분석을 하는 것은 플랫폼 내 연계에 해당한다.

23 다음 보기는 스테이블 디퓨전에서 프롬프트 템플릿으로 생성한 이미지이다. 사용한 템플릿으로 가장 적절한 것을 고르시오.

① 어두운 숲속에서 투구를 쓴 기사 한 명이 검을 들고 있는 장면
② 밝은 실내에서 헤드셋을 쓴 소년이 컴퓨터 앞에 앉아 있는 모습
③ 꽃 아래 서 있는 짧은 머리 소녀가 리본 셔츠를 입은 장면
④ 밤거리에서 조명이 비추는 무대 위에서 여러 사람이 춤추는 장면

24 다음은 프롬프트 엔지니어링에서 활용하는 서비스이다. 이미지 설명을 참고하여 어떤 서비스인지 고르시오.

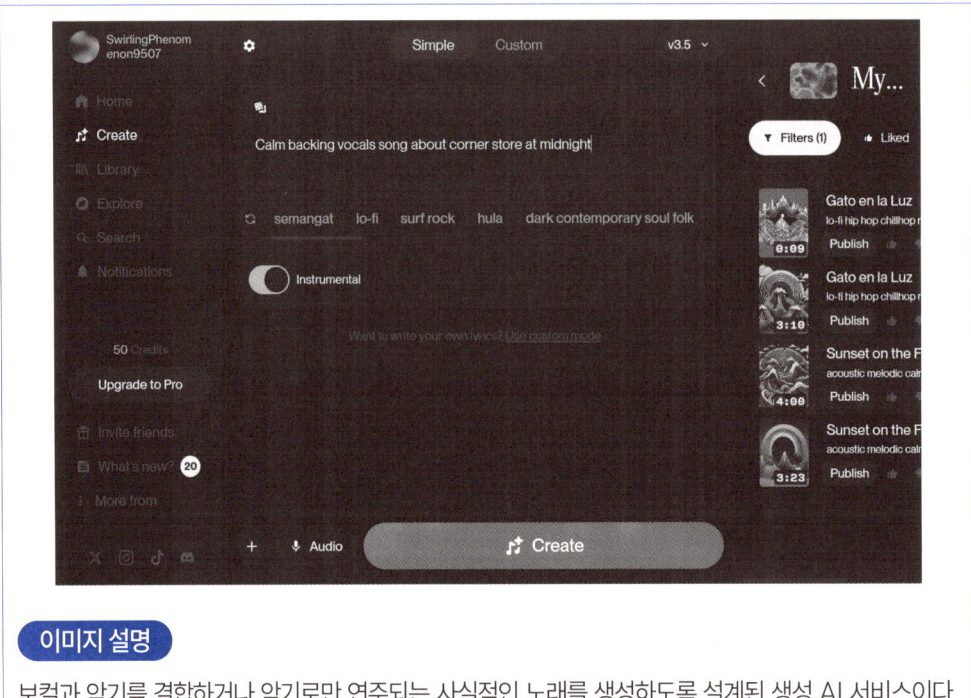

이미지 설명

보컬과 악기를 결합하거나 악기로만 연주되는 사실적인 노래를 생성하도록 설계된 생성 AI 서비스이다.

① 챗GPT
② 코파일럿
③ 미드저니
④ 수노 AI

25 다음은 챗GPT로 데이터 합성을 통해 뉴스 포털에 작성할 게시글 데이터를 증가시키는 과정이다. ㉠, ㉡에 들어갈 내용으로 옳은 것을 고르시오.

뉴스기사.csv 파일 데이터 미리보기

뉴스기사 제목	뉴스기사 내용
'집중력 47초' 시대…어떻게 살아야 할까	[앵커] 디지털 시대가 되면서 집중하는 데 어려움을 겪는 사람들이 늘고 있습니다.

▶ 해당 CSV 파일은 최근 디지털 시대의 문제와 관련하여 뉴스 포털에 등록할 뉴스기사 제목과 내용 전문을 포함한 파일이며, 1건의 데이터가 있다.

프롬프트

 뉴스기사.csv
Spreadsheet

첨부한 파일은 디지털 시대의 문제와 관련된 CSV 파일이다.
파일에는 1개의 레코드가 있으며, 첨부한 파일 중 (㉠) 와(과) 뉴스기사 내용 요약을 분석하고 파악하여 (㉡)개의 레코드를 생성하여 CSV 파일로 다운로드 할 수 있게 해줘

챗GPT 생성 결과

생성된 뉴스 기사 데이터

번호	뉴스기사 제목	뉴스기사 내용
...		
8	10초 안에 스크롤, 정보 과잉 시대의 두뇌 변화	현대인은 짧은 시간에 방대한 정보를 소비하는 환경에 노출돼 있으며….
9	아이들의 집중력, 스마트 기기가 만든 위기	디지털 기기를 과도하게 사용하는 어린이들이 증가하면서, 집중력 발달에 악영향을 줄 수 있다는 우려가 커지고 있습니다….
10	디지털 디톡스, 진짜 효과 있을까?	최근 들어 스마트폰과 인터넷에서 벗어나 일시적으로 집중력을 회복하자는 '디지털 디톡스' 운동이 확산하고 있습니다….

위에서 생성된 10개의 뉴스 기사 레코드를 CSV 파일로 저장했습니다. 아래 링크를 클릭하여 다운로드하실 수 있습니다:
생성된 뉴스 CSV 다운로드

	㉠	㉡
①	뉴스기사 제목	10
②	뉴스기사 제목	8
③	뉴스기사 내용	10
④	뉴스기사 내용	8

26 다음은 제미나이에서 얻은 응답 결과이다. 작성한 **프롬프트**로 가장 적절한 것을 고르시오.

> **제미나이 응답**
>
> 요청하신 대로 유튜브 영상의 시간 목차별 제목과 중요 핵심 내용을 30자 이내로 정리해드리고, 가장 하이라이트 부분 세 가지를 알려드립니다.
>
> 시간 목차별 제목 및 중요 핵심 내용:
> [00:00:00] Vibe Coding의 등장: AI 코딩 도구의 급부상과 소프트웨어 엔지니어링의 변화.
> [00:00:27] Vibe Coding에 대한 YC 창업자들의 생각: 코딩 도구 변화, 엔지니어 역할 변화에 대한 설문 조사 결과.
> ...
>
> **가장 하이라이트 부분 세 가지:**
> - **AI 생성 코드의 부상:** 창업자들은 코드 베이스의 상당 부분이 AI에 의해 생성되고 있다고 보고합니다. 설문 조사에 따르면 창업자의 1/4이 코드의 95% 이상이 AI에 의해 생성되었다고 추정합니다. 이는 소프트웨어 개발 방식에 큰 변화가 있음을 시사합니다.
> - **소프트웨어 엔지니어 역할의 변화:** 소프트웨어 엔지니어의 역할이 진화하고 있으며, 제품 감각과 시스템 사고가 더욱 중요해지고 있습니다. 일부 창업자들은 AI가 코드 작성을 더 많이 처리함에 따라 전통적인 코딩 역할의 중요성이 줄어들고 있다고 믿습니다. 대신 엔지니어는 사용자 요구사항을 이해하고 복잡한 시스템 문제를 해결하는 데 집중합니다.
> - **디버깅 및 코드 검토의 중요성:** AI는 코드 생성에 뛰어나지만, 디버깅에는 여전히 어려움을 겪습니다. 오류를 식별하고 수정하는 데는 여전히 인간 엔지니어가 필요하며, 이는 코드 검토 및 디버깅 기술의 중요성을 강조합니다.

① @YouTube [유튜브 주소] 이 유튜브 영상을 타임 챕터별로 요약해줘
② @YouTube [유튜브 주소] 이 유튜브 영상을 타임 챕터별로 내용을 30자 이내로 정리하고, 하이라이트 부분을 요약해줘
③ @YouTube [유튜브 주소] 이 유튜브 영상을 시간 목차별로 제목과 중요 핵심 내용을 30자 이내로 정리해주고, 가장 하이라이트 부분을 세 개로 줄여줘
④ @YouTube [유튜브 주소] 이 유튜브 영상을 시간 목차별로 내용을 30자 이내로 정리하고, 하이라이트 부분을 정리해줘

27 다음은 음성 입력을 변환하는 과정이다. 음성을 텍스트로 변환하기 위해 ㉠에 들어갈 프롬프트로 가장 적절한 것을 고르시오.

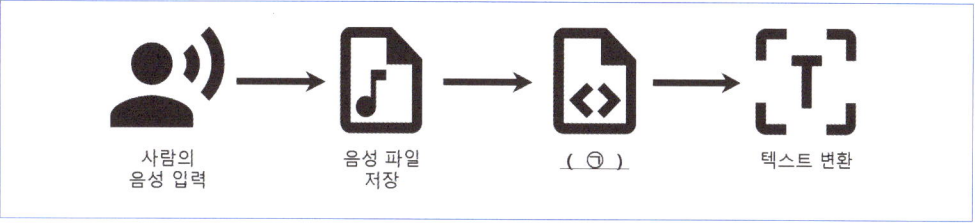

① 내가 입력한 음성을 텍스트로 변환하는 파이썬 코드를 생성해줘
② 첨부하는 음성 파일을 텍스트로 변환하기 위한 파이썬 코드를 생성해줘
③ 텍스트를 음성 파일로 저장하기 위한 파이썬 코드를 생성해줘
④ 텍스트로부터 사람 음성을 재생하기 위한 파이썬 코드를 생성해줘

28 다음은 제미나이를 통해 챗봇을 만드는 과정이다. ㉠에 들어갈 내용으로 알맞은 것을 고르시오.

프롬프트	고객의 Q&A에 대응하기 위한 챗봇을 만들려고 한다. 파이썬으로 챗봇을 만드는 과정을 (㉠) 형태로 나열해줘
제미나이 응답	오, 고객 응대 챗봇 구축이라니! 아주 멋진데요? 파이썬으로 챗봇을 만드는 과정을 (㉠) 형태로 정리해드릴게요. 마치 레고 블록을 쌓듯이 차근차근 단계를 밟아나갈 수 있을 거예요. **고객 Q&A 챗봇 구축 (㉠) (Python)** 1. 데이터 준비 및 전처리 2. 텍스트 임베딩 (Feature Engineering) 3. 유사도 계산 모델 구축 및 학습 4. 답변 검색 및 생성 전략 수립 5. 챗봇 인터페이스 개발 6. 챗봇 배포 및 모니터링 ~~

① 시퀀스(Sequence)
② 타임라인(Timeline)
③ 파이프(Pipe)
④ 파이프라인(Pipeline)

29 다음 보기에서 ㉠에 들어갈 내용으로 옳은 것을 고르시오.

> - 생성 AI 사용자는 해당 서비스 제공 시 기존 저작물과 같거나 유사한 AI 산출물이 도출되지 않도록 함으로써 저작권 침해를 미리 방지하는 것이 바람직하다.
> - 특히, (㉠) 모델을 활용하여 응용서비스를 제공할 때는 해당 모델에 학습된 데이터를 전부 파악하기 어려울 수 있으므로 별도의 기술 등을 활용하여 AI 산출물의 저작권 침해 예방이 필요하다.

① 파운데이션(Foundation)
② 생성적 적대 신경망(GAN)
③ 트랜스포머(Transformer)
④ 딥 러닝(Deep Learning)

30 저작권과 관련하여 다음 보기에서 설명하고 있는 것을 고르시오.

> - 이것은 저작권 보호 기간이 만료되었거나 저작자가 저작권을 포기하여 해당 저작물을 누구나 자유롭게 이용 또는 활용할 수 있는 저작물을 의미한다.
> - 대표적으로 윌리엄 셰익스피어의 4대 비극인 햄릿, 리어왕, 오셀로, 맥베스 등이 포함된다.

① 퍼블릭 도메인(Public Domain)
② 프라이빗 도메인(Private Domain)
③ 기본 도메인(Default Domain)
④ 상속 도메인(Succession Domain)

※ [31. ~ 35.] 단답형 주관식 답안 작성 시 주의 사항 및 예시를 참고하시오.

구분	내용
주의사항	영문 및 한글 오타, 띄어쓰기, 불필요한 콤마, 따옴표 등 주의
답안 (예시)	할루시네이션 ※복수 정답 인정(환각 또는 Hallucination, hallucination 도 정답처리)

31 다음 보기에서 설명하고 있는 것을 작성하시오.

- 이것은 스테이블 디퓨전에서 이미지를 생성할 때 제외할 대상을 의미한다.
- 이것의 형식은 일반 프롬프트와 동일한 텍스트 형태로 구성된다.
- 이것을 사용하면 이미지를 생성할 때 제거하고 싶은 대상이 무조건 제거되는 것이 아니며, 원하는 결과가 나오도록 조정을 할 필요가 있다.
- 예를 들어, watermark를 입력하면 이미지 생성 시 워터마크가 제거된다.

답안

32 다음 보기에서 설명하는 챗GPT의 기능을 작성하시오.

- 이것은 사람이 챗GPT와 대화할 때 키보드를 통해 프롬프트를 입력하는 것이 아닌, 대화를 통해 챗GPT의 응답을 얻는 기능이다.
- 이것을 컴퓨터에서 이용하기 위해서는 마이크와 스피커가 설치되어 있어야 하며, 모바일에서 이용할 때는 내장 마이크와 스피커를 통해 이용할 수 있다.
- 사람이 마이크를 통해 입력하면 챗GPT는 TTS 기술을 이용하여 텍스트로 응답한 것을 오디오로 변환한다.

답안

33 다음 보기에서 설명하는 것을 작성하시오.

- 이것은 텍스트, 오디오, 이미지를 혼합하여 멀티모달 프롬프트로 입력할 수 있는 서비스이다.
- 특히 구글 검색엔진, 구글 드라이브, 유튜브 등을 연계하여 신뢰도가 높은 결과물을 생성할 수 있다.

답안

34 다음은 스테이블 디퓨전에서 프롬프트를 입력하여 이미지를 생성한 결과이다. ㉠에 들어갈 키워드를 한글 또는 영어로 작성하시오.

프롬프트	A red (㉠) sitting under a cherry blossom tree, highly detailed, soft lighting
이미지 생성 결과	

답안

35 다음 파이썬 코드와 실행 결과를 참고하여 ㉠에 들어갈 내용을 작성하시오.
(단, 대소문자 구분을 한다.)

파이썬 코드	cond1 = (㉠)
	
	if cond1 :
	    print("cond1 변수는 참이다.")
	else :
	    print("cond1 변수는 거짓이다.")

실행 결과	cond1 변수는 거짓이다.

답안

퀵패스

※ [36. ~ 40.] 다중보기 선택형 주관식 답안 작성 시 주의 사항 및 예시를 참고하시오.

구분	내용
주의사항	- 보기의 번호만 답안에 작성 - 보기 번호 외 한글, 영어 등은 오답처리

36 ~ 40 다음은 챗GPT를 통해 온라인 데이터를 처리하는 과정이다. **[시나리오], [프롬프트 및 응답 결과]**를 참고하여 빈칸을 작성하시오.

> **시나리오**
>
> 마케팅 회사에 재직 중인 프롬프트 엔지니어 김 사원은 월간 마케팅 보고서에 작성할 자료를 준비하기 위해 온라인 쇼핑몰에서 판매 중인 가전제품 리뷰 데이터를 처리하고자 한다.
> 김 사원은 챗GPT를 통해 온라인 쇼핑몰에서 리뷰 내용을 추출한 다음, 해당 리뷰를 분석하여 작성자의 상태를 파악하고자 한다.
> 또한, 분석한 결과를 통해 데이터 가공을 수행할 예정이며, 보고서 스타일의 잘 알려진 형식으로 정리하고자 한다.
> 마지막으로 처리된 리뷰 데이터는 다음 달 마케팅 자료로 사용하기 위해 데이터 시각화를 수행할 예정이다.

프롬프트 및 응답 결과

프롬프트	아래 링크는 온라인 쇼핑몰의 링크이다. ``` https://www.11st.co.kr/products/~~~~~ ``` 온라인 쇼핑몰 링크에서 리뷰 내용을 (①)해서 작성자의 (②)을 분석하고 다음과 같은 형태로 정리해줘 ``` {(②)}	{해당 (②)의 (③) 건수} ``` 그리고 이렇게 정리된 것은 (④) 형태로 정리해줘. 마지막으로 쇼핑몰 제품 판매 리뷰에서 작성된 단어를 추출해서 (⑤)를 생성해줘
응답 결과	아래는 링크 내에 있는 대표 리뷰 몇 건을 바탕으로, (②) 분석과 (⑤) 생성을 위한 프로세스입니다. **1. 리뷰 샘플 및 (②) 분석** 11번가 상품의 첫 페이지 리뷰(10건)를 기반으로 (②) 태깅을 진행했습니다. | 리뷰 내용 요약	(②)
수납력 좋고 조용하고 보관이 잘 돼요^^	긍정
다음날 바로 배송 왔고 기사님 친절·신속	긍정
…	| **(②) 요약 ((③) 횟수)** | 긍정	10 | 모든 리뷰가 긍정적으로 분류되었으며, 단순한 긍정에서 '약간 아쉬움 언급 포함 긍정'으로 분류했습니다.

응답 결과	2. (②) (③) 횟수 (④) 아래는 위 결과를 (④) 형태로 정리한 것입니다. | (②)	(③) 횟수
긍정	10
부정	0
중립	0 | 3. (⑤) 생성 11번가 리뷰에서 자주 등장하는 키워드를 추출한 뒤, (⑤)를 생성했습니다. 주요 단어 예시는 아래와 같습니다: 배송 친절 설치 수납 조용 가성비 익일 넉넉 디자인 전력 소음 아래는 생성된 (⑤)입니다: 
---	---

보기

No	보기	No	보기	No	보기	No	보기
1	추출	2	생성	3	제작	4	분석
5	취향	6	리뷰	7	감정	8	민원
9	합계	10	평균	11	증감	12	누적
13	표	14	리스트	15	JSON	16	HTML
17	워드 맵	18	워드 리스트	19	워드 클라우드	20	워드 데이터셋

36 ①에 들어갈 내용을 보기에서 골라 번호로 작성하시오. (   )

37 ②에 들어갈 내용을 보기에서 골라 번호로 작성하시오. (   )

38 ③에 들어갈 내용을 보기에서 골라 번호로 작성하시오. (   )

39 ④에 들어갈 내용을 보기에서 골라 번호로 작성하시오. (   )

40 ⑤에 들어갈 내용을 보기에서 골라 번호로 작성하시오. (   )

AI 프롬프트 활용능력 2급 실전 모의고사

09회
모의고사

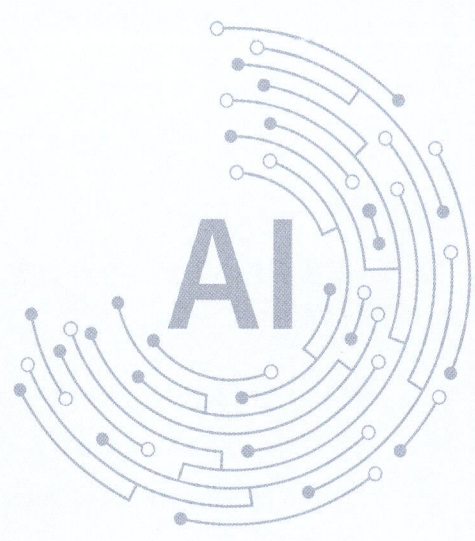

09회 모의고사

01 파라미터와 하이퍼파라미터의 설명으로 틀린 것을 고르시오.

① 파라미터는 사용자의 임의 설정이 가능하다.
② 하이퍼파라미터는 학습 전에 사람이 설정한다.
③ 파라미터는 학습 중 자동으로 조정된다.
④ 하이퍼파라미터는 모델의 성능에 영향을 준다.

02 다음에서 설명하는 분류 유형의 학습 모델을 고르시오.

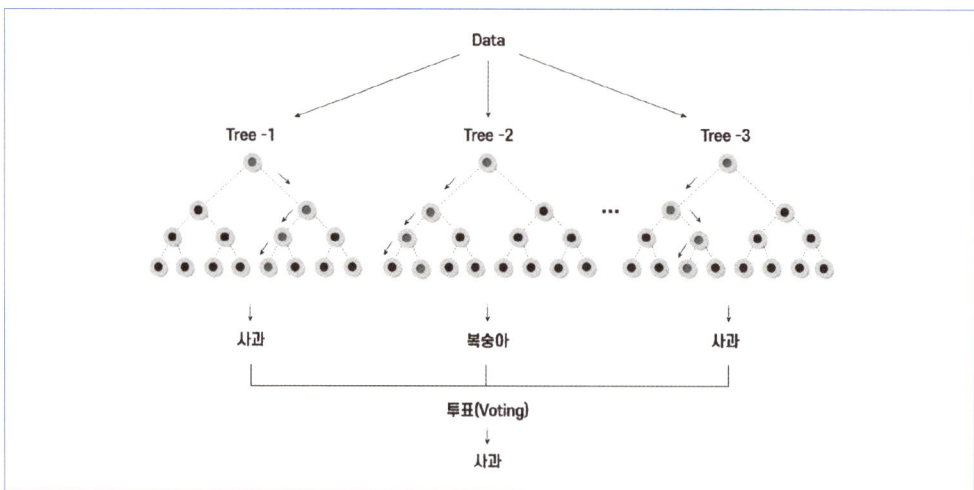

많은 무작위성을 주어 약한 학습기인 의사결정 트리를 생성한 후 이를 선형 결합하여 모델을 만드는 방법이다.

① 의사결정트리(Decision Tree)
② 랜덤 포레스트(Random Forest)
③ 배깅(Bagging, Bootstrap Aggregating)
④ 부스팅(Boosting)

03 다음이 설명하는 현상을 고르시오.

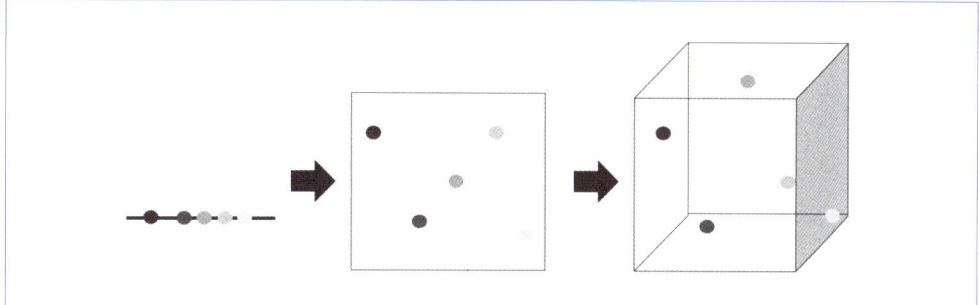

데이터를 구성하는 여러 특성이나 속성의 수를 의미하며, 많은 특성이 관여할수록 데이터를 이해하고 분석하기 어려워지는 현상을 일으킨다.

① 차원의 저주
② 알고리즘
③ 주성분 분석
④ 차원 축소

04 다음 중 강화학습(RL; Reinforcement Learning)의 기본 구성요소로 가장 적절하지 않은 것을 고르시오.

① 에이전트(Agent)
② 환경(Environment)
③ 손실 함수(Loss Function)
④ 보상 함수(Reward Function)

05 다음 보기 중 자연어 처리에 대한 설명으로 옳은 것을 고르시오.

① 이미지를 숫자로 변환하여 분류하는 기술
② 인간 언어를 이해하고 처리하는 AI 기술
③ 센서로 환경 정보를 수집·분석하는 기술
④ 구조화 질의를 자동 완성하는 데이터 기술

06 다음 보기에서 (㉠)에 들어갈 인공지능 기술이 무엇인지 고르시오.

> **기사**
>
> 영상에는 이순신 장군이 NASA 로고가 새겨진 우주복을 입고 "이번 달 탐사는 거북선과 함께합니다."라고 말하는 장면이 포함되어 있다.
> 하지만 전문가들은 해당 영상이 (㉠) 기술로 조작된 것이라고 지적했다. NASA 역시 공식 트위터를 통해 "해당 인물과의 협의나 계획은 전혀 없다."라고 일축했다.

① 프롬프트 엔지니어링(Prompt Engineering)
② 이미지넷(ImageNet)
③ 기계학습(Machine Learning)
④ 딥페이크(Deep Fake)

07 다음 중 챗GPT의 설명으로 올바르게 짝지어진 것을 고르시오.

> ㉠ 사전 학습(Pre-training)과 미세 조정(Fine-tuning) 과정을 거쳐 언어 이해 및 생성 능력을 향상시킨다.
> ㉡ 입력된 데이터를 즉시 학습하여 개인화된 모델을 실시간으로 생성한다.
> ㉢ 인간의 피드백을 반영한 강화학습(RLHF)이 일부 모델에 적용될 수 있다.
> ㉣ 지도학습 기반으로만 훈련되며, 대규모 비정형 데이터는 학습할 수 없다.

① ㉠, ㉢
② ㉠, ㉡
③ ㉡, ㉢
④ ㉠, ㉣

08 다음 ㉠, ㉡에 들어갈 프롬프트 작성 기법으로 옳게 짝지어진 것을 고르시오.

㉠	생성 AI가 레이턴트 스페이스를 이용하여 주어진 데이터를 특정 범주나 그룹 간 특성으로 구분 지어 응답을 유도하는 기법
㉡	생성 AI에게 한정된 정보를 제공하고 이를 토대로 맥락을 고려하여 보다 풍부한 응답을 생성해 내는 기법

	㉠	㉡
①	분류 기법	감정 분석
②	요약 기법	확장 기법
③	분류 기법	확장 기법
④	감정 분석	분류 기법

09 다음 프롬프트가 나타내는 질의응답의 관계 전환 기법으로 옳은 것을 고르시오.

프롬프트	만약 생성 AI 도입에 찬성하는 입장에서 발표한다면, 어떤 사례나 관점을 중심으로 구성하는 게 좋을까? 너의 제안을 듣고 싶어.
응답결과	다음 중 하나를 중심으로 구성해 볼 수 있습니다. '생성 AI, 반복 업무를 줄이는 혁신적 동반자' 'AI 도입으로 강화되는 실무 생산성과 창의성' 실제 업무 예시로는 고객 상담 자동화, 회의록 요약 자동화 등이 있으며, 조직의 업무 효율성 개선을 강조하는 방향이 적절합니다. 실무자 입장에서 체감할 수 있는 개선점을 사례로 넣어보는 것이 효과적입니다.
프롬프트	반대로, 생성 AI 도입에 비판적인 입장에서 발표한다면 어떤 내용을 중심으로 구성하는 게 좋을까? 사례도 알려줘.
응답결과	다음의 관점을 고려해 볼 수 있습니다. '생성 AI 도입, 혁신인가 위협인가' 'AI가 만든 결과물, 신뢰할 수 있을까?' 사례로는 기업 내 AI 오답으로 인한 계약 오류 사례, 개인정보 유출 사례 등이 있으며, 기술 도입의 책임 한계, 윤리 문제, 검증 부족 문제에 초점을 맞춰 구성하는 것이 적절합니다. 발표 대상이 경영진이라면 위험관리 관점을 강조하는 것도 좋습니다.

① 보충 요청
② 설명 요구
③ 이슈 추가 요청
④ 전가하기

10 다음 보기에서 설명하고 있는 생성 AI 서비스를 고르시오.

> 구글에서 개발하여 2023년 3월에 출시한 생성 AI로 사용자가 텍스트, 이미지 또는 오디오 입력을 이용하여 상호 작용할 수 있다.

① 제미나이(Gemini) ② 코파일럿(Copilot)
③ 클로바 X(CLOVA X) ④ 챗GPT(ChatGPT)

11 다음 ㉠에 들어갈 자연어 처리의 특징으로 옳은 것을 보기에서 고르시오.

용어	설명
언어 이해	인간의 언어를 컴퓨터가 해석하고 이해
㉠	해석된 데이터를 바탕으로 새로운 텍스트 생성
문맥 파악	단어나 문장이 사용된 문맥을 파악하여 정확한 의미 추론
감성 분석	텍스트에서 긍정적, 부정적 감정을 식별하고 분석

① 구문 분석 ② 음성 전환
③ 언어 생성 ④ 단어 분리

12 다음 중 프롬프트에 사용된 기법을 고르시오.

프롬프트	한 남자가 우유를 컵에 붓고 있습니다. 다음에 일어날 가능성이 가장 높은 일은 무엇인가요?
응답결과	이 문장에 대한 가장 가능성 높은 답변은 다음과 같습니다: → "남자가 컵에 따른 우유를 마신다."

① 제로 샷(Zero-shot) 러닝
② 자기 일관성(Self-consistency) 러닝
③ 생각의 사슬(CoT; Chain of Thought) 러닝
④ 퓨샷(Few-shot) 러닝

13 다음 프롬프트에서 사용된 응답 명확화를 위한 작성 방안을 고르시오.

프롬프트	한국, 미국, 중국, 일본의 2025년 경제 상황에 대해 분석해 주고, 2026년 세계 경제에 흐름에 대해 분석해 줘.
응답결과	1. 한국: 성장 둔화와 대외 불확실성 경제 성장률: IMF는 2025년 한국의 성장률을 1.0%로 전망하며, 이는 G20 국가 중 최저 수준입니다. 주요 요인: 미국의 고율 관세, 중국 경기 둔화, 국내 정치 불확실성 등이 수출과 내수에 부정적인 영향을 미치고 있습니다. 인플레이션: 소비자 물가 상승률은 1.8%로 안정적인 수준을 유지할 것으로 예상됩니다. 2. 미국: 정책 불확실성과 경기 둔화 우려 경제 성장률: 2025년 미국의 성장률은 1.5%로 예상되며, 이는 이전 전망보다 낮은 수치입니다. 주요 요인: 트럼프 행정부의 관세 정책과 세금 감면 계획이 재정 적자 확대와 소비자 신뢰 저하를 초래하고 있습니다. 소비자 신뢰: 소비자 신뢰 지수는 하락세를 보이며, 이는 소비 지출 감소로 이어질 수 있습니다. 3. 중국: 회복세 속 구조적 도전 경제 성장률: 2025년 중국의 성장률은 4.6%로 예상되며, 이는 예상보다 높은 수치입니다. 주요 요인: 미국과의 관세 완화로 수출이 증가했지만, 부동산 시장 침체와 민간 투자 부진이 지속되고 있습니다. 인플레이션: 소비자 물가 상승률은 0%로, 디플레이션 우려가 제기되고 있습니다. 4. 일본: 경기 침체와 재정 압박 경제 성장률: 2025년 일본의 성장률은 0.6%로 예상되며, 이는 예상보다 낮은 수치입니다. 주요 요인: 미국의 관세 인상으로 수출이 감소하고, 고령화로 인한 사회복지 지출 증가가 재정에 부담을 주고 있습니다. 통화 정책: 일본은행은 기준금리를 0.5%로 유지하며, 통화 정책 정상화를 추진하고 있습니다. 5. 2026년 세계 경제 전망: 완만한 회복세 세계 성장률: IMF는 2026년 세계 경제 성장률을 3.3%로 전망하며, 이는 2025년과 동일한 수준입니다. 주요 요인: 미국과 중국 간의 무역 긴장 완화, 유럽의 경기 회복, 신흥국의 내수 확대 등이 긍정적인 영향을 미칠 것으로 예상됩니다. 위험 요소: 지정학적 불안정성, 고령화, 보호무역주의 확산 등이 중장기적인 성장에 제약 요인으로 작용할 수 있습니다.

① 답변을 길게 요구하기　　　　　② 질의응답의 관계 전환
③ 명확하고 구체적으로 지시하기　　④ 추상적 표현을 추가하기

14 다음은 생성 AI의 문장 분석 방식과 설명이다. ㉠에 해당하는 것을 고르시오.

구분	설명
요약	긴 문장의 내용을 간략하게 요약하는 방법
㉠	전체 문장을 훑어보고, ㉠ 하는 방법
지문 토대로 새로운 생각 도출	지문을 토대로 새로운 논리나 질문, 생각을 도출하는 방법
지문 분석 요청하기	내용적 측면의 분석, 구조적 측면의 분석, 사실과 주장을 분리하여 분석하는 방법

① 공통점 분석
② 범위 한정
③ 하이퍼파라미터
④ 핵심 문장 추출

15 스테이블 디퓨전(Stable Diffusion)에서 이미지 생성 시 다음 설정값은 무엇인지 보기에서 고르시오.

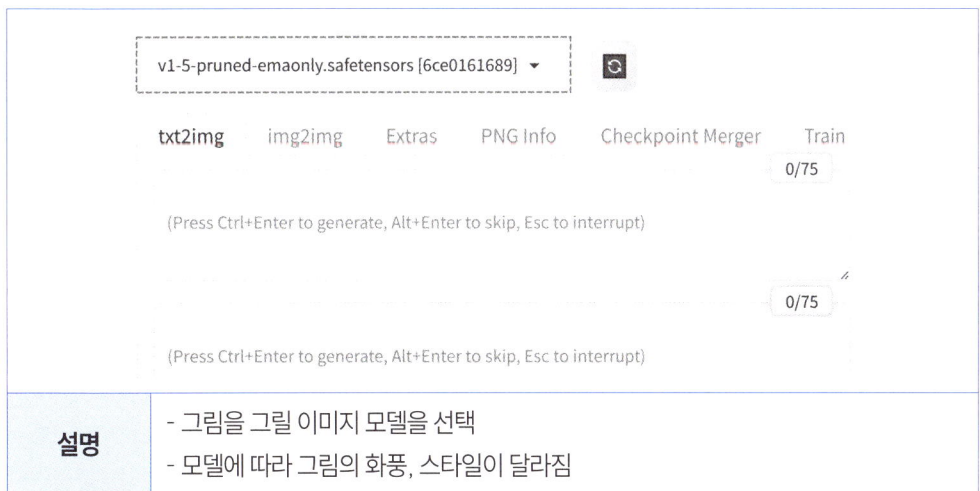

① 샘플링 메소드(Sampling method)
② 네거티브 프롬프트(Negative Prompt)
③ 프롬프트(Prompt)
④ 체크포인트(CheckPoint)

16 다음은 파이썬 코드와 실행 결과이다. 이에 대한 설명으로 틀린 것을 고르시오.

라인	코드	설명
1	cond1 = 0	㉠ cond1 변수를 선언하고 0을 대입한다.
2		
3	while cond1 < 3 :	㉡ cond1 변수의 값이 3보다 작을 때까지 반복한다.
4	print(cond1)	㉢ cond1 변수를 저장한다.
5	cond += 1	㉣ cond1 변수에 1을 더한 값을 cond1 변수로 다시 저장한다.

실행 결과
0
1
2

① ㉠ ② ㉡ ③ ㉢ ④ ㉣

---

17 다음 중 프롬프트 엔지니어링의 기대 효과가 아닌 것을 고르시오.

① 생성 AI 환각 현상 회피
② 고품질/고화질 결과물 생성
③ 고정 길이의 응답결과 생성
④ 다양한 유형의 결과물 생성

---

18 다음은 아파트 관리 사무소 직원이 챗GPT에 작성한 프롬프트이다. 해당 프롬프트의 활용 목적으로 가장 적절한 것을 고르시오.

프롬프트	첨부된 CCTV 영상에서 낯선 사람이 건물 내로 들어오거나 기물을 파손하는 등의 위험한 행동을 하는 장면이 있는지 분석하고, 한국어로 위험 여부를 판단해 줘.

① 낯선 사람의 행동을 분석하여 위험 여부를 판단함
② 사람 출입 기록을 확인하고 일정에 따라 문을 열어줌
③ 화재 여부를 실시간으로 감지해 자동 알림을 설정함
④ CCTV 영상을 표로 정리하여 일별 방문자 수를 집계함

19 다음 중 오픈AI의 키 생성 과정에 대한 설명으로 틀린 것을 고르시오.

키 생성 과정	Create new secret key Name Optional — 이름 입력(선택) AI POT KEY Project — 대상 프로젝트 선택 Default project Permissions — API 권한 선택 All Restricted Read only Cancel Create secret key
키 저장 과정	Save your key Please save your secret key in a safe place since **you won't be able to view it again**. Keep it secure, as anyone with your API key can make requests on your behalf. If you do lose it, you'll need to generate a new one. Learn more about API key best practices sk-proj-RMdgjgJeOsyzHfeUvRgOxjlElX1qy Copy — API 키 복사 Permissions Read and write API resources Done

① 별도의 프로젝트를 생성하지 않았다면 기본 프로젝트가 선택된다.

② API 권한에서 All은 모든 API를 제약 없이 호출하는 권한이다.

③ 한 번 발급받은 API 키는 사용자 요청에 따라 재발급이 가능하다.

④ API 키 생성 시에는 무단 사용 방지를 위해 적절한 권한을 설정한다.

20 다음 중 스테이블 디퓨전(Stable Diffusion)의 이미지 생성 과정에서 사용되는 샘플링 메소드에 대한 설명으로 가장 적절하지 않은 것을 고르시오.

① 샘플링 메소드는 프롬프트의 창의성과 관련된 값을 조정하는 파라미터이다.
② Euler, DPM++, Heun 등은 노이즈를 제거하여 이미지를 생성하는 방식이다.
③ 샘플링 메소드는 같은 프롬프트라도 다른 결과를 생성할 수 있다.
④ DPM++은 고해상도 이미지 품질이 뛰어난 샘플러 중 하나이다.

21 다음 중 프롬프트를 보고 유추할 수 있는 특징 중 적절하지 않은 것을 고르시오.

프롬프트	masterpiece, best quality, 1girl, looking at viewer, smiling, school uniform, cherry blossoms, outdoors, spring, soft lighting <lora:schoolgirl_style:0.75> * cherry blossoms 벚꽃, spring, outdoor 야외
응답결과	 **이미지 설명** 봄날의 야외, 벚꽃과 함께 1명의 교복 입은 소녀가 미소 짓고 있다.

① 고화질로 표현
② 부드러운 조명
③ LoRA 모델이 적용
④ 어두운 배경에서 역동적인 포즈

22 악성코드 분석을 위한 프롬프트 엔지니어링 실습 시 가장 적절한 접근을 고르시오.

① 프로그램을 네트워크에 연결한 채로 실행한다.
② 샌드박스 환경에서 파일을 업로드하고 분석한다.
③ Excel 매크로 파일로 분석을 수행한다.
④ 파이썬 실행 파일을 웹 브라우저에서 자동 실행시킨다.

23 다음 보기와 같이 "생성 AI가 교육 및 창작 분야에 미치는 영향"에 대한 보고서를 작성하기에 가장 적절한 서비스를 고르시오.

> **생성 AI가 교육 및 창작 분야에 미치는 영향**
>
> **1. 교육 분야에서의 활용 사례**
> 최근 챗GPT와 같은 **생성 AI** 챗봇이 교육 현장에 빠르게 도입되고 있다. 많은 교사들이 수업 준비와 학습 보조에 AI를 활용하기 시작했다. 한 설문조사에 따르면 교사의 51%가 이미 챗GPT를 사용 중이며, 그 중 30%는 **수업 계획수립**, 30%는 **창의적인 학습활동 아이디어 구상**, 27%는 **수업 배경지식 조사 용도**로 활용한다고 보고 했다. (atpe.org)
> ~~~~ (생략) ~~~~~

① 미드저니(Midjourney)
② 소라(Sora)
③ 심층 리서치(Deep research)
④ 수노(Suno AI)

24 다음 중 스테이블 디퓨전(Stable Diffusion)의 이미지 생성에 사용된 프롬프트를 확인하기에 가장 적절한 방법을 고르시오.

① Extras
② PNGinfo
③ txt2img
④ img2img

25 다음은 미드저니(Midjourney)에서 생성한 이미지의 사례이다. 다음 프롬프트에서 확인 할 수 있는 이미지에 대해서 적절한 것을 고르시오.

프롬프트	close-up of eye with colorful eyeshadow --style raw --v 7 --quality 2 --stylize 0
응답결과	

① 이 프롬프트는 인공적인 예술 스타일을 강조하여 매우 화려하고 과장된 이미지 생성을 유도한다.
② --quality 2는 이미지의 해상도를 낮추고 빠르게 결과를 생성하도록 조정하는 옵션이다.
③ --style raw는 미드저니의 필터링을 강화하여 감성적이고 추상적인 이미지를 우선 생성하도록 한다.
④ --stylize 0은 스타일 개입을 최소화하여 프롬프트에 명시된 요소들을 사실적으로 반영하도록 한다.

26 다음 중 바람직한 저작물 이용 방법으로 틀린 것을 고르시오.

① 저작물 사용 이후에 적절한 보상 등의 방법으로 이용 권한을 확보하여 분쟁 발생을 방지한다.
② 홈페이지나 SNS를 통해 공개된 저작물이라도 저작권자 허락 없이 이용할 수 있는 것은 아니다.
③ AI 학습에 이용되는 저작물의 권리자가 불분명할 경우, 저작권법상 법정허락 제도를 활용한다.
④ 각 사업자는 저작권자와 계약 체결 시 저작물의 이용 목적 및 범위 등을 구체적으로 명시해야 한다.

27 다음 중 AI 산출물과 관련된 저작권 등록 내용으로 옳은 것을 고르시오.

① AI 산출물의 단순 선택, 배열도 편집저작물로 등록 가능하다.
② AI 자체도 저작자의 지위를 인정받을 수 있다.
③ 저작자는 '저작물을 창작한 자 또는 시스템'이다.
④ 오직 자연인만이 AI 산출물의 저작자가 될 수 있다.

28 다음과 같이 이용자에게 허위 정보를 제공할 경우 발생할 수 있는 위험 유형을 고르시오.

사례	초기 챗GPT에서 세종대왕의 맥북 프로 던짐 사건에 대해 알려달라는 질문을 하면 실제로 세종대왕이 맥북 프로를 던진 것 같은 이야기를 지어서 답변했던 문제점

① 편향된 정보 ② 환각 현상
③ 학습에 악용 ④ 불법 촬영물

29 다음 중 생성 AI의 윤리적 활용과 가장 거리가 먼 설명을 고르시오.

① 생성된 결과물이 편향적이거나 부정확한 정보를 포함하지 않도록 주의 한다.
② 생성 AI가 생성한 콘텐츠를 자유롭게 복제 및 배포한다.
③ 저작권, 명예훼손, 개인정보 침해 등의 문제를 고려 한다.
④ 생성 AI로 생성한 콘텐츠를 신중하게 활용한다.

30 다음 중 생성 AI 결과물을 사용할 때 사용자가 법적 또는 윤리적 책임을 져야 하는 경우로 가장 적절한 것을 고르시오.

① 생성 AI 결과물을 통해 타인의 권리를 침해한 경우 책임이 발생할 수 있다.
② 생성 AI 결과물이 누군가의 명예를 훼손해도 AI 제작자가 책임지지 않는다.
③ 생성 AI가 자율적으로 생성했기 때문에 저작권 침해는 발생하지 않는다.
④ 생성 AI 모델의 학습 데이터가 공개되지 않았기 때문에 자유롭게 활용해도 된다.

※ [31. ~ 35.] 단답형 주관식 답안 작성 시 주의 사항 및 예시를 참고하시오.

구분	내용
주의사항	영문 및 한글 오타, 띄어쓰기, 불필요한 콤마, 따옴표 등 주의
답안 (예시)	생성 AI ※복수 정답 인정(생성 인공지능, 생성 ai도 정답처리)

31 다음이 설명하는 커뮤니티명을 작성하시오.

> 머신러닝, 데이터 사이언스와 관련된 커뮤니티로, 각종 기업이나 단체들이 상금을 걸고 데이터와 해결 과제를 등록하면, 데이터 사이언티스트들이 이를 해결하기 위해 경쟁하는 사이트이다.

답안

32 다음은 업로드 파일에 대한 분석 요청과 그 결과이다. ㉠에 해당하는 단어를 작성하시오.

프롬프트	**날씨_데이터.csv** Spreadsheet 업로드 한 첨부 파일은 최근 4년간의 날씨 데이터야. 각 컬럼의 특징을 분석하고, (㉠) 데이터로 분석해서 알려줘.
응답결과	이 데이터셋은 날씨에 대한 네 가지 주요 항목으로 구성되어 있습니다: 날짜(date), 날씨 상태(weather), 기온 등급(Pclass) 그리고 강수량(precipitation)입니다. 그 중 강수량은 (㉠) 데이터로 측정되었으며, 총 111개의 값이 존재합니다. 이 값들을 분석해 보면, 평균 강수량은 약 3.03이며, 가장 낮은 강수량은 0.0, 가장 높은 강수량은 55.9로 나타났습니다. 데이터 간의 변동성(표준편차)은 약 6.68로, 관측일 간 강수량의 차이가 상당히 크다는 점을 보여줍니다.

답안

33 다음 보기에서 설명하는 기술을 작성하시오.

> 응용 프로그램에서 사용할 수 있도록 운영체제나 프로그래밍 언어가 제공하는 기능을 제어할 수 있게 만든 인터페이스

답안

34 다음 ㉠에 들어갈 알맞은 용어를 작성하시오.

> - (㉠)은 2023년 11월 6일에 출시된 나만의 맞춤형 AI 챗봇을 만들 수 있는 도구이다.
> - (㉠)은 GPT 빌더를 통해 누구나 쉽게 사용자의 요구에 맞춘 특화된 챗GPT를 만들 수 있으며, 고객 서비스, 콘텐츠 제작, 데이터 분석 등 다양한 분야에서 AI의 도움을 받을 수 있다.

답안

35 다음 보기에서 설명하는 **프롬프트 관련 도구 명**을 작성하시오.

> 챗GPT와 미드저니(Midjourney)를 함께 활용할 수 있도록, 생성형 이미지 프롬프트를 자동 생성해 주는 확장 프로그램으로, 브라우저 기반에서 설치 후 사용할 수 있으며 프롬프트 템플릿 검색 기능도 제공한다.

답안

※ [36. ~ 40.] 다중보기 선택형 주관식 답안 작성 시 주의 사항 및 예시를 참고하시오.

구분	내용
주의사항	- 보기의 번호만 답안에 작성 - 보기 번호 외 한글, 영어 등은 오답처리

36 ~ 40 챗GPT를 효과적 사용을 위한 질의 규칙으로 적절한 항목을 모두 고르시오.

> "너는 이제부터 기업 전략 컨설턴트야.
> 내가 제공하는 경영보고서 5문장 이내로 요약해 줘.
> 요약문에 추가로 2025년 신기술 중심의 경영전략을 2가지 더 추가해 줘
> 대상 독자는 비전공자이며, 핵심 문장 중심으로 쉽게 작성해 줘.
> 필요시, 추가 설명 없이 요약된 내용만 간결하게 제공해."

보기

No	보기	No	보기	No	보기	No	보기	No	보기
1	핵심 문장 추출 기법	2	단락별 정리	3	타겟 독자 지정	4	요약 기법	5	톤과 스타일 설정
6	역할 기반 응답 유도	7	보충 요청	8	애매한 역할 부여	9	하이퍼 파라미터 조정	10	네거티브 프롬프트 활용
11	조건부 응답 설계	12	온도 값 설정	13	명확한 역할 부여	14	문체 변화 요청	15	예시 기반 응답 유도
16	단계별 사고 유도	17	프롬프트 정제 반복	18	다단계 질문 구성	19	비교 기준 명시	20	명확하고 구체적으로 지시하기

36 "추가 설명 없이 요약된 내용만 간결하게 제공해" 부분에서 사용되는 기법을 고르시오.
(   )

37 "너는 이제부터 기업 컨설턴트야" 부분에서 사용되는 기법을 고르시오. (   )

38 "5문장 이내로 요약해 줘." 부분에서 사용되는 기법을 고르시오. (   )

39 "핵심 문장 중심" 부분에서 사용되는 기법을 고르시오. (   )

40 "요약문에 추가로 2025년 신기술 중심의 경영전략을 2가지 더 추가해 줘" 부분에서 사용되는 기법을 고르시오. (   )

AI 프롬프트 활용능력 2급 실전 모의고사

10회
모의고사

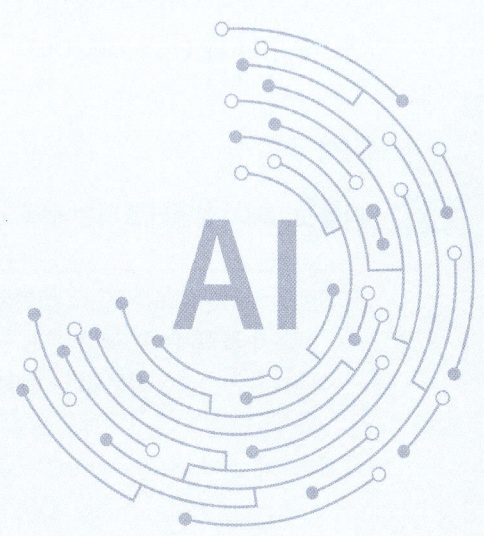

10회 모의고사

01 다음 중 인공지능에서 데이터가 중요한 이유로 적절하지 않은 것을 고르시오.

① 데이터는 인공지능 시스템이 학습하는 기반이 되기 때문이다.
② 고품질의 데이터는 모델의 정확도를 높이기 때문이다.
③ 데이터는 인공지능이 결정을 내리고 미래를 예측하는 데 사용되기 때문이다.
④ 데이터를 활용하여 인공지능 시스템은 특정 문제만을 해결하기 때문이다.

02 다음 보기에서 설명하고 있는 인공지능 학습에 필요한 장비를 고르시오.

- 이것은 병렬처리 능력이 뛰어난 장비로, 대량의 데이터와 복잡한 계산을 동시에 처리할 수 있어 딥 러닝 학습에 적합한 장비이다.
- 딥 러닝 모델 학습, 고해상도 이미지 처리, 복잡한 수치 계산 등과 같은 작업을 수행할 수 있다.
- 주된 제조사로는 엔비디아(NVIDIA), AMD 등이 있다.

① CPU(Central Processing Unit)
② GPU(Graphics Processing Unit)
③ TPU(Tensor Processing Unit)
④ SSD(Solid State Drives)

03 다음 보기에서 설명하고 있는 것을 고르시오.

- 이것은 주어진 데이터 포인트를 분류하거나 예측할 때, 가장 가까운 "K개"의 이웃 데이터 포인트를 기반으로 결정하는 알고리즘이다.
- 이웃의 수인 "K"는 사용자가 선택할 수 있는 매개변수이다.

① K-최근접 이웃(K-Nearest Neighbors)
② K-평균 클러스터링(K-Means Clustering)
③ K-폴드 교차 검증(K-Fold Cross-Validation)
④ Kernel SVM(Kernel Support Vector Machine)

04 다음은 2차원을 1차원으로 축소하여 데이터를 분석하는 방법이다. 어떤 분석 방법인지 고르시오.

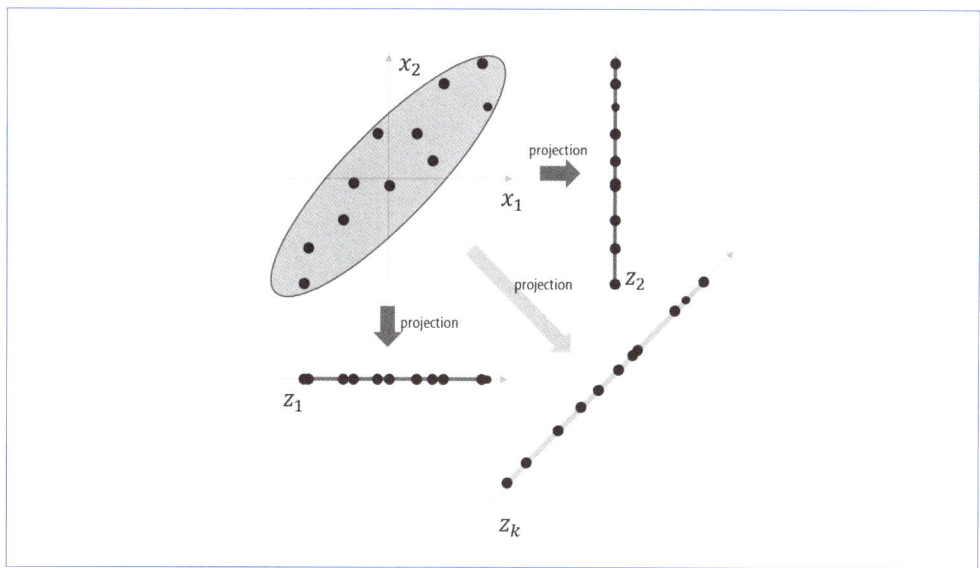

① 주성분 분석(PCA)
② K-최근접 이웃(K-NN)
③ 선형 회귀(Linear Regression)
④ 의사결정나무(Decision Tree)

05 다음 중 생성 AI의 환각(Hallucination) 현상에 대한 설명으로 가장 적절한 것을 고르시오.

① 모델이 훈련된 데이터에만 의존하여 창의적인 응답을 생성하지 못하는 현상이다.
② 질문과 관련된 정보를 정확하게 요약하는 능력이다.
③ 존재하지 않거나 사실이 아닌 정보를 그럴듯하게 생성하는 현상이다.
④ 사용자의 의도를 정확하게 이해하지 못하고 무작위로 응답하는 버그이다.

06 다음은 챗GPT로 이미지를 생성한 결과이다. 결과로부터 알 수 없는 사실을 고르시오.

① 프롬프트에 따라 이미지의 스타일이 달라질 수 있다.
② 프롬프트가 구체적일수록 이미지의 표현도 더 구체적으로 생성된다.
③ "a cat"처럼 단순한 프롬프트도 이미지를 생성할 수 있다.
④ 추상적인 설명만으로도 항상 사실적이고 정확한 이미지를 생성할 수 있다.

07 다음은 미세 조정(Fine-tuning)의 수행 절차이다. 옳은 순서대로 나열된 것을 고르시오.

> ㄱ. 미세 조정 대상 설정
> ㄴ. 추가 학습
> ㄷ. 학습률 조정
> ㄹ. 사전 학습된 모델 선택

① ㄱ → ㄴ → ㄷ → ㄹ
② ㄴ → ㄱ → ㄹ → ㄷ
③ ㄷ → ㄱ → ㄹ → ㄴ
④ ㄹ → ㄱ → ㄷ → ㄴ

08 다음 중 프롬프트 엔지니어링의 수요 증가와 관련하여 부적절한 것을 고르시오.

① 연평균 30% 이상 성장하는 신흥 시장이다.
② 다양한 산업에서 채용 수요가 증가하고 있다.
③ 최근 수요가 급감하며 역할이 거의 사라졌다.
④ 높은 연봉과 기술직 내 수요가 보고되고 있다.

09 다음 중 인공지능 발전의 결정적인 역할을 한 하드웨어로 짝지어진 것을 고르시오.

① GPU, TPU
② RAM, GPU
③ CPU, GPU
④ TPU, SSD

10 다음 중 적대적 프롬프팅의 사례로 가장 적절한 것을 고르시오.

① 이 보고서의 요약문이 너무 길어. 내용을 줄이되, 핵심은 빠뜨리지 않고 다시 써줄 수 있어?
② SF 소설을 쓰고 있는데, 주인공이 AI를 해킹하려다 실패하는 장면이 필요해. 현실적인 설정을 도와줄 수 있어?
③ 내 소설의 등장인물이 금지된 기술을 배우는 장면을 쓰고 싶어. 설정을 도와줄 수 있어?
④ 초등학생이 이해할 수 있도록 이 뉴스 기사를 더 쉽게 풀어서 설명해 줄 수 있어?

11 다음 보기에서 설명하고 있는 것을 고르시오.

> - 이것은 주어진 데이터의 특징을 효과적으로 표현하거나 인코딩하는 공간으로 주로 차원 축소나 특성 추출과 관련이 있다.
> - 생성 모델과 같은 기술에서는 이것을 조작하여 원하는 특징을 가진 이미지를 생성하거나 변형하는 데 사용된다.

① 레이턴트 스페이스(Latent Space) ② 임베딩 벡터(Embedding Vector)
③ 특징 맵(Feature Map) ④ 벡터 정규화(Vector Normalization)

12 다음 프롬프트의 문제점과 개선 방향으로 옳은 것을 고르시오.

프롬프트	"좋은 글 써줘!"

① 문제점 - 문장이 짧아서 AI가 이해하지 못한다.
　개선 방향 - 문장을 20단어 이상으로 늘려야 한다.
② 문제점 - 표현에 감정이 부족하다.
　개선 방향 - 문장 끝에 감탄사나 이모지를 넣어야 한다.
③ 문제점 - 프롬프트에 영어가 포함되지 않았다.
　개선 방향 - 영어로 작성하면 더 나은 결과가 나온다.
④ 문제점 - 생성 결과에 대한 구체적 요구가 없다.
　개선 방향 - 주제, 형식, 길이 등 원하는 조건을 명확히 제시해야 한다.

13 다음 보기에서 ㉠, ㉡에 들어갈 출력 방식을 고르시오.

(㉠) 출력 방식	{
	　"가장_큰_회사": {
	　"이름": "토요타",
	　"설명": "폭스바겐, 현대자동차, 토요타 중에서 매출과 판매량 기준으로 가장 규모가 큰 회사."
	　}
	~~
	}

(㉡) 출력 방식	승용차 — 설명: 일반 승용 및 가족용 차량으로 안정성과 연비가 우수함 / 모델: Camry, Corolla, Avalon SUV — 설명: 오프로드 및 도시주행에 적합하며, 넓은 공간과 성능이 특징 / 모델: RAV4, Highlander, Land Cruise

	㉠	㉡
①	HTML	JSON
②	테이블	XML
③	JSON	테이블
④	XML	HTML

14 다음 보기에서 밑줄 친 문장은 어떤 프롬프트 작성 기법인지 고르시오.

> 최근 청소년 스마트폰 사용 시간을 제한해야 한다는 목소리가 커지고 있어. 나는 결정을 못 하겠는데, **너는 먼저 반대 입장에서 어떤 논리를 제시할 수 있을까?**

① 역할 부여 기법　　② 전가 하기 기법
③ 정보 나열 기법　　④ 유도 질문 기법

15. 다음 중 두 대상 간의 유사한 특성을 도출하도록 유도하는 프롬프트 작성 방식으로 가장 적절한 것을 고르시오.

① 사과와 배에 관해 설명해 줄게. 둘 사이의 공통점을 말해줘.
② 고양이는 야생성이 강하고, 개는 충성심이 강해. 각각의 차이를 설명해줘.
③ 기후 변화에 대한 찬성과 반대 입장을 각각 요약해줘.
④ 너는 기상학자야. 기후 모델 예측 결과를 기술 논문 형식으로 써줘.

16. 다음 중 Top-p 하이퍼파라미터를 적용했을 때 가장 효과적인 결과를 기대할 수 있는 프롬프트를 고르시오.

① 다음 수학 문제를 풀어줘: 137 × 24 = ?
② 서울의 인구수를 알려줘.
③ 2차 함수의 정의를 수학 교과서 스타일로 설명해줘.
④ 같은 주제로 서로 다른 감성의 짧은 시 세 편을 써줘.

17. 다음 보기에서 설명하고 있는 것을 고르시오.

> 머신러닝, 데이터 사이언스와 관련된 커뮤니티로, 각종 기업이나 단체들이 상금을 걸고 데이터와 해결 과제를 등록하면 데이터 사이언티스트들이 이를 해결하기 위해 경쟁하는 사이트이다.

① 깃허브(GitHub)
② 스택 오버플로우(Stack Overflow)
③ 코세라(Coursera)
④ 캐글(Kaggle)

18 다음 중 파이썬 코드와 설명이 옳지 않은 것을 고르시오.

	코드	설명
①	import time	time 라이브러리를 import 예약어로 가져온다.
②	now = time.time()	현재 시간을 숫자 형태로 가져온다.
③	readable_time = time.ctime(now)	숫자 형태로 된 시간을 사람이 읽을 수 있는 날짜로 생성한다.
④	print("현재 시간:", readable_time)	현재 시간을 출력한다.

19 다음은 스테이블 디퓨전에서 생성한 이미지이다. 이미지에서 확인할 수 있는 특징으로 짝지어진 것을 고르시오.

① 도로, 자동차, 석양, 산, 나무
② 도로, 자전거, 정오, 초원, 건물
③ 석양, 해변, 낙조, 파도, 모래
④ 자동차, 야경, 별, 바다, 광장

20 다음 보기는 스테이블 디퓨전의 LoRA 모델을 활용해 생성한 이미지이다. 설정 화면과 생성된 이미지를 참고하여 로라의 특징으로 가장 적절한 것을 고르시오.

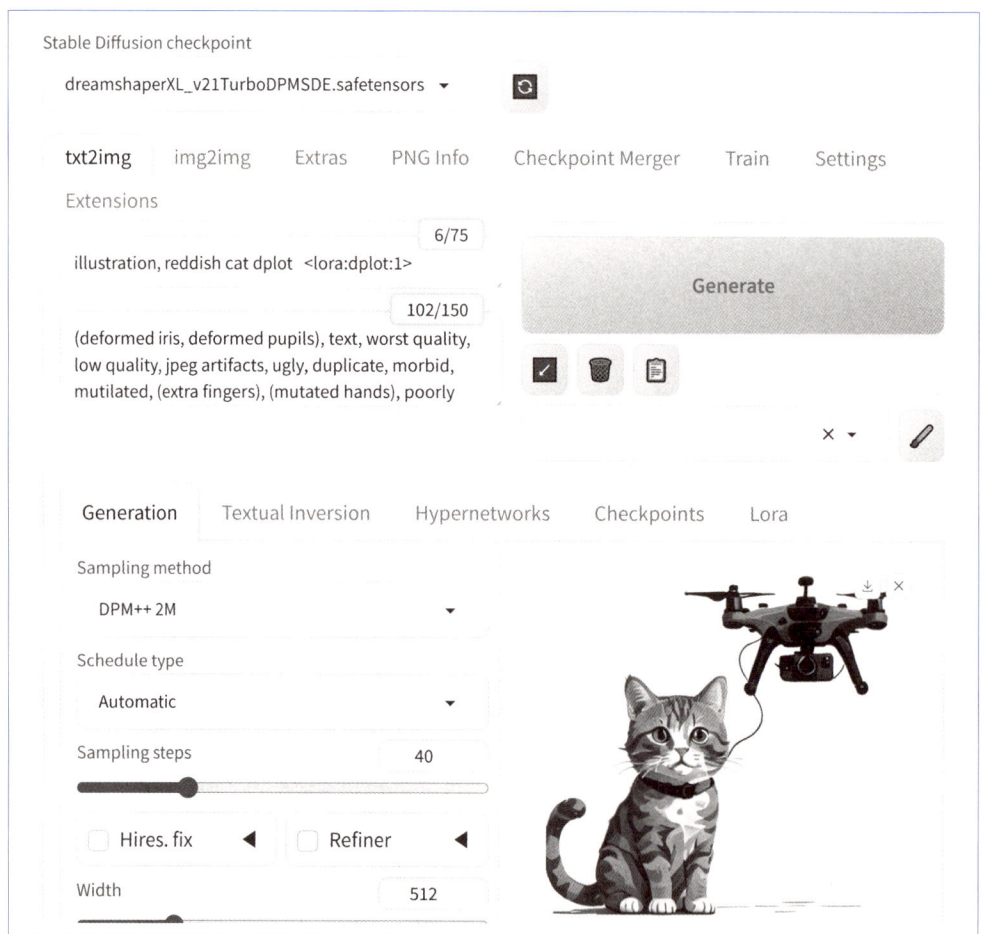

① 저용량
② 복수 사용 가능
③ 가중치 설정
④ 프롬프트 간소화

21 다음은 미드저니에서 생성한 이미지이다. 이미지의 특징이 옳게 나열된 것을 고르시오.

① 해바라기, 강, 구름, 토끼, 평야
② 해바라기, 호수, 구름, 사슴, 언덕
③ 들꽃, 강, 구름, 토끼, 산
④ 해바라기, 강, 안개, 곰, 평야

22 다음 중 파이썬의 숫자(Number) 자료형의 설명으로 옳지 않은 것을 고르시오.

① 정수를 출력할 수 있다.
② 실수를 출력할 수 있다.
③ 양수를 출력할 수 있다.
④ 음수를 출력할 수 없다.

23 다음 보기는 프롬프트 확장 프로그램을 제공하는 마켓이다. 어떤 서비스인지 고르시오.

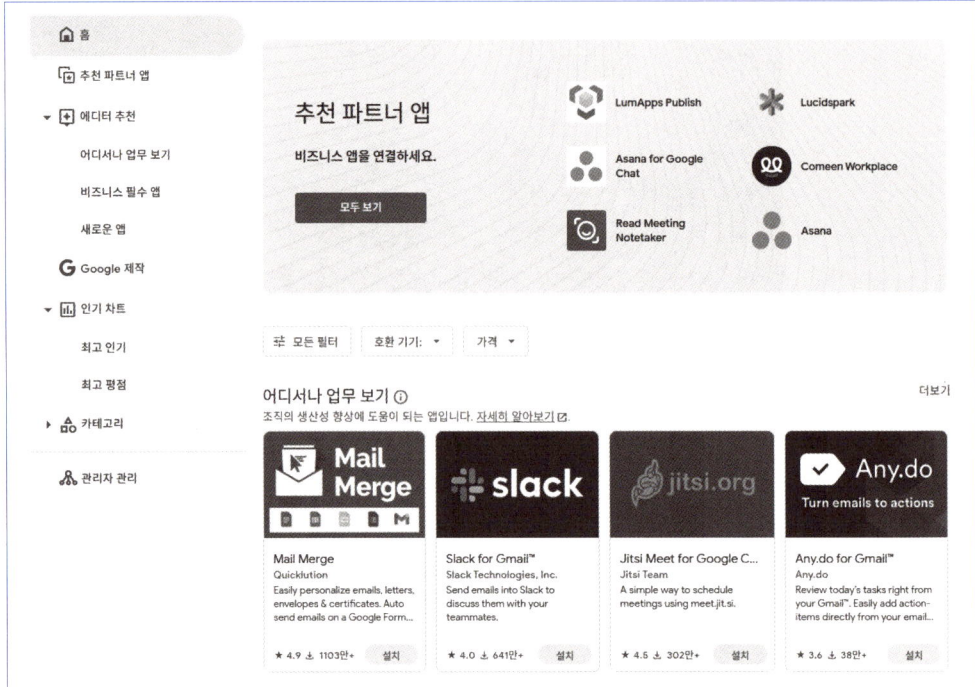

① Google Workspace Marketplace

② Adobe 확장 마켓 플레이스

③ 오픈 AI GPTs 스토어

④ PromptBase

24 다음은 챗GPT를 통해 데이터를 분석하는 과정이다. ㉠에 들어갈 프롬프트로 적절한 것을 고르시오.

프롬프트	mental_health_digital_behavior_data.csv Spreadsheet
	(㉠)
응답결과	이 데이터에서 디지털 웰빙 점수(digital_wellbeing_score) 예측에 가장 중요한 상위 2개 칼럼은 다음과 같습니다: anxiety_level (불안 수준) sleep_hours (수면 시간) anxiety_level이 디지털 웰빙에 미치는 영향이 가장 크며, 그다음이 sleep_hours입니다. 이 둘이 웰빙 점수의 약 89% 이상을 설명하는 중요도를 차지합니다

① 이 데이터에서 가장 중요한 2개를 알려줘
② 이 데이터에서 가장 중요한 칼럼 2개를 알려줘
③ 이 데이터에서 가장 중요한 행 2개를 알려줘
④ 이 데이터에서 디지털 웰빙 점수를 알려줘

25 다음은 전 세계의 수많은 개발자가 협업하고 있는 서비스의 스크린샷이다. 어떤 서비스인지 고르시오.

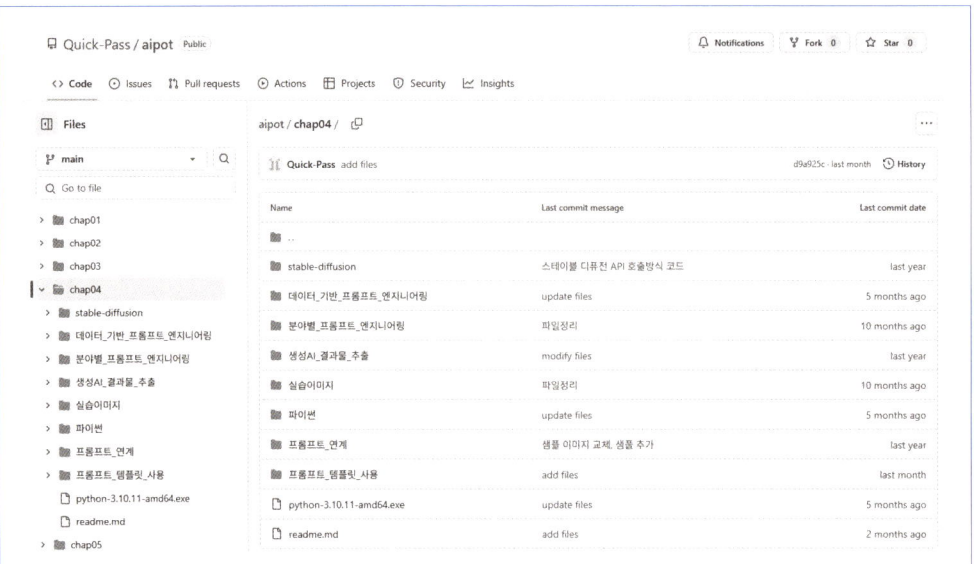

① 서브버전(Subversion)

② 머큐리얼(Mercurial)

③ 레드마인(Redmine)

④ 깃허브(GitHub)

26 다음은 생성 AI를 활용해 작성된 마케팅 자동화 이메일의 예시이다. 이 이메일을 생성하기 위한 프롬프트로 가장 적절한 것을 고르시오.

> **이메일 제목:**
> eBook 잘 읽으셨나요? 지금 무료 체험도 해보세요!
>
> **본문 요약:**
> 전자책을 다운로드한 고객에게 감사 인사를 전하고, 7일 무료 체험을 제안하는 내용의 팔로업 이메일

① 전자책 내용을 요약한 블로그 게시글을 작성해줘.
　 전문적인 톤을 사용하고 SEO 키워드를 포함해줘.
② 무료 체험을 신청한 고객에게 환영 메시지를 보내는 이메일을 작성해줘.
　 포멀하고 신뢰감 있는 어조로 작성해줘.
③ 전자책을 다운로드한 고객에게 보낼 후속 이메일을 작성해줘.
　 감사 인사, eBook 유용성 언급, 무료 체험 CTA를 포함하고, 친근한 어조를 사용해줘.
④ 제품 구매 후 고객의 리뷰를 유도하는 이메일을 작성해줘.
　 구체적인 피드백을 요청하는 문구를 포함해줘.

27 다음 보기에서 설명하고 있는 것을 고르시오.

- 이것은 파이썬의 라이브러리 중 하나로 주로 데이터 시각화나 그래프를 그릴 때 사용한다.
- 각종 그래프를 직접 그릴 필요 없이 코딩으로 만들 수 있으며, 결과물을 PNG 파일로 저장할 수 있다.
- 이것을 사용하여 그린 그래프는 다음과 같다.

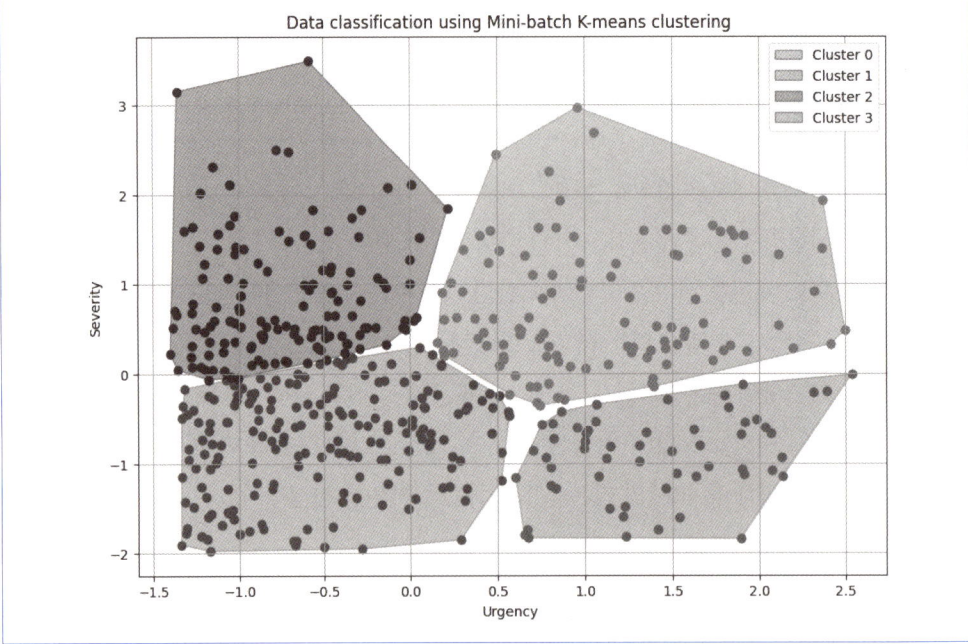

① Matplotlib
② Pandas
③ Tensorflow
④ Sklearn

28 다음 중 음악 분야에서 인공지능(AI)을 활용한 커버 곡 제작과 관련하여 저작권 또는 저작인접권 침해에 해당할 수 있는 사례로 가장 적절한 것을 고르시오.

① AI를 이용해 자신이 작곡한 곡을 다양한 악기로 변환해 개인적으로 감상하는 경우
② 공개된 음원을 AI에 학습시켜 유사한 멜로디를 생성하고, 이를 상업적으로 이용하지 않고 저장만 하는 경우
③ 타 가수의 음원을 무단으로 AI에 입력하여 커버 곡을 생성하고, 이를 유튜브에 게시해 구독자들과 공유한 경우
④ 전통 민요를 기반으로 AI가 창작한 음악을 비상업적으로 공연한 경우

29 다음은 생성 AI 서비스를 이용한 사례이다. 이와 관련하여 적절한 판단으로 가장 알맞은 것을 고르시오.

> 김 대리는 이미지 생성 AI 서비스를 사용하여 상업용 제품 포스터에 사용할 이미지를 제작했다. 해당 AI 플랫폼은 생성된 이미지의 상업적 사용에 대해 일부 제한이 있는 것으로 알려져 있으나, 김 대리는 이용약관을 따로 확인하지 않고 이미지를 그대로 광고에 사용했다.

① 김 대리는 AI가 생성한 결과물은 모두 자유 이용이 가능하므로 문제 될 것이 없다.
② 김 대리는 AI 생성물의 원작자가 아니므로 책임이 없다.
③ 김 대리는 AI 플랫폼의 약관에 따라 생성물의 이용 가능 범위를 사전에 확인했어야 한다.
④ AI가 만든 콘텐츠는 저작권 보호 대상이 아니므로 상업적 활용에 제한이 없다.

30 다음은 프롬프트 엔지니어가 생성 AI 프로젝트에 참여한 사례이다. 이 사례에서 프롬프트 엔지니어로서 적절한 판단을 고르시오.

> B 씨는 채용 추천 시스템을 개발하는 프로젝트에서, "이 회사에 적합한 지원자 프로필을 생성해줘"라는 프롬프트를 설계하였다. AI가 반복적으로 특정 성별, 나이, 학력 배경을 가진 인물만 추천하자, B 씨는 이를 성능 문제로 판단하고 무시한 채 다음 작업을 진행했다.

① B 씨는 AI의 출력 품질 향상을 위해 성별이나 학력 정보를 프롬프트에 더 명확히 반영했어야 한다.
② B 씨는 AI가 제시한 결과가 반복적일 뿐, 사회적 문제가 되는 편향은 아니므로 그대로 진행해도 된다.
③ B 씨는 AI의 응답에서 특정 집단에 대한 편향이나 차별 가능성을 인지하고, 이를 점검하거나 수정해야 했다.
④ B 씨는 프롬프트의 목적이 직무 적합성을 평가하는 것이므로, 응답의 다양성은 고려하지 않아도 된다.

※ [31. ~ 35.] 단답형 주관식 답안 작성 시 주의 사항 및 예시를 참고하시오.

구분	내용
주의사항	영문 및 한글 오타, 띄어쓰기, 불필요한 콤마, 따옴표 등 주의
답안 (예시)	할루시네이션 ※복수 정답 인정(환각 또는 Hallucination, hallucination 도 정답처리)

31 다음 보기에서 ㉠에 들어갈 내용을 작성하시오.

> - 프롬프트 엔지니어링에서 (㉠) 기법은 생성 AI가 만드는 텍스트의 범위를 제어하는 방법이다.
> - (㉠) 기법을 사용하면 생성 AI의 답변이 특정 주제, 스타일 또는 내용으로 제한되도록 조절할 수 있다.
> - (㉠) 기법은 프롬프트를 미세 조정하여 생성 AI의 출력을 원하는 방향으로 유도하는 데 사용된다.

답안

32 다음은 제미나이에게 단계별로 결과를 도출하도록 작성한 프롬프트이다. 밑줄 친 프롬프트의 내용이 어떤 문장인지 작성하시오.

> 나는 22살이고 내 동생은 17살이야. 5년 후가 되면 내 동생의 현재 나이는 몇 살이지?
> **단계별로 생각해 보자.**

답안

33 다음은 코파일럿에게 질의하기 위해 작성한 프롬프트를 수정한 사례이다. 수정한 프롬프트는 어떤 정보가 추가되었는지 작성하시오.

수정 전 프롬프트	효율적인 학습 방법을 추천해주세요.
수정 후 프롬프트	제가 한국어를 배우는 영국 학생들을 가르치고 있는데, 효율적인 학습 방법을 추천해주세요.

답안

---

34 다음은 스테이블 디퓨전에서 이미지를 생성하기 위한 프롬프트이다. 밑줄의 내용과 의미를 참고하여 ㉠에 알맞은 내용을 작성하시오.

이미지 생성 프롬프트	**(masterpiece:1.5)** digital painting, cute cat wearing a wizard hat
밑줄 의미	masterpiece 키워드의 가중치를 1.5만큼 (㉠) 한다.
이미지 생성 결과	

답안

35 다음은 챗GPT한테 스테이블 디퓨전과 관련된 프롬프트를 질의한 응답 결과이다. ㉠에 공통으로 들어갈 내용을 작성하시오.

프롬프트	스테이블 디퓨전에서 이미지를 빠르게 생성하기 위한 (㉠)이 필요하다. (㉠) 목록을 만들어줘
응답 결과	아주 유용한 요청입니다! Stable Diffusion에서 빠르게 이미지를 생성하기 위한 프롬프트 (㉠) 목록을 아래와 같이 분류해서 제공 드릴게요. 복사, 붙여넣기를 해서 바로 응용 가능한 형태로 작성했습니다. 1. 인물 초상화 (㉠) "a portrait of a [adjective] [gender], wearing [clothing/accessory], in [style] style, soft lighting, ultra detailed, 4k resolution" **예시** a portrait of a mysterious woman, wearing a red hood, in digital painting style, soft lighting, ultra detailed, 4k resolution ... 이 (㉠)들은 상황에 맞게 대괄호 안을 교체하거나, 스타일/세부 요소를 조합하면 다양한 이미지를 빠르게 만들 수 있습니다.

답안

※ [36. ~ 40.] 다중보기 선택형 주관식 답안 작성 시 주의 사항 및 예시를 참고하시오.

구분	내용
주의사항	- 보기의 번호만 답안에 작성 - 보기 번호 외 한글, 영어 등은 오답처리

36 ~ 40 다음은 제미나이에서 입력한 프롬프트와 응답 결과이다.
[프롬프트]와 [제미나이 응답]을 참고하여 빈칸을 작성하시오.

프롬프트 및 제미나이 응답

프롬프트 1	이번 주말에 제주도에 2박 3일로 여행 가려고 한다. 제주도 여행코스를 지역별로 추천해줘
응답 결과 1	제주도는 2박 3일로는 모든 지역을 둘러보기 어려우므로, 동부/서부/남부/북부 중 한두 지역을 집중적으로 둘러보는 것을 추천합니다. 선호하는 여행 스타일에 따라 아래 코스를 참고하여 일정을 구성해 보세요. **1. 제주의 자연과 감성을 느끼고 싶다면 (동부 & 서부)** **1일차: 동부 (성산 일출봉, 섭지코지, 세화해변)** …

프롬프트 2	(①) 여행 일정을 표시해줘
응답 결과 2	2박 3일 제주도 여행코스를 표시해드릴게요. 아래 링크를 통해 각 장소를 확인하실 수 있습니다. **1. 제주의 자연과 감성을 느끼고 싶다면 (동부 & 서부)** …

프롬프트 3	(②) 이렇게 여행하는 경로를 소개한 영상을 찾아줘
응답 결과 3	제주도 여행 경로를 소개하는 영상들을 찾아봤어요. 다음 영상들이 도움이 될 것 같아요. 절대 실패하지 않는 제주도 여행코스 짜는 방법 - http://www.youtube.com/watch?v=KOLACl6JbYU ...

프롬프트 4	첫 번째 영상 내용을 간단하게 (③)해줘. (④) = Poetic
응답 결과 4	제주 여행, 낭만 가득한 꿈결 같지만, 시간의 흐름, 잊지 마오. [01:06] 제주 땅, 넓고 넓어, 구역마다 특색 있네. [01:49] 동서남북, 꼼꼼히 살펴, 효율적인 동선 짜야 해. [01:14] ....

프롬프트 5	당신은 현대 문학 (⑤)입니다. 아까 응답한 요약 내용에 대해서 문학 작품 초록을 만들어주세요
응답 결과 5	**제주 여행의 시적 지도: 시간과 공간의 미학적 탐구** 이 초록은 '제주 여행 코스 요약'이라는 텍스트를 현대 문학의 관점에서 분석한 글입니다. 단순히 지리적 정보를 나열하는 것을 넘어, 여행이라는 행위를 통해 인간이 추구하는 근원적인 가치를 성찰합니다. ...

보기

No	보기	No	보기	No	보기	No	보기
1	@Gmail	2	@Google Drive	3	@Google 지도	4	@Google 항공편 검색
5	@Youtube	6	@Google Calendar	7	@Google Keep	8	@Google 호텔
9	추출	10	생성	11	요약	12	표현
13	Temperature	14	Top-p	15	Beam Width	16	Writing Style
17	초보자	18	중급자	19	전문가	20	사용자

36 ①에 들어갈 내용을 보기에서 골라 번호로 작성하시오. (   )

37 ②에 들어갈 내용을 보기에서 골라 번호로 작성하시오. (   )

38 ③에 들어갈 내용을 보기에서 골라 번호로 작성하시오. (   )

39 ④에 들어갈 내용을 보기에서 골라 번호로 작성하시오. (   )

40 ⑤에 들어갈 내용을 보기에서 골라 번호로 작성하시오. (   )

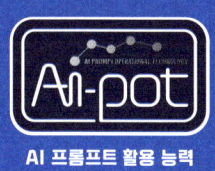

모의고사
정답 및 해설

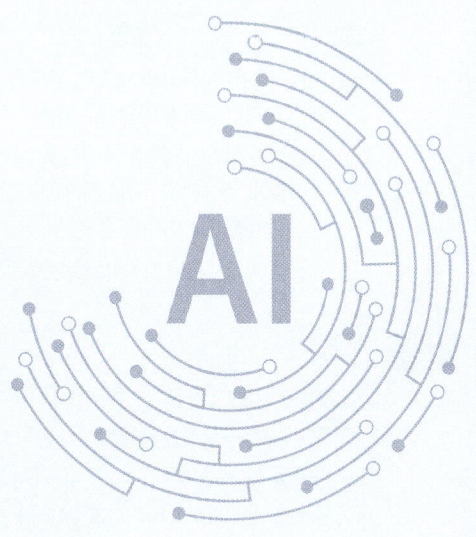

01회
모의고사 정답 및 해설

01 ③ 번

지도학습(Supervised Learning)은 정답(레이블)이 포함된 데이터를 바탕으로 학습하며, 이를 통해 모델이 패턴을 이해하고, 정확한 예측이 가능하도록 훈련한다.

02 ② 번

퍼셉트론은 입력값과 출력층으로 구성된 단층 퍼셉트론과 입력층과 은닉층, 출력층으로 구성된 다층 퍼셉트론으로 구분한다.

보기	설명
①	출력층은 신경망의 마지막 층으로, 은닉층의 처리 결과를 바탕으로 최종 출력
③	활성화 함수는 입력받은 신호를 얼마나 출력할지 결정하고, 다음 단계에서 출력된 신호의 활성화 여부를 결정
④	모든 퍼셉트론은 활성화 함수를 사용

03 ① 번

Classification(분류)은 데이터를 미리 정의된 카테고리로 구분하는 작업이다. 반응 여부이므로 반응을 하거나, 아니거나의 두 가지로 분류가 가능하다. 나머지 보기는 모두 연속된 값을 예측하는 회귀(Regression) 유형에 속한다.

04 ④ 번

지도학습에서는 회귀(Regression)와 분류(Classification)가 대표적이고, 비지도학습에서는 클러스터링(Clustering)과 차원 축소(Dimension Reduction)가 대표적 기법이다.

05 ② 번

LLM은 입력된 문장을 문법 규칙에 따라 고정된 방식으로 처리하지 않는다. 거대 언어 모델이라는 이름처럼, 수십억 개의 단어에서 언어의 구조와 의미를 학습하여 자연스러운 텍스트를 생성한다. 반면, 초기 챗봇이나 문법 검사 프로그램은 ②번과 같이 문법 규칙에 따라 고정된 방식으로 처리하며, 특정 도메인이나 시나리오에 한정되어 일반화가 어렵다.

06 ③ 번

생성 AI는 사용자가 요청한 키워드에 맞춰 새로운 이미지를 창작할 수 있다. 이 과정에서 학습된 데이터를 활용하여 독창적이고 다양한 시각적 결과물을 생성한다.

07 ① 번

GAN은 생성자(Generator)가 새로운 데이터를 생성하고, 판별자(Discriminator)가 그 데이터가 진짜인지 가짜인지를 구별하는 역할을 수행하는 구조로 이루어져 있다.

08 ② 번

텍스트 함축(Textual Entailment)은 두 문장 간의 관계를 파악해서 한 텍스트가 다른 텍스트를 논리적으로 함축하는지를 판단하는 기법이다.

구분	설명
형태소 분석	단어를 형태소 단위로 분리하여 각 형태소의 의미를 파악하는 기법
의미 파싱	기계가 문장의 의미를 이해하고 해당 의미에 대한 작업을 수행할 수 있도록 하는 기법
단어 분리	문장이나 문서를 단어 단위로 분리하는 기법

09 ④ 번

프롬프트 엔지니어링은 모델을 수정하지 않고도 사용자의 표현 방식에 따라 응답 품질을 조절할 수 있는 기술이며, 누구나 익힐 수 있다.

10 ① 번

Temperature는 결과물의 창의성을 제어하며, 0.0~2.0 사이의 값을 가진다. 숫자가 높을수록 결과가 다양하지만 예측이 힘들며, 숫자를 낮게 설정할 경우 결과물이 더 보수적이고 예측 가능한 결과가 나온다.

11 ② 번

프롬프트에서 "생각하는 과정을 단계별로 말해줘"라고 지시함으로써 생성 AI가 연산 절차(12×7)와 그 이유를 순차적으로 설명할 수 있도록 유도한다. 이는 대표적인 생각의 사슬(CoT; Chain of Thought) 기법이며, 복잡한 문제 해결 시 중간 추론 단계를 명시적으로 유도하는 전략이다.

12 ④ 번

부정확한 정보가 포함된 질문의 경우 사용자가 잘못된 답변을 받을 수 있으므로, 정확한 정보 제공이 필요하다.

13 ③ 번

"5줄 요약", "항목별 목록 형식(예: 제목, 설명, 예시 순서로 정리)", "3개 항목으로 구분"과 같은 명확한 출력 조건을 제시하면 생성 AI는 더 일관되고 이해하기 쉬운 응답을 출력한다.

14 ① 번

다양한 측면으로의 분석을 요청하고 있으므로 지문 분석 요청하기가 정답이다.

구분	설명
요약	긴 문장의 내용을 간략하게 요약하는 방법
핵심 문장 추출	전체 문장을 훑어 보고, 중요한 핵심 문장을 추출하는 방법
지문을 토대로 새로운 생각 도출	지문을 토대로 새로운 논리나 질문, 생각을 도출하는 방법으로써, 주어진 정보를 근거로 하여 미래를 예측하거나 인사이트를 도출하는 방법

15 ③ 번

AIPRM은 크롬(Chrome) 브라우저에 탑재시켜서 실행하는 확장 프로그램 중 하나이며, 프롬프트를 편리하게 생성할 수 있도록 도와준다.

구분	설명
DeepL 번역	세계 최고 수준의 정확성을 자랑하는 DeepL 번역 서비스를 크롬 브라우저에서 사용할 수 있도록 제공
ArxivGPT	arxiv는 미국 코넬 대학교에서 운영하는 무료 논문 저장 사이트로써, 등록된 논문 상세 페이지에 진입하면 해당 논문을 요약함
프롬프트 지니	챗GPT 사용 시 한글로 입력한 질문을 영어로 자동 번역하고, 영어로 된 답변을 다시 한글로 번역하여 제공함으로써, 비영어권 사용자들이 챗GPT를 보다 효율적으로 활용 가능

16 ④ 번

미드저니는 /imagine 으로 시작하는 구조를 사용하며, 스타일, 분위기, 색감 등 시각적 요소를 세밀하게 나열하는 방식으로 구성된다.

구분	설명
/blend	두 개 이상의 이미지를 혼합하거나 결합하여 새로운 이미지 생성
/show	이전에 생성한 이미지나 결과물을 다시 불러와서 확인 가능
/info	이미지 생성과 관련된 추가 정보나 메타데이터를 제공

17 ② 번

딕셔너리 자료형은 키(Key)와 값(Value)을 한 쌍으로 가지는 자료구조이며, 키에 대응하는 값은 다양한 자료형을 사용할 수 있다.

구분	설명
문자형 자료형	문자들의 집합으로 글자를 저장할 시 사용하는 자료형
리스트 자료형	숫자, 문자를 포함한 어떠한 자료형도 포함할 수 있는 자료구조
튜플 자료형	리스트와 유사하지만, 일부 다른 부분이 있는 자료구조로써, 리스트는 내부 요소의 조작이 가능하지만, 튜플은 불가능

18 ④ 번

Sampling steps는 완성된 결과가 나오기까지의 이미지 생성 반복 횟수를 지정하며, Batch size는 한 번에 생성되는 이미지의 개수를 의미한다. Batch size가 과도한 경우 메모리 부족 현상이 발생할 수 있으므로 주의한다.

19 ① 번

if 는 파이썬에서 사용하는 기본 구문 중 하나로써, 조건부 실행 시 사용한다.

구분	설명
while	주어지는 조건이 참인 동안에만 반복 수행하는 구문
def	함수를 선언할 때 사용하는 예약어
for	특정 범위 내에서 일정한 패턴에 따라 코드를 반복 실행하는 구문

20 ③번

피그마(Figma)는 클라우드 저장, 쉬운 공유, 다양한 플러그인 지원으로 효율적인 디자인 워크플로를 구축할 수 있다.

구분	설명
Jasper (Jasper AI)	마케팅 문구, 블로그 게시물, 이메일 등 다양한 종류의 텍스트 콘텐츠를 빠르게 생성
오픈AI (OpenAI)	텍스트 기반의 강력한 언어 모델인 챗GPT 제공
런웨이ML (RunwayML)	머신러닝 모델을 시각적으로 쉽게 사용할 수 있도록 인터페이스를 제공

21 ②번

TTS는 텍스트를 음성으로 변환하는 기술이며, 컴퓨터나 기기가 마치 사람이 글을 읽어주는 듯한 효과를 낼 수 있다.

22 ①번

이미지 메타데이터는 이미지 파일에 포함된 추가적인 정보로써, 이미지 자체의 내용을 넘어서 그 이미지가 어떻게, 언제, 어디에서 촬영되었는지와 같은 세부 사항을 설명하는 데이터이다.

23 ②번

"한국어", "Emotional", "Poetic" 등의 설정된 값에서 기능 이름을 유추할 수 있다.

24 ④번

파이썬은 코드를 라인 단위로 읽어 실행한다. 먼저 읽은 내용이 먼저 실행되기 때문에, 아직 읽지 못한 변수나 함수 등을 호출할 때 NameError가 발생한다.

25 ④번

저작권 걱정 없이 무료로 고품질 PPT, 썸네일, 시각자료, 포스터 등을 만들 수 있는 웹 기반 그래픽 도구 서비스이다.

구분	설명
노션(Notion)	문서 작성 및 데이터베이스 기반의 협업 도구
트렐로(Trello)	칸반 스타일의 작업 보드 기반 프로젝트 관리 도구
에버노트(Evernote)	노트 및 정보 정리에 특화된 생산성 도구

26 ①번

업무 생산성 향상 과정은 생성 AI의 문서 초안 작성 → 자동 수정 → 스타일 편집(목적, 문체 등) → 사용자 검토의 순서로 진행된다.

27 ①번

문제에서 제시한 설명은 저작물의 무단 복제 항목에 해당하는 내용이다. 학습 데이터에는 저작권법상 보호되는 저작물이 포함될 수 있으며, 저작권법상 타인의 저작물을 무단으로 이용하면 저작권 침해 책임을 질 수 있다.

28 ③번

편향(Bias) 방지를 위해서는 성별, 인종, 나이 등에 따른 불균형 없이 균등한 정보를 생성해야 한다. 특히 교육 자료에서는 편향 없이 공정한 데이터를 기반으로 생성 AI가 작동해야 한다.

29 ③번

생성 AI는 학습된 데이터를 바탕으로 문서 초안을 자동으로 생성할 수 있다. 따라서 인사팀의 요청에 맞춰 계획서를 자동 작성하는 것이 가능하다.

30 ② 번

SlidesAI.io는 텍스트 → 발표자료(PPT) 자동 변환 도구로, 문서 요약과 슬라이드화에 특화된 확장 프로그램이다.

구분	설명
Pictory.ai	텍스트나 블로그 게시물을 입력하면 AI가 자동으로 짧은 동영상으로 변환
Synthesia.io	입력한 텍스트를 기반으로 AI 아바타가 등장하는 비디오를 생성
Soundraw.io	장르, 분위기, 길이 등을 선택하면 AI가 맞춤형 음악을 생성

31 seed, Seed

seed는 이미지 생성의 무작위성을 제어하기 위한 숫자 값이다. 같은 프롬프트라도 seed 값이 같으면 동일한 이미지, seed 값이 다르면 서로 다른 이미지가 생성된다. 이는 생성 AI의 무작위성을 통제하여, 이미지 재현성과 다양성을 동시에 확보할 수 있다.

32 ar, aspect

ar 또는 aspect 옵션은 생성되는 이미지의 가로:세로 비율을 설정하는 데 사용된다. 예를 들어, --ar 16:9는 가로 16, 세로 9의 비율로 이미지를 생성한다. 기본값은 1:1로, 정사각형 이미지를 생성한다.

33 for

파이썬의 for 구문은 특정 범위 내에서 일정한 패턴에 따라 코드를 반복 실행하는 구문이다. 문제의 코드는 리스트 result 안의 요소 'one', 'two', 'three'를 하나씩 차례대로 num에 대입한 뒤, print(num)을 실행하여 각각 출력한다.

34 스테이블 디퓨전, Stable Diffusion, 스테이블 디퓨전(Stable Diffusion)

스테이블 디퓨전(Stable Diffusion)은 키워드 중심의 프롬프트 입력을 통해 이미지를 생성하는 모델로, 텍스트의 키워드를 기반으로 다양한 스타일의 이미지를 생성할 수 있다. 생성 과정은 무작위 노이즈를 기반으로 하기 때문에 같은 프롬프트라도 결과 이미지가 매번 다르게 출력된다.

35 키워드, keyword, Keyword

코파일럿(Copilot)이 업로드 한 이미지로부터 키워드 형태로 된 프롬프트를 추출한 것을 확인할 수 있다. 문장 형태로 출력을 원할 경우 {문장} 이라고 작성하게 되면 문장형 결과를 얻을 수 있다.

36 Persuasive(설득적)

37 Height(높이)

38 Batch Count(배치 개수)

39 동료 검토

40 프롬프트 개선

①은 "설득력 있는 프롬프트를 생성해 줘."라는 문구를 추가하였으므로 광고등에 주로 사용하는 Persuasive(설득적) Writing Style이 정답이다.

②는 "가로 대 세로 비율을 1 : 1 로 설정한다."라는 설정이 있으므로 높이에 해당하는 Height(높이)가 정답이다.

③은 "1장씩 3회의 이미지를 생성한다." 라는 조건에 맞는 Batch Count(배치 개수)가 정답이다. 참고로 Batch Size(배치 크기)는 한 번에 3개의 이미지를 생성하는 설정값이니 주의하여 학습할 수 있도록 한다.

④는 "동료가 제삼자의 시각에서 시안 검토"를 하는 동료 검토가 정답이다.

⑤는 "챗GPT에서 생성한 프롬프트를 다른 내용으로 생성"이라는 문구가 있으므로 프롬프트 개선이 정답이다.

02회 모의고사 정답 및 해설

01	02	03	04	05	06	07	08	09	10
③	④	③	②	①	③	①	①	④	③
11	12	13	14	15	16	17	18	19	20
③	②	④	①	①	②	②	③	④	②
21	22	23	24	25	26	27	28	29	30
③	①	③	③	④	①	④	③	②	①
31		32		33		34		35	
청자 지정		맥락		임베딩		3		ar	
36		37		38		39		40	
2		7		14		20		23	

01 ③ 번
데이터로부터 스스로 학습하고, 경험을 바탕으로 성능을 지속해서 개선한다.

①번: 인공지능의 특징 중 대규모 데이터 처리에 관한 내용이다.

②번: 인공지능의 특징 중 언어 이해 및 처리에 관한 내용이다.

④번: 인공지능의 특징 중 적응성에 관한 내용이다.

02 ④ 번
보기에서 설명하는 것은 가지치기(Pruning)의 설명이다.

> · 너무 복잡한 트리는 과적합(Overfitting)을 일으킬 수 있으므로, 트리의 깊이를 제한하거나 불필요한 노드를 제거하는 가지치기 과정을 수행할 수 있다.
> · 가지치기는 모델의 일반화 성능을 높이는 데 도움이 된다.

03 ③ 번
서포트 벡터 머신 구성요소 중 소평면은 존재하지 않으며, 초평면(Hyperplane)이 서포트 벡터 머신(SVM)의 구성요소이다.

04 ② 번
G1 점수는 존재하지 않으며, F1 점수(F1 Score)가 혼동행렬의 구성요소이다.

05 ① 번
생성 AI, 검색엔진 설명 중 작동 방식 내용 설명이 서로 바뀌었다.

구분	생성 AI	검색엔진
작동 방식	학습 데이터를 기반으로 새로운 데이터를 생성하는 알고리즘 사용	웹 크롤링과 인덱싱을 이용하여 수집된 정보를 검색 키워드에 맞게 제공
목적	새로운 콘텐츠(텍스트, 이미지 등) 생성	저장된 데이터 내에서 검색하려는 키워드에 맞는 정보 제공
입력 데이터	학습 과정에서 사용된 대규모 데이터셋	사용자의 검색 키워드
결과물	사용자 입력 데이터를 기반으로 생성한 새롭고 창의적인 콘텐츠	사용자 입력 데이터의 키워드와 관련성이 높은 웹 페이지 목록

06 ③ 번

변이형 자동 인코더의 구조는 인코더, 임베딩, 디코더 구조로 되어 있다.

㉠: 인코더
㉡: 디코더

07 ① 번

보기에서 설명하는 내용은 미세 조정(Fine-tuning)의 내용이다.

08 ① 번

㉠은 LMM(Large Multimodal Models)에 대한 설명이다.

㉡은 AGI(Artificial General Intelligence)에 대한 설명이다.

용어	설명
LMM	· 텍스트, 이미지, 오디오, 비디오 등 다양한 형태의 데이터를 동시에 처리하고 이해할 수 있는 인공지능 모델
AGI	· 인간처럼 다양한 상황과 문제를 해결할 수 있는 능력을 갖춘 범용적인 인공지능

09 ④ 번

프롬프트 엔지니어링을 위한 자연어 분석의 단계는 다음과 같다.

형태소 분석 → 구문 분석 → 의미 분석 → 화용 분석

10 ③ 번

챗GPT는 프롬프트를 알아서 해석하는 능력이 없으며, 질문 범주를 제한해야 더 좋은 답변을 얻을 수 있다.

11 ③ 번

- 프롬프트 2를 입력하여 응답한 내용은 안부 인사가 격식 있는 이메일로 변형된 사례이다.
- 이렇게 응답을 변형하는 기법을 텍스트 변형 기법이라 하며, 사용자가 입력한 텍스트의 의미를 유지한 상태로 몇 가지 간단한 지시를 추가해서 변형된 텍스트를 생성하는 기법이다.

12 ② 번

자기 일관성 러닝은 복잡한 추론 작업에서 여러 추론 경로를 통해 얻은 다양한 답변 중에서 가장 일관된 답변을 선택하여 모델의 추론 능력을 향상하는 방법이다.

13 ④ 번

보기에서 설명하고 있는 것은 유사도(Similarity)에 관한 내용이다.

① : 코퍼스(Corpus)는 자연언어 연구를 위해 특정한 목적을 가지고 언어의 표본을 추출한 집합이다.

② : 엔-그램은 텍스트나 문장을 연속된 N개의 단어로 나눠서 문장이나 텍스트의 특징을 파악하고, 언어 모델링이나 정보 검색 등 다양한 자연어 처리 작업에 활용하는 기법이다.

③ : 워드 클라우드는 텍스트를 분석하여 사람들의 관심사, 키워드, 개념 등을 파악할 수 있도록 빈도수를 단순히 카운트하여 시각화시킨 도구이다.

14 ① 번

생성 AI의 응답 명확화를 위해 프롬프트를 작성할 때는 구분기호를 사용하고 입력 내용을 명확하게 표시한다.

15 ① 번

㉠의 Writing Style을 적용한 프롬프트의 응답 결과, 시험을 준비하는 수험생이 단계적으로 무엇을 해야 하는지 지시하고 있으므로 ㉠은 Instructive(지시적인)이다.

㉡의 Writing Style을 적용한 프롬프트의 응답 결과, 시적인 표현으로 생성된 것을 알 수 있으므로 ㉡은 Poetic(시적인)이다.

16 ② 번

- 캔버스(Canvas) 기능은 사용자가 글쓰기 또는 프로그램 코드 생성 작업 시 효율적이고 협업적인 경험을 제공하기 위해 설계된 도구이다.
- 또한, 요구사항이 변경되면 실시간으로 변경된 내역을 수정하여 내용을 바로 확인할 수 있다.

17 ② 번

챗GPT 음성 모드에서 챗GPT가 응답 결과를 생성할 때, 텍스트(Text)로 생성된 내용을 음성(Speech)로 변환한다.

① : STT는 챗GPT 음성 모드에서 사용자가 음성으로 입력하는 내용을 텍스트로 변환한다.

③ : Voice Conversion(음성 변환)은 사용자가 말하는 음성을 다른 화자가 말하는 것처럼 음성을 변환하는 기술로, 챗GPT 음성 모드에서 사용하지 않는다.

④ : Acoustic Speech Recognition(음성 인식)은 사람의 목소리를 컴퓨터가 이해할 수 있도록 텍스트로 바꿔주는 기술이다.

18 ③ 번

for ~ in range(시작, 끝) 구문의 경우, 끝에서 1을 뺀 숫자까지만 반복하며, 실행 결과는 다음과 같다.

```
0 0
1 0
2 0
```

19 ④ 번

- 보기의 프롬프트 일부는 로라(LoRA)를 작성한 내용이다.
- 스테이블 디퓨전에서 로라는 서로 다른 로라를 여러 개 사용할 수 있다.
- 실행 시 해당 로라 파일이 없으면 무시되며, 로라의 특징이 반영되지 않는다.
- 로라의 경우 가중치를 설정할 수 있으며, 기본값은 1이고, 1보다 작으면 덜 강조하고, 1보다 크면 더 강조한다.

20 ② 번

① : 시험 합격까지의 과정을 그린 4컷 동기부여 만화
→ 실제 이미지 속 소년은 '용기', '희망', '선택', '합격'의 흐름을 따라 도전하고 성공하는 과정을 보여주고 있다.

② : 소녀가 사계절 자연을 여행하는 수채화풍 만화
→ 이미지와 관련이 없는 설정입니다. 실제는 소년이 등장하며, 계절이나 자연, 수채화풍 요소는 포함되어 있지 않다.

③ : 선택과 희망을 주제로 한 교육용 웹툰 형식의 만화
→ 이미지에 제시된 키워드 '용기, 희망, 선택, 합격'과 잘 부합한다.

④ : 소년이 감정을 표현하며 성장하는 동기 중심 만화
→ 각 컷에서 소년의 표정 변화와 행동은 감정과 성장의 흐름을 상징적으로 표현하고 있다.

21 ③ 번

이미지 설명 중 생성된 이미지의 크기는 정사각형이라고 하였으나, ③번 설명의 경우, 비율이 세로가 긴 직사각형으로 이미지가 생성된다.

22 ① 번

분석 결과 "Negative prompt"가 있는 것으로 보아 네거티브 프롬프트가 사용된 것을 알 수 있다.

② CFG Scale 값이 7인 것으로 보아, 프롬프트가 지시하는 내용을 모델이 어느 정도 잘 준수했다고 볼 수 있다.

③ 생성된 이미지의 크기는 가로 512픽셀, 세로 512픽셀이다.

④ Seed 값을 다르게 하면 전혀 다른 이미지가 생성된다.

23 ③ 번

- [분석 결과]를 확인한 결과 그래프의 X축에는 Release Year로 출력된 것을 보아 데이터 항목에 가장 근접한 항목은 release_date인 것을 알 수 있다.
- 그래프의 Y축에는 Average Followers로 출력된 것을 보아 데이터 항목에 가장 근접한 항목은 followers인 것을 알 수 있다.
- 따라서 그래프를 그리기 위한 데이터 항목은 followers와 release_date이므로 이러한 데이터 항목을 프롬프트로 작성한 ③번이 정답이다.

24 ③ 번

권한	설명
Restricted (제한)	- 호출할 API에 대해 사용 안 함 (None), 읽기(Read), 쓰기 (Write)로 선택할 수 있다. - 전부 "사용 안 함"인 경우에는 키 생성이 불가능하다.
Read Only (읽기 전용)	- 모든 API 호출을 읽기만 수행할 수 있는 권한을 지정한다.

25 ④ 번

구체적이고 사실적인 품질의 딸기 이미지가 생성되었다.

26 ① 번

데이터와 챗GPT의 응답 결과를 확인했을 때, 평균값 기준으로 오름차순 정렬이 된 파일 내용을 확인할 수 있다.

27 ④ 번

챗GPT가 응답한 채용 공고의 우대 사항에서는 텍스트 처리 경험 내용은 존재하나, 이미지 처리 경험은 존재하지 않는다.

> 생성 AI를 비즈니스에 활용하려고 하는데, 이 업무를 담당할 프롬프트 엔지니어를 채용하고 싶다. 경력은 3~5년 사이가 적합할 것 같고, 필수 사항은 반드시 인공지능에 대한 이해가 있는 지원자로 한정되어야 한다. 그리고 기존에 업무 경험을 포트폴리오로 제출할 수 있도록 해야 한다. 이런 조건으로 채용 공고 내용을 표로 작성해줘.

28 ③ 번

③번: 저작물의 무단 복제가 이슈이며, 저작권자의 승인을 받아 저작물을 복제하는 것은 이슈 사항이 아니다.

29 ② 번

인간의 창작적 기여가 있었다고 볼 수 없는 AI 산출물에 대한 저작권 등록은 불가능하다.

30 ① 번

㉠에 정답을 넣어 완성한 보기는 다음과 같다.

> 생성 AI가 작성한 글은 학습 데이터의 편향성(Bias), 확률에 기반하여 결과물을 생성해 내는 기술적 특성 등으로 인하여 답변 내용 자체가 부정확할 수 있다.

31 청자 지정, 청자지정

- **청자 지정** 기법은 생성 AI에게 답변을 듣는 대상을 지정해서 답변의 수준을 조정하는 기법이다.
- **청자 지정** 기법은 생성 AI가 어떤 특정 대상이나 사용자를 상정하고, 그 대상에게 적절한 응답을 생성하도록 훈련하는 방식이다.

32 맥락, 문맥, Context, context

- **맥락**은 어떤 상황이나 주변 환경 속에서 일어나는 일들을 이해하는 데 필요한 배경 정보 전체를 나타낸다.
- **맥락**은 어떤 사건, 상황, 또는 대화가 일어날 때 그것이 어떤 상황에서 일어나는지를 이해하는 데 도움을 주는 정보들의 모음이다.
- 프롬프트(Prompt)의 구성요소는 지시(Instruction), **맥락(Context)**, 제약(Constraints), 입력 데이터(Input Data), 출력 지시자(Output Indicator)가 있다.

33 임베딩, Embedding, embedding

- 기계가 이해할 수 있도록 단어를 0과 1의 수치로 표현하는 방법을 벡터화 또는 **임베딩**이라고 한다.
- **임베딩**은 전체 단어 간의 관계에 맞춰 해당 단어의 특성을 갖는 벡터로 바꿔서 단어들 사이의 유사도를 계산하는 기법이다.
- **임베딩** 기법의 발전 흐름과 종류는 통계적 기반과 뉴럴 네트워크 기반으로 나눌 수 있고 단어 수준과 문장 수준의 **임베딩** 기법으로 구분할 수 있다.

34 3

- 2번 라인의 while 구문을 살펴보면 cond1이 0부터 4까지 반복됨을 알 수 있다.
- 하지만 3번 라인에서 cond1 이 3일때 print 함수를 통해 cond1 변수의 현재 값을 출력하도록 하고 있으므로 실행 결과는 3이다.

35 ar(aspect ratio)

- 이미지 설명을 참고하였을 때, 옵션에 니지(niji)가 주어진 것으로 보아 일본 애니메이션 스타일로 이미지가 생성된 것을 알 수 있다.
- 하지만 생성된 이미지의 가로 대 세로 비율은 프롬프트에서 빠졌으므로, 해당 옵션 이름인 ar를 작성하면 된다.

프롬프트

> a cat sleeping peacefully under a tree, beneath a clear blue sky, soft shadows, tranquil atmosphere, highly detailed, realistic style, natural lighting --niji 6 --ar 16:9

36	2
37	7
38	14
39	20
40	23

생성된 이미지는 뒤를 보고 있다.

- 각 이미지의 세로 해상도가 240픽셀이라는 정보를 줬고, 가로 대 세로 화면 비율은 4:3이라고 하였으므로, 비례식(x : 240 = 4 : 3)을 계산하면 가로 해상도는 320픽셀임을 알 수 있다.

- 이미지를 한 번에 6개를 생성하였으므로 배치 사이즈는 6이다.

프롬프트

masterpiece, best quality, 1girl, solo, long_hair, **looking_at_back(뒤를 보고 있는)**, smile, dress, ribbon, lineart, monochrome <**lora(로라)**: animeoutlineV4_16:1>

설정

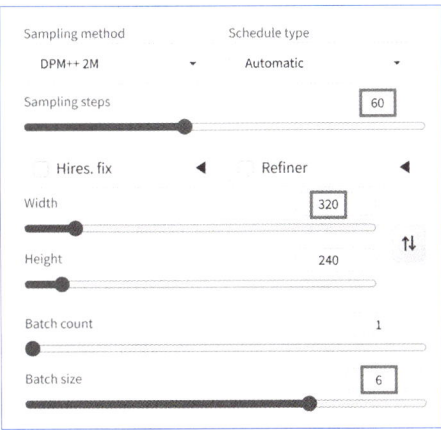

03회
모의고사 정답 및 해설

01 ③번
인공지능(AI; Artificial Intelligence)은 컴퓨터나 기계가 인간과 유사한 지능을 가지고 문제를 해결하거나 학습할 수 있도록 만든 기술이다.

인공지능은 기계가 스스로 생각하고 배우며, 인간의 도움 없이도 결정을 내릴 수 있게 한다.

02 ③번
뉴스 기사에 이미 분류(Label)가 부여된 상태에서 모델이 학습하며, 새로운 기사에 대해 예측은 전형적인 지도학습이다.

① 비지도학습(Unsupervised Learning)에 해당한다.

② 기준도 명확하지 않아 자연어 처리 또는 주관 평가 모델에 가깝다.

④ 강화학습 또는 비지도 기반 인지 시스템 상황에 가깝다.

03 ③번
랜덤 포레스트는 배깅 기반이며, 부스팅이나 직렬 구조와는 무관하다.

앙상블 기법은 여러 가지 같은 종류 또는 서로 다른 모형들의 예측/분류 결과를 종합하여 최종적인 의사결정 모델을 만드는 방법이다.

04 ②번
K-Means 군집은 주어진 데이터를 K개의 군집으로 묶는 알고리즘이다. 군집화된 데이터를 기반으로 패턴을 파악하거나 데이터를 이해할 수 있다.

① 정답/오답이 있는 지도학습(Supervised Learning) 분류 문제이다.

③ 감정 분류는 텍스트 분류의 일종으로 지도학습 기반이다.

④ 회귀(Regression) 문제로 K-Means가 아닌 회귀 모델이 적합하다.

05 ②번
현재 생성 AI(Generative Artificial Intelligence)는 인간의 감정을 완전히 이해하거나 자율적 판단을 할 수 있는 인격체가 아니며, 법적·윤리적으로도 그러한 지위를 갖고 있지 않다.

06 ④번
학습률(Learning Rate)은 인공지능 모델이 학습하는 속도를 결정하는 매개변수로, 너무 크면 학습이 불안정해지고, 너무 낮으면 학습이 느려질 수 있다.

적절한 학습률을 설정하는 것은 모델이 최적의 성능에 도달하는 데 필수적이다.

07 ① 번

Instructions(지침)에서 사용자는 GPT에게 특정한 행동 방식을 지정할 수 있다. 예를 들어, "법률 전문가처럼 답변해줘.", "비즈니스 문서를 작성하는 방식으로 답변해줘."와 같이 지침을 지정할 수 있다.

08 ③ 번

챗GPT는 시스템 성능 확인을 위한 부하 발생 시 활용하기에는 부적합하다.

09 ④ 번

보기에 주어진 프롬프트는 적대적 프롬프팅의 특징을 가지고 있다.

적대적 프롬프팅이란 인공지능 모델이 주어진 입력에 대해 부정적이고 유해한 내용을 생성하거나 유도할 수 있는 프롬프트를 작성하는 것이다. ④번을 제외하고는 잘못된 정보, 편향된 전제, 악의적 요청, 혐오 표현 유도 등을 포함한 적대적 프롬프트에 해당한다.

10 ④ 번

프롬프트의 구성요소는 지시, 맥락정보, 제약, 입력 데이터이다.

구성요소	설명
지시	모델이 수행할 특정 작업 또는 지시어
맥락 정보	모델이 명령을 더 잘 이해할 수 있도록 하는 배경 정보, 설명 정보, 추가 정보, 요약 정보
제약	특정 요구사항이나 응답의 길이, 복잡성에 대한 제한을 걸 수 있는 지시어
입력 데이터	응답받고자 하는 입력이나 질문

11 ① 번

프롬프트 템플릿 사용은 기존에 작성된 프롬프트 또는 다른 사람이 작성한 프롬프트를 확보하여 결과물을 생성하는 데 사용하는 방법이다.

프롬프트 템플릿 사용은 빠른 결과 생성과 확장성이 주요 장점이다.

12 ② 번

두 프롬프트의 차이는 답변의 형태 차이이다. 프롬프트 A는 "최대한 간단하고 명확하게 요약해 알려주세요", 프롬프트 B는 "창의적인 표현과 비유 활용"을 지시한다.

13 ③ 번

확장기법 생성 AI에게 한정된 정보를 제공하고 이를 토대로 확장된 정보를 생성해 내는 기법이다. 확장기법은 입력값보다 출력값이 거대하다는 특징이 있다. 확장기법은 작문 작업 시에 유용한 기법이다.

14 ② 번

몇 개의 예시를 통해 힌트를 주면서 답변을 생성하는 퓨샷 러닝(Few-shot Learning)이다. 퓨샷 러닝은 제로샷 러닝으로 원하는 답변을 얻지 못할 경우, 생성 AI에 예시를 제공하여 원하는 답변을 얻는 방법이다.

15 ① 번

기계 번역, 음성 인식, 자연어 생성 등에서 사용하는 하이퍼파라미터인 Beam Width이다.

Beam Width는 Beam Search에서 동시에 유지할 수 있는 후보 경로의 개수를 나타낸다.

Beam Width : 1은 "가장 가능성이 높은 선택지 하나만 고르겠다"라는 뜻이다.

16 ② 번
시처럼 써주되 감성적이지 말 것, 자유형식이되 철학적일 것 등 모순되거나 애매한 조건이 혼재되어 있어 AI가 일관된 판단을 하기 어렵다.

이러한 모순적인 요구사항들은 프롬프트 작성에서 가장 피해야 할 오류 중 하나이며, 해결책은 요구사항을 구체화하고, 출력 형식과 문체를 명확히 설정해야 한다.

17 ② 번
웹사이트의 요약과 이를 이용한 소개 슬라이드를 작성하기 위해서는 먼저 서울시 주요 정책 소개 웹사이트를 요약하고, 대표적인 정책을 소개할 수 있는 슬라이드 작성 방안을 도출한다.

18 ① 번
프롬프트에 인물의 특징(남자 고등학생), 동작(걷는 장면), 배경(복도), 스타일(웹툰)을 포함해 이미지를 생성하면 보기의 이미지와 같은 형태의 이미지 작성을 위한 정확성과 일관성이 높아진다.

19 ② 번
이미지는 미드저니를 통해 생성된 이미지다.
① 요정이 버섯 위에 앉아있는 설명이 있으며, 프롬프트는 sitting on a glowing mushroom(빛나는 버섯에 앉아있는)을 의미하고 있으므로 맞는 설명이다.
③ 고해상도 설명으로 8K의 고해상도 디테일 사용한다.
④ 빛나는 숲속이라는 설명이 있으며, luminous forest(빛이 나는 숲속)를 의미하고 있으므로 맞는 설명이다.
② 세로형 비율 설명이 있으므로, --ar 3:4로 지정해야 한다.

20 ③ 번
① --steps 이미지 생성 품질과 속도에 영향을 주는 핵심 파라미터이다.
② --sampler : 이미지 생성 시 사용하는 샘플링 알고리즘을 지정한다.
③ --v : 미드저니(Midjourney)에서 버전(version)을 선택할 때 쓰는 옵션이며, 스테이블 디퓨전(Stable Diffusion)에서는 음성과 무관하다.
④ --seed : 동일한 결과를 얻기 위해 사용하는 난수 초기화 값이다.

21 ① 번
파이썬(Python) 코드 실행 결과를 보면 2, 4, 6, 8, 10으로 10보다 작은 짝수가 출력된 것을 알 수 있다.

이러한 짝수를 출력하기 위한 코드를 생성하기 위해서는 ① "1부터 10까지의 짝수를 작성하는 파이썬 코드를 작성해줘"라는 프롬프트를 작성하는 것이 가장 적절하다.

22 ④ 번
스테이블 디퓨전(Stable Diffusion)에서 생성한 이미지는 메타데이터에 프롬프트에 관한 정보를 담고 있다. 프롬프트, 하이퍼파라미터, 모델 등의 정보를 확인할 수 있다. 이미지 생성 중 마우스 클릭/드래그는 전혀 수집되지 않는다.

23 ① 번
스테이블 디퓨전(Stable Diffusion)은 쉼표 기반 키워드 나열하는 방식이 기본 프롬프트 구조이다.

② --ar, --v, --style 같은 파라미터는 미드저니(Midjourney)에서 주로 사용하는 파라미터이다.

③ 미드저니(Midjourney)는 코드를 자동 완성하는 AI가 아니다.

④ steps, sampler, model 등의 파라미터는 스테이블 디퓨전(Stable Diffusion)에서 주로 사용한다.

24 ④ 번
㉠ 숫자, 문자를 포함한 어떠한 자료형도 포함할 수 있는 자료구조는 리스트 자료형이다. ㉡ 키와 값을 한 쌍으로 가지는 자료구조는 딕셔너리 자료형이다.

25 ① 번
생성 AI 모델이 생성하는 결과물을 예측할 수 없다면, 샌드박스와 같이 시스템에 영향을 주지 않는 격리된 환경에서 프롬프트 문장을 실행하고 그 결과물과 프롬프트를 같이 검사하는 동적 분석을 수행할 수 있다.

26 ③ 번
재난재해를 대비하여 이중화 구성을 하는 것은 생성 AI를 활용한 업무 자동화 전략으로 적절하지 않다.

27 ① 번
해당 과제를 수행하기 위해 적절한 방식은 자기소개서를 수집한 후 적절한 파일 형태로 작성하고, 챗GPT를 활용하여 요약 및 자기소개서 핵심을 정리한다. 이후 미리 작성된 직무 매칭 기준을 통해 분류한 후 이메일 자동 전송한다.

28 ② 번
특정 학력이나 전공을 가진 인물에 대해 더 긍정적인 어투로 결과물을 생성, 학력이나 경력이 낮은 사용자에게는 부정적이고 기계적인 어투로 글을 작성한다는 것은 특정 집단(고학력자, 특정 전공 등)에 유리하게 반응하여 편향된 결과를 생성하므로 공정성 침해에 해당한다.

29 ④ 번
일부 국가(예: 미국, 한국)에서는 생성 AI 결과물이 자동 생성된 것이라 하더라도, 사용자가 창작성 있는 프롬프트를 설계하고 결과를 선별하는 등 기여가 명확한 경우, 일정한 저작권 보호 또는 2차적 저작물 판단의 여지가 있다.

30 ① 번
AI가 작성한 결과물 등이 사회적 문제를 일으킬 소지가 있다면, 결과물의 사용을 즉시 중단해야 한다. 생성 AI는 인간의 존엄성, 투명성, 사회적 영향 등을 전체적으로 고려하여 사용해야 한다.

31 파이썬
※복수 정답 인정(Python, 파이썬(Python) 도 정답처리)

파이썬(Python)은 네덜란드계 소프트웨어 엔지니어인 귀도 반 로섬(Guido Van Rossum)이 발표한 고급 프로그래밍 언어이다. 간단하고 직관적인 문법, 방대한 라이브러리 제공 등의 강점으로 인공지능(AI), 데이터 과학, 웹 개발, 자동화 등 다양한 분야에서 주로 사용된다.

32	챗GPT 프로젝트

※복수 정답 인정
(ChatGPT Project 도 정답처리)

챗GPT 프로젝트는 하나의 주제나 목표를 중심으로 대화기록, 업로드 파일, 코드 작업, 이미지 생성, 설정 등을 통합 관리 할 수 있는 기능을 제공한다.

33	하이퍼파라미터

※복수 정답 인정
(Hyperparameter 도 정답처리)

하이퍼파라미터(Hyperparameter)는 자연어 처리 분야에서 생성 AI의 출력을 제어하거나 다양한 결과를 생성하는 설정값이다. 답변의 길이, 답변의 언어, 해야 할 작업, 답변 문체 등으로 사용할 수 있으며, 인공지능 모델, 특히 자연어 처리 모델에서 모델의 학습과 성능에 중요한 영향을 미친다.

34	광고

프롬프트에서 주어진 문장은 특정 상품(신제품)의 출시를 알리고, 20% 할인이라는 판매 유도 메시지를 포함하고 있다. 또한 "지금 바로 구매하세요!"와 같은 행동을 유도하는 표현이 포함되어 있으므로 광고 콘텐츠의 전형적인 특징이다.

35	생각의 사슬 러닝

※복수 정답 인정(생각의 사슬, CoT, Chain of Thought도 정답처리)

생각의 사슬 러닝은 AI가 문제를 단계적으로 풀 수 있도록 유도하는 기법이다. 복잡한 문제나 추론이 필요한 질문에서 좋은 성능을 발휘한다. 수학 문제, 논리 퀴즈, 조건이 많은 질문 등은 중간 단계를 명시하면 정확도를 높일 수 있다.

36	15
37	16
38	5
39	14
40	11

① 마케팅 슬로건 작성 내용에 대한 결과물을 생성하므로 역할을 마케팅 컨설턴트로 설정한 것을 알 수 있다.

② "차별화된 마케팅 슬로건 제안(3개)"을 통해 슬로건 제안 요청을 알 수 있다.

③ "4. 게시글 구성 조건, 200자 이내, 해시태그 포함, 임팩트 있게, 감성 중심 표현 유지"를 통해 200자 이내라는 것을 알 수 있다.

④ "4. 게시글 구성 조건, 200자 이내, 해시태그 포함, 임팩트 있게, 감성 중심 표현 유지"를 통해 해시태그라는 것을 알 수 있다.

⑤ "1. 고객군 정의 연령대 : 20~30대, MZ 세대"를 통해 20~30대라는 것을 알 수 있다.

04회 모의고사 정답 및 해설

01	02	03	04	05	06	07	08	09	10
①	③	②	④	③	②	②	①	④	③
11	12	13	14	15	16	17	18	19	20
①	②	④	①	②	②	④	④	①	②
21	22	23	24	25	26	27	28	29	30
②	②	③	③	④	②	①	④	②	③
31		32		33		34		35	
in		niji		깃허브		배치 사이즈		내림차순	
36		37		38		39		40	
6		17		13		4		10	

01 ① 번

①번의 설명은 인간 지능과 인공지능이 반대로 설명되었다.

구분	인간 지능	인공지능
학습 방식	경험, 감정, 사회적 상호작용을 통한 복합적 학습	데이터와 알고리즘을 기반으로 한 명시적 프로그래밍 및 경험 학습
의사 결정	감정, 직관, 주관적 판단을 포함한 복합적 추론	미리 정의된 매개변수와 알고리즘에 따른 논리적 추론
창의성	새로운 아이디어와 개념을 생성하는 능력	알고리즘 내에서의 패턴 인식과 데이터 기반 결론에 한정
적응성	새로운 환경과 상황에 빠르게 적응하고 학습	환경 변화에 따른 프로그램 수정이 필요

02 ③ 번

㉠에 들어갈 내용은 기울기 소멸문제이다.

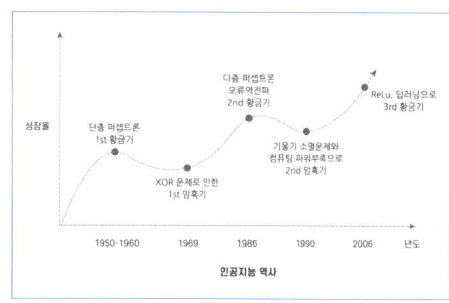

03 ② 번

데이터 분리가 아닌 데이터 할당이다.

절차	동작 방식
K개의 군집으로 분할	- 임의의 중심을 선정하고 데이터를 K개의 군집으로 무작위로 분할
데이터 할당	- 각 데이터 포인트를 가장 가까운 중심(centroid)에 할당
군집의 중심 갱신	- 각 군집의 중심을 해당 군집에 속한 데이터 포인트들의 평균으로 갱신 - 한 개체가 속해 있던 군집에서 다른 군집으로 이동해서 재배치 가능
반복 수행	- 군집 중심의 변화가 거의 없을 때까지 데이터 할당과 군집의 중심 갱신 단계를 반복

04 ④ 번

배깅은 학습용 데이터에서 다수의 부트스트랩 자료를 생성하고, 각 자료를 모델링한 후 결합하여 최종 예측 모형을 만드는 기법이다.

05 ③ 번

- 보기에서 설명하고 있는 것은 거대 언어 모델(LLM; Large Language Model)이다.
- 거대 언어 모델(LLM)은 대규모 데이터셋에서 학습된 인공지능 언어 모델로, 수십억 개의 단어로부터 언어의 구조, 문법, 의미 등을 학습하여 텍스트를 생성한다.
- 또한, LLM은 텍스트에 기반으로 질문에 답변하고, 문장을 이해하거나 번역하는 등 다양한 언어 관련 작업을 수행한다.

06 ② 번

- 보기는 GAN(Generative Adversarial Networks)의 설명이다.
- GAN은 딥페이크(Deep Fake)의 핵심기술로, 사실과 구분하기 어려운 가짜 이미지, 오디오, 비디오 등을 생성하는 기술이다.
- GAN은 엔터테인먼트, 예술, 교육 등 다양한 분야에서 긍정적인 용도로 활용될 수 있지만, 가짜 뉴스와 같은 여러 가지 문제점이 있다.

07 ② 번

GPT는 Generative Pre-trained Transformer의 약자이며, 이를 올바르게 짝지은 것은 ㄱ, ㄹ, ㅁ이다.

08 ① 번

생성 AI로부터 결과를 얻기 위한 작업 과정은 프롬프트 엔지니어(㉠)가 프롬프팅(㉡)을 수행하여 프롬프트를 작성(㉢)하고 생성 AI에게 질의하여 생성한 결과물을 받는 과정을 의미한다.

09 ④ 번

- 자연어 암호는 공식적으로 존재하는 기술이 아니다.
- 자연어 처리(NLP; Natural Language Processing)는 인간의 언어(자연어)를 컴퓨터가 이해하고 처리할 수 있도록 하는 전반적인 기술 분야를 말한다.
- 자연어 이해(NLU; Natural Language Understanding)는 자연어 처리의 하위 분야로, 컴퓨터가 문장의 의미를 파악하고 의도를 이해하는 기술이다.
- 자연어 생성(NLG; Natural Language Generation)은 컴퓨터가 사람처럼 자연스러운 언어를 생성하는 기술이다.

10 ③ 번

보기에서 설명하고 있는 것은 BERT(Bidirectional Encoder Representations from Transformers)이다.

11 ① 번

기법	설명
요약 기법	- 생성 AI가 긴 문장이나 문서를 짧은 형태로 **요약**하는데 사용하는 기법이다. - 생성 AI는 정보의 손실을 최소화하면서도 핵심적인 내용을 유지하도록 훈련되어, 효과적인 **요약**을 생성할 수 있다.
분류 기법	- 생성 AI가 대규모의 텍스트를 학습하는 과정에서 다량의 정보가 레이턴트 스페이스에 남게 된다. - **분류** 기법은 생성 AI가 레이턴트 스페이스를 이용하여 주어진 데이터를 특정 범주나 카테고리로 **분류**하는 기법이다.

12 ② 번

- 문제의 보기는 챗GPT의 글쓰기 캔버스의 도구 선택 메뉴이다.
- 마지막으로 다듬기의 메뉴의 기능은 응답한 초안을 실제 글쓰기 스타일에 맞게 문법과 구조를 재생성하여 글을 완성 시키는 기능이다.

메뉴 이름	기능 설명
이미지 추가	응답한 초안 사이에 이모지를 추가하여 내용을 생성한다.
마지막으로 다듬기	응답한 초안을 **마지막(최종)** 점검으로 글을 다듬고 문법과 구조를 모두 점검하여 생성한다.
독해 수준	유치원생부터 대학원생까지 사용자 수준에 맞는 응답을 생성한다.
길이 조절	가장 짧은 내용부터 가장 긴 내용까지 응답의 길이를 조절하여 내용을 생성한다.

13 ④ 번

보기에서 설명하고 있는 기법은 전문가 역할 부여 기법이다.

- 전문가 역할 부여 기법은 생성 AI에게 특정 분야의 전문가나 전문성을 갖춘 역할을 상정하고, 그에 따라 모델이 결과를 생성하도록 유도하는 방법이다.
- 전문가 역할 부여 기법을 통해 생성 AI는 특정 분야에 대한 전문적인 지식을 활용하여 결과를 생성한다.

14 ① 번

그림이 나타내고 있는 동작 과정은 퓨샷 러닝의 동작 과정이다. 퓨샷 러닝은 질문, 즉 프롬프트를 작성할 때 예시를 몇 개 추가하여 원하는 답변을 얻는다.

15 ② 번

보기에서 설명하고 있는 파이썬 자료형은 "딕셔너리(Dictionary)"다.

16 ② 번

생성한 이미지에서 ESG, 캠페인 문구를 확인할 수 있으며, 이러한 특징을 고려하였을 때, ②번의 프롬프트에서 해당 내용을 포함하고 있다.

17 ④ 번

- 로라(LoRA; Low Rank Adaptation) 모델은 이미지 생성 시 큰 틀에서의 이미지를 변경하지는 않으나, 세부적인 묘사, 스타일을 추가할 수 있다.
- 또한, 이미지 생성 시 체크포인트는 1개밖에 사용할 수 없으나, 로라 모델을 여러 개 사용할 수 있는 특징이 존재한다.

18 ④ 번

구분	설명
샘플링 메소드	- 이미지를 그리는 방법을 지정하는 파라미터이다. - DPM++ 2M Karras 등의 알고리즘이 있다.
샘플링 스텝	- 이미지를 생성하는데 반복하는 횟수이다. - 이것을 40으로 설정하면 한 이미지를 생성하는데 40번 반복한다.

19 ① 번

이미지를 분석한 코파일럿의 응답 결과는 회사명, 직급, 이름, 연락처 4가지의 정보를 출력하고 있다. 또한 플레이스홀더({ })를 사용해서 실제 정보만 추출함으로써 불필요한 응답 데이터가 포함되지 않도록 프롬프트를 작성했다는 것을 추측할 수 있다.

20 ② 번

보기에서 제시된 프롬프트 템플릿 목록 중 코파일럿의 응답 결과와 대조했을 때 템플릿으로 사용 가능한 것은 ㄱ, ㄴ, ㅂ이다.

ㄷ : 해외여행의 대상 국가는 광범위하여 코파일럿의 응답 결과처럼 특정 국가를 지정하기가 매우 어렵다.

ㄹ : 유튜브 전략이 아닌 일주일간의 콘텐츠 전략이다.

ㅁ : 응답 결과에서는 테이블 형태로 출력하고 있어, HTML 응답과는 거리가 멀다.

21 ② 번

파이썬에서 함수를 정의하는 키워드는 "def"이다.

```
def print_for():
    result = [1, 2, 3, 4, 5]
    for num in result:
        print(num)
```

22 ④ 번

- ①번 : 프롬프트에 입력하는 키워드나 문장은 앞쪽에 위치할수록 이미지 생성에 더 강하게 반영된다.
- ②번 : 프롬프트에 "(키워드:숫자)"를 입력할 경우, 해당 키워드에 대해 가중치를 조절할 수 있다.
- ③번 : 쉼표는 프롬프트에서 키워드나 문장을 구분하는 데 사용됩니다.
- ④번 : 중괄호({})는 스테이블 디퓨전의 표준 문법이 아니다.

23 ③ 번

프롬프트를 통해 생성한 미드저니 이미지에서는 해가 뜨고 있는 그림이 묘사되지 않았다.

> EF5 tornado in Kentucky, USA, huge funnel cloud, destructive force, swirling debris, dark ominous sky, strong lightning, rural scenery, dramatic atmosphere, high contrast, photo-realistic. Cinematic Reality --ar 3:4 --v 7 --iw 3

> (한글 프롬프트) 미국 켄터키주 EF5 토네이도, 거대한 깔때기 구름, 파괴적인 힘, 소용돌이치는 잔해, 어둡고 불길한 하늘, 강한 번개, 시골 풍경, 극적인 분위기, 높은 대비, 사실적인 사진. 영화 같은 현실 --ar 3:4 --v 7 --iw 3

24 ③ 번

- 그림에서 보고서 키워드를 입력하면 최종 프롬프트에 해당 키워드가 추가된 것을 알 수 있는데, 이 프롬프트를 통해 챗GPT한테 질의하게 된다.
- 최종 프롬프트는 엑셀 편집 및 사용자가 프롬프트 엔지니어링을 통해 변경할 수 있는 문장으로, 효과적인 보고서 생성을 위해서는 최종 프롬프트의 문장을 개선해야 할 필요가 있다.

25 ④ 번

챗GPT 응답 3을 살펴보면 데이터 분석 결과인 시각화 그래프를 그린 것을 확인할 수 있으나, 그래프의 제목, 범례가 문자가 제대로 출력되지 않은 것을 확인할 수 있다. 이러한 현상을 예방하기 위해서는 특정 폰트를 업로드 하거나 영문으로 변환해서 다시 그려달라는 등의 조치를 취해야 한다.

26 ② 번

㉠에 들어갈 내용은 데이터베이스(Database)이다.

> 면접 질문과 후보자의 답변, 답변의 평가를 관계형 데이터베이스로 구축하여 다음 면접에 활용하려고 한다. 구축하는 방법에 대해 SQL문 사례로 정리해줘.

27 ① 번

생성 AI의 산출물이 도출되는 과정은 다음과 같다.
데이터 수집 ▶ 데이터 전처리 ▶ 모델 학습 ▶ 모델 평가 및 최적화 수행 ▶ AI 산출물 도출

28 ④ 번

보기에서 설명하고 있는 것은 AI 허브(AI-hub)이다.

- AI 허브는 AI 기술 및 제품·서비스 개발에 필요한 AI 인프라(AI 데이터, AI SW API, 컴퓨팅 자원)를 지원함으로써 누구나 활용하고 참여하는 AI 통합 플랫폼이다.
- AI 허브는 AI 데이터, 고성능 컴퓨팅, AI 바우처 서비스 등을 제공하고 있다.

29 ② 번

생성된 AI 산출물에 인간이 창작성을 부가함으로써 저작물성이 인정되는 경우는 ②번이다.

30 ③ 번

- 유튜브에 업로드 하여 스트리밍하는 것은 불특정 다수가 접근 가능한 공중송신에 해당한다.
- 카페에서 백그라운드 뮤직으로 재생하는 것은 일반적으로 공연권 문제이지만, 이 문제에서 재생 방식이 "유튜브 스트리밍"이라 하였으므로 공연권은 제외된다.
- 카페에서 백그라운드 뮤직을 스트리밍 송출물로 재생함으로써 공중송신된 저작물을 활용하였다.
- 공연은 공연자의 직접적인 연주 또는 상영 등이 요구되며, 여기서는 단순한 스트리밍 재생이므로 공연보다는 공중송신이 핵심 침해 요소이다.

31 in

for 구문에서 반복할 요소를 변수로 정의한 다음 리스트의 내부 요소를 반복하기 위해서는 "in" 키워드를 사용한다.

파이썬 코드

```
list = ['one', 1, '2', 'three']

for item in list:
    print(item)
```

32 niji

미드저니에서 이미지를 생성할 때, 일본 애니메이션 스타일을 적용하는 옵션은 "niji" 옵션을 사용한다.

33 깃허브, GitHub, github

보기에서 설명하고 있는 것은 깃허브이다.

> · Git 버전 관리를 위한 저장소 호스팅을 지원하는 웹 서비스이다.
> · 전 세계의 수많은 개발자가 Git으로 협업하고 있다.
> · 2018년 마이크로소프트로 인수되었다.

34 배치 사이즈, 배치 크기, Batch Size, batch size

이미지 1과 이미지 2의 차이는 한 번에 생성된 이미지 개수의 차이이다.

이미지 1에서는 한 번에 이미지가 1개 생성되었으며, 이미지 2에서는 한 번에 이미지가 4개 생성되었다.

스테이블 디퓨전에서 한 번에 이미지의 개수를 조절할 수 있는 옵션은 배치 사이즈이다.

35 내림차순

이미지를 포함한 멀티모달 프롬프트를 질의했을 때, 챗GPT의 응답이 비중이 높은 것에서부터 낮은 순으로 정렬되어 출력하는 것을 알 수 있다. 이때 큰 수에서부터 작은 수로 정렬하는 것을 "내림차순 정렬"이라 한다.

36 6

37 17

38 13

39 4

40 10

36번: 챗GPT의 응답에서 "기술적 위험 요소가 존재한다."라는 응답을 하였으므로, 기술과 관련된 Writing Style이 사용된 것을 유추할 수 있다.

37번: 창의성이 발휘되지 않고 사실만을 응답한 결과를 보았을 때, 창의성과 관련된 하이퍼파라미터가 사용된 것을 알 수 있다. 이러한 하이퍼파라미터는 Writing Style이다.

38번: 챗GPT의 응답을 살펴보았을 때, 마크업 언어 구조로 응답한 것을 확인할 수 있다. 이 중 head, meta, title, body, h1 등의 마크업으로 응답하는 언어는 HTML이다.

39번: 프롬프트에서 한국의 수도를 부산이라고 했는데, 챗GPT는 한국의 수도를 부산이 아닌 서울로 응답하고 있다. 한국의 수도는 서울이므로, 챗GPT는 잘못된 프롬프트 입력을 통해 결과물을 생성할 때 환각을 발생시키지 않았다는 것을 알 수 있다.

40번: 챗GPT의 응답을 확인하면 단계적으로 응답한 다음 결론을 도출하는 것을 확인할 수 있다. 이는 프롬프트에서 "단계별로 생각해 보자"와 같은 트리거 문장을 프롬프트에 작성하여 챗GPT의 응답을 이끌어 낼 수 있다. 이러한 기법을 제로샷 CoT(Chain of Thought) 기법이라 한다.

05회 모의고사 정답 및 해설

01	02	03	04	05	06	07	08	09	10
①	④	②	③	④	①	③	②	④	①
11	12	13	14	15	16	17	18	19	20
③	④	①	④	②	④	①	②	②	④
21	22	23	24	25	26	27	28	29	30
③	②	④	③	①	③	③	③	②	①
31		32		33		34		35	
캔버스		퓨샷 러닝		Beam Width		LoRA		미드저니	
36		37		38		39		40	
1		8		12		20		23	

01 ① 번
인공지능(AI)은 컴퓨터나 기계가 인간과 유사한 지능을 가지고 문제를 해결하거나 학습할 수 있도록 만든 기술이다. 따라서 인간처럼 사고하는 것이 아니라, 데이터를 통해 학습된 패턴을 바탕으로 추론한다.

02 ④ 번
수집된 데이터가 불완전하거나, 노이즈가 섞여 있거나, 형식이 일정하지 않을 수 있으므로 품질이 좋은 데이터를 얻기 위해서는 반드시 데이터 전처리 작업을 거쳐야 한다.

03 ② 번
비지도 학습은 정답(레이블)이 없는 데이터를 스스로 분석하여 패턴을 찾아내는 인공지능의 학습 방법으로써, 데이터를 분석하여 결과를 예측하는 사례가 이에 해당한다.

04 ③ 번
강화학습은 인공지능이 목표를 달성할 때마다 주어지는 보상을 통해 스스로 학습해 나가는 방식이다. 예를 들어 체스 게임에서는 AI가 한 수를 두고 유리한 상황이 되면 보상을 받고, 불리하면 페널티를 받으며 최적의 전략을 찾아간다.

05 ④ 번
생성 AI는 단순히 입력된 데이터를 수정하는 것이 아니라, 학습한 패턴을 바탕으로 새로운 데이터를 생성한다. 예를 들어, AI 그림 생성 도구는 사용자가 입력한 간단한 설명만으로도 새로운 이미지를 그려낼 수 있다.

06 ① 번
생성 AI는 단순한 분석이 아닌 새로운 데이터 생성에 중점을 두며, 소설의 도입부나 시나리오를 창의적으로 작성할 수 있다.

07 ③ 번
사전 학습(Pre-trained) 모델인 GPT는 이미 대규모 데이터셋을 학습한 상태에서 제공되며, 사용자 입력에 빠르게 응답할 수 있다. 실시간 학습이 아닌, 학습된 데이터를 바탕으로 결과를 생성하는 방식이다.

08 ② 번
프롬프트 엔지니어링은 사용자가 명령어(프롬프트)를 입력하면, 생성 AI가 이에 반응하여 텍스트, 이미지 등 다양한 응답을 생성하도록 설계된 기술이다.

09 ④ 번

엔-그램 모델은 N개로 나누어 자연어 처리를 진행하며, 언어 모델링이나 정보 검색 등 다양한 자연어 처리 작업에 활용하는 기법이다. ①번은 어텐션(Attention)매커니즘, ②번은 토픽 모델링(Topic Modeling), ③번은 Word2Vec 임베딩 기법에 대한 설명이다.

10 ① 번

용어	설명
프롬프트 엔지니어링	거대 언어 모델로부터 원하는 결과를 얻기 위해 프롬프트를 설계하고 개발하는 작업
프롬프팅	거대 언어 모델로부터 응답을 생성하기 위해 프롬프트를 입력하는 작업
프롬프트 엔지니어	프롬프트 엔지니어링을 하는 사람/직업
프롬프트	거대 언어 모델로부터 응답을 생성하기 위한 입력

11 ③ 번

제로샷 러닝(Zero-shot Learning)은 사전 학습 없이도 새로운 질문에 대해 응답할 수 있는 기술이다. 프롬프트 엔지니어링에서는 이 기술을 활용하여 새로운 요청에도 대응할 수 있다.

12 ④ 번

Max Tokens은 생성 AI가 한 번의 응답에서 출력할 수 있는 최대 토큰 수를 제한하는 하이퍼파라미터이다. 응답이 중간에 잘리지 않고 완결성을 유지하려면 적절한 max_tokens 값을 설정해야 하며, 너무 짧게 설정하면 문장이 끊길 수 있다. 텍스트의 품질과 실행 시간, 비용 간의 균형을 고려하여 조정하는 것이 중요하다.

13 ① 번

생각의 사슬(CoT; Chain of Thought)의 특성은 연속성, 유창성, 효과성이다.

특성	설명
연속성	사과가 줄어들고, 늘어나고, 다시 줄어드는 과정이 단계별로 끊김 없이 자연스럽게 진행됨
유창성	사과의 변동 과정이 명확하고 자연스럽게 이어짐 "아침에 사과를 3개 먹었다. 그 후 5개를 샀다. 점심에 2개를 더 먹었다."
효과성	불필요한 정보 없이, 오직 사과의 변동에만 집중 "사과를 3개 먹고, 5개를 더 산 후, 2개를 먹어서 15개가 남았다."

14 ④ 번

맥락은 어떤 상황이나 환경을 이해하기 위한 배경 정보 전체를 나타내는 프롬프트의 구성요소 중 하나이다.

15 ② 번

사용자가 원하는 출력을 만들어 내는 방식을 반복적으로 테스트하고 평가함으로써 프롬프트의 효과를 최대화하는 방법이다.

특성	설명
자기일관성 러닝	여러 추론 경로를 통해 얻은 다양한 답변 중에서 가장 일관된 답변을 선택하여 모델의 추론 능력을 향상하는 방법
미세 조정	사전 학습(Pre-trained)한 모델에 최소한의 정보만 수정하여, 새로운 모델을 생성하는 방법
부스팅	여러 개의 예측력이 약한 모형(Weak Learner)을 순차적으로 학습시켜 예측 모형으로 만드는 앙상블 학습 기법

16 ④번

Poetic(시적인)은 시적이고 운율이 있는 Writing Style로써 시, 시조, 운문 등의 분야에 적용한다.

17 ①번

Negative Prompt는 이미지 생성 시 피하고 싶은 요소를 입력하며, 노이즈, 왜곡, 텍스트, 저화질 등을 막기 위해 사용한다.

18 ②번

미드저니 AI 모델의 버전을 의미하는 옵션은 --v 이다. (예: --v 5)

옵션	설명
--q	품질 설정 (0.25, 0.5, 1, 2 중 선택) (예: --q 2)
--seed	동일한 시드 값으로 일관된 결과 생성 (예: --seed 1234)
--style	특정 스타일을 설정 (예: --style cyberpunk)

19 ②번

텍스트 외에 이미지, 음성, 비디오, 코드, 표 등 둘 이상의 입력 모달리티(modality)를 함께 사용하는 프롬프트를 멀티모달 프롬프트라 칭한다.

20 ④번

문자형 자료형은 문자들의 집합으로 글자를 저장할 시 사용하는 자료형으로써, 문자열을 감싸는 방식은 큰따옴표, 작은따옴표를 사용한다.

구분	설명
튜플 자료형	리스트와 유사하지만, 일부 다른 부분이 있는 자료구조로써, 리스트는 내부 요소의 조작이 가능하지만, 튜플은 불가능
딕셔너리 자료형	자료형은 키(Key)와 값(Value)을 한 쌍으로 가지는 자료구조이며, 키에 대응하는 값은 다양한 자료형을 사용
리스트 자료형	숫자, 문자를 포함한 어떠한 자료형도 포함할 수 있는 자료구조

21 ③번

문제에서 설명하는 주의 사항은 서비스 이용약관에 해당한다. ④번 네거티브 프롬프트는 잘못된 이미지 생성 방지용 프롬프트이다.

구분	설명
윤리적 결과물	미풍양속을 해치거나 불건전한 이미지의 생성 및 배포 행위 금지
부적절한 공유 및 활용	음란물 등의 생성이 가능한 생성 AI모델의 공유 및 활용 금지 통한 윤리 준수

22 ②번

갈릴레오 AI(Galileo AI)는 사용자 인터페이스 아이디어 설계에 대하여 쉽고 빠르게 생성할 수 있는 생성 플랫폼이다.

보기	설명
스테이블 디퓨전	오픈 소스 형태로 모델이 개방된 이미지 생성 서비스
미드저니	스테이블 디퓨전과 함께 가장 유명한 이미지 생성 서비스
수노 AI	보컬과 악기를 결합하는 등의 생성 AI 음악 제작 서비스

23 ④번

/describe 명령어 사용 시, 업로드한 이미지에 대해서 미드저니가 자동으로 4가지의 프롬프트를 추천한다. 사용자는 이 중에서 원하는 표현을 선택하거나, 결합해서 사용할 수 있다.

구분	설명
/public	생성한 이미지를 미드저니 웹사이트에서 공개로 설정
/show	이전에 생성한 이미지나 결과물을 다시 불러와서 확인 가능
/info	이미지 생성과 관련된 추가 정보나 메타데이터를 제공

24 ③번

Restricted : 호출할 API를 사용 안 함(None), 읽기(Read), 쓰기(Write)를 선택할 수 있으며, 전부 "사용 안 함"인 경우 키 생성이 불가하다.

25 ①번

확장 프로그램은 개인정보 수집, 백도어 설치 등 악성 행위에 악용될 수 있기 때문에 설치 전 반드시 공식 스토어 등록 여부, 리뷰 및 권한 요청 내용 등을 검토해야 한다. ②~④번은 보안에 대한 잘못된 인식으로, 사용자의 보안 위협을 증가시킬 수 있는 행위이다.

26 ③번

생성 AI를 활용한 비즈니스 문서 작성을 통해 반복적이고 시간 소모적인 작업을 자동화하여 비즈니스 프로세스를 개선하는 효과를 얻을 수 있다.

과정	설명
데이터 수집	문서 작성에 필요한 데이터(보고서, 이메일 등) 수집
모델 학습	수집한 데이터를 기반으로 생성 AI 모델을 학습
문서 생성	학습된 모델을 사용하여 원하는 문서를 생성
편집 및 수정	생성된 문서를 검토 및 수정하며, 사용자 요구에 맞게 최적화
저장 및 공유	최종 작성 문서를 저장하고 필요한 사용자 또는 부서에 공유

27 ③번

포토가드(PhotoGuard)는 메사추세스 공과대학교(MIT)연구팀에서 개발 및 공개한 기술이며 생성 AI의 이미지 합성 기능을 방지한다. 주요 기술로는 인코더 공격과 확산 공격이 있으며 이를 통해 생성 AI의 합성을 원천적으로 방해하거나 합성 이미지를 쉽게 감지할 수 있도록 지원한다.

28 ③번

프롬프트 엔지니어링 윤리 원칙에서 "실시간 수정"은 AI가 수행할 수 있는 작업이 아니다. 생성된 정보는 사후 검토가 필요하며, 실시간 수정은 기술적으로 제한적이다.

29 ②번

생성 AI가 작성한 문장이 기존 브랜드의 슬로건과 유사할 경우 저작권 문제가 발생할 수 있다. 따라서 법적 검토를 통해 수정하는 것이 필수적이다.

30 ① 번

구글 워크스페이스는 다음과 같이 사용이 가능하다.

구분	설명
Gmail	이메일을 간결하게 요약하거나 특정 주제 탐색 요청
Google Docs	문서의 특정 부분을 다른 언어로 번역, 전문적 어투로 수정
Google Sheets	데이터의 인사이트를 도출하여 차트, 보고서 초안 자동 생성
Google Drive	특정 단어가 포함된 파일을 검색, 요약, 파일 분류 관리

31 캔버스, Canvas

캔버스 기능의 주요 특징으로는 실시간 글쓰기 및 편집, 코드 작성 및 디버깅 지원, 협업 지향적 대화 등이 있다.

32 퓨샷 러닝, Few-shot Learning

퓨샷 러닝은 생성 AI에게 몇 개의 예시를 통해 힌트를 주며 답변을 생성하는 방법이며, 제로샷 러닝으로 원하는 답변을 얻지 못할 경우에도 사용한다.

33 Beam Width

Beam Width는 기계 번역, 음성 인식, 자연어 생성 등에서 Beam Search 알고리즘을 사용할 때의 파라미터이며, 동시에 여러 개의 후보를 생성하고 탐색하여 최적의 결과를 찾는 탐색 방법이다.

34 LoRA, 로라

로라(LoRA)모델은 저용량, 복수 사용 가능, 가중치 설정, 프롬프트 간소화 등의 특징을 지닌다.

35 미드저니, Midjourney

미드저니(Midjourney)는 잘 묘사된 문장형 프롬프트를 입력할 시 고품질의 이미지를 얻을 수 있다.

36 1

37 8

38 12

39 20

40 23

프롬프트

①은 결과물의 언어를 설정하는 기능이며, 프롬프트에 대한 결과가 한글로 출력됨을 볼 수 있다.

②는 결과물이 작성될 스타일(문체)를 설정하며 '시간이 멈춘 듯한', '오래된 로맨틱 영화 속 장면처럼' 등과 같이 시적인(Poetic) 문제를 사용한 걸 볼 수 있다.

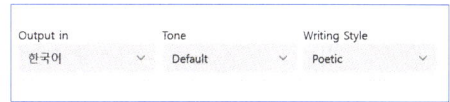

이미지

③은 미드저니 결과물의 출력 비율을 설정하는 옵션으로서 --ar을 사용한다.

결과물 추출

④의 프롬프트에 대한 결과물은 키워드로 이루어져 있음을 알 수 있다.

⑤의 프롬프트에 대한 결과물은 문장으로 이루어져 있음을 알 수 있다.

06회 모의고사 정답 및 해설

01	02	03	04	05	06	07	08	09	10
①	④	③	①	②	③	①	③	②	①
11	12	13	14	15	16	17	18	19	20
①	②	③	④	②	①	②	②	①	②
21	22	23	24	25	26	27	28	29	30
③	①	②	④	②	①	③	②	③	④
31		32		33		34		35	
템플릿		워드 클라우드		특이점		Print		그래프	
36		37		38		39		40	
2		5		13		11		19	

01 ①번

구분	설명
인공지능	- 기계가 인간처럼 사고하고 행동할 수 있게 하는 가장 광범위한 분야로, 문제 해결, 학습, 언어 이해와 같은 지능적인 행위를 모방하는 기술을 포함한다.
기계학습	- 인공지능의 하위 집합으로, 알고리즘이 데이터로부터 학습하고, 경험을 통해 자동으로 개선될 수 있도록 하는 기술로, 데이터 분석과 복잡한 문제를 해결하는 데 사용된다.
딥러닝	- 기계 학습의 한 분야로, 인공신경망을 사용하여 대규모 데이터 세트에서 패턴을 학습하고, 이미지 및 음성 인식과 같은 고도로 복잡한 작업을 수행하는 데 사용된다.
강화학습	- 강화학습은 인공지능의 한 분야로, 에이전트와 환경이 상호작용하면서 스스로 학습하여 최적의 행동(정책)을 찾아가는 과정이다.

02 ④번

④번은 데이터 처리 단계의 기능에 대한 설명이다.

인공지능 학습 데이터 처리 단계

알고리즘 선택	- 학습할 문제의 유형(분류, 회귀, 군집 등)에 따라 적합한 알고리즘을 선택
학습 과정	- 선택된 알고리즘을 사용하여 모델이 데이터 패턴을 학습할 수 있도록 함
모델 학습	- 인공지능 모델을 효과적으로 훈련하기 위해 대량의 데이터를 반복적으로 입력 - 모델의 하이퍼파라미터를 조정하여 예측 오류를 줄이고 성능을 개선

인공지능 모델 학습 단계

데이터 수집	- 인공지능 모델 학습을 위한 첫 단계는 데이터 수집 단계 - 수집 데이터에는 이미지, 텍스트, 오디오 등 모든 형식을 포함
데이터 전처리	- 수집된 데이터는 불완전하거나, 노이즈가 섞여 있거나, 형식이 일정하지 않을 수 있음 - 데이터 전처리 과정에서는 누락된 값 처리, 정규화, 특성 추출과 같은 기술을 사용하여 데이터를 모델 학습에 적합한 형태로 변환함

03 ③ 번

㉠에 들어갈 내용은 오류역전파이다.

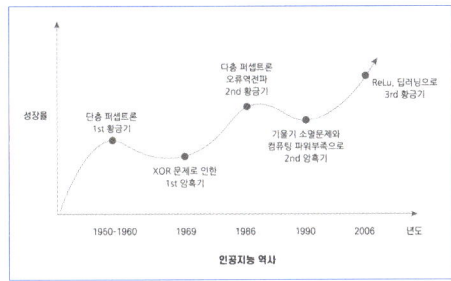

04 ① 번

보기의 퍼셉트론 연산은 AND 연산으로, 선형 분리가 가능하다.

AND 연산은 입력값(X, Y)이 모두 1인 경우에만 출력값(F)이 1이 되는 특성이 있다.

입력값(X)	입력값(Y)	출력값(F)
0	0	0
0	1	0
1	0	0
1	1	1

05 ② 번

챗GPT가 응답한 주요 LLM 관련 논문 목록에서 설문(Survey) 논문을 검색한 결과가 4개이므로, 3개가 검색되었다는 내용은 틀리다.

06 ③ 번

생성 AI는 학습자의 학습 패턴과 수준을 분석하여 개인화된 학습 경로와 콘텐츠를 제공함으로써 학습 효율성을 높인다.

07 ① 번

보기의 설명은 사람의 피드백을 활용한 강화학습(RLHF)이다.

강화학습과 다른 점은 모델을 학습시키기 위해서 사람의 피드백을 활용한다는 것에 있다.

08 ③ 번

③번은 AI의 성능 자체(모델 구조나 학습 능력)를 개선하는 것이 아니라, 출력 결과의 품질을 높이는 방식이다.

즉, 프롬프트 엔지니어링은 사용자 관점에서 결과를 제어하는 기술이지, 모델 자체의 성능을 향상시키지는 않는다.

09 ② 번

2016년도, 구글의 인공지능 알파고(AlphaGO)가 세계 바둑 챔피언인 이세돌 9단을 이겨 화제가 되었다.

10 ① 번

보기에서 설명하고 있는 것은 컨텍스트 벡터(Context Vector)이다.

- **컨텍스트 벡터**는 이전에 나온 모든 데이터를 요약해서 저장하는 벡터로, 과거의 정보를 기억하는 데 중요한 역할을 한다.
- 이 벡터는 Seq2Seq의 마지막에 처리한 정보를 바탕으로 생성되고, 다음 데이터 예측이나 정보 전달에 사용된다.

11 ① 번

단어 의미 구분 (WSD)	- 한 단어가 여러 가지 의미가 있는 문제를 해결하기 위해 문맥을 고려하여 단어의 정확한 의미를 파악하는 기법이다.
의미 파싱	- 자연어 문장을 의미 단위의 프로그램 코드로 변환하는 과정이다. - 기계가 문장의 의미를 이해하고 해당 의미에 대한 작업을 수행할 수 있도록 하는 기법이다.

12 ② 번

보기는 제미나이에서 캔버스(Canvas) 기능을 통해 애플리케이션을 생성한 화면이다. 계산기 애플리케이션에서 기본 사칙연산에 대한 기호는 주어졌으며, 숫자 0을 입력하는 키 좌우로 괄호 "( )"가 있는 것을 볼 수 있다.

위와 같은 기능을 확인했을 때, 계산기 애플리케이션을 생성하는 프롬프트로 가장 적절한 것은 ②번이다.

13 ③ 번

챗GPT의 응답 결과를 살펴보았을 때, 문장뿐만 아니라 문장부호까지 같이 분석하여 현재의 감정을 추론하고 있다.

프롬프트

> 다음 문장의 부호까지 고려해서 현재 감정을 추론해줘.
> => 프롬프트 엔지니어링 공부는 재밌고 신난다. 계속하고 싶다...

14 ④ 번

- 퓨샷 러닝은 몇 개의 예시를 통해 힌트를 주면서 답변을 생성하는 방법이다.
- 또한, 제로샷 러닝으로 원하는 답변을 얻지 못할 경우, 생성 AI에게 예시를 제공하여 원하는 답변을 얻을 수 있다.
- 프롬프트 내용 중 예시에서 "안녕하세요"라는 내용을 "Hello"로 변환하는 예시를 코파일럿에게 제시하며, 입력값으로 "좋은 하루 되세요"를 입력하고 있다. 코파일럿은 한국어에서 영어로 번역하라는 예시를 학습하였으므로, 입력값을 영어로 변환해서 출력값으로 내보내게 된다. 보기 중 입력값을 영어로 변환한 내용은 "Have a nice day."가 가장 적절하다.

15 ② 번

- 제로샷 CoT 러닝은 트리거 문장 "Let's think step by step (단계별로 생각해 보자)"을 프롬프트에 추가하여 생성 AI가 단계에 따라 결과를 도출하게 하는 방법이다.
- 제로샷 CoT 러닝은 트리거 문장을 하나 더 추가하여 상세한 답변 도출 및 추론 과정을 알 수 있게 하는 방법이다.

16 ① 번

- Beam Width는 기계 번역, 음성 인식, 자연어 생성 등에서 Beam Search 알고리즘을 사용할 때의 하이퍼파라미터이다.
- 프롬프트에서 작성한 하이퍼파라미터인 Beam Width=1은 가능한 선택지 중에서 단계마다 가장 가능성이 큰 토큰만 선택하면서 출력을 생성하는 방식이다.

각 보기에서 작성한 프롬프트는 다음과 같다.

② : 파스타를 요리하는 방법을 다음과 같은 포맷으로 알려줘. Beam Width=1
''' {주요 내용} ▶ {주요 내용} ▶ … '''

③ : 파스타를 요리하는 방법을 다음과 같은 포맷으로 알려줘. Beam Width=1
''' {주요 내용} '''

④ : 파스타를 요리하는 방법을 다음과 같은 포맷으로 알려줘. Beam Width=2
''' {주요 내용} '''

17 ② 번

- 코파일럿이나 챗GPT에 자연어로 작업 지시를 하여 데이터를 요약하거나 분석한다.
- 엑셀에 통합된 AI 기능 또는 외부 AI를 활용해 자연어 기반의 프롬프트로 데이터를 분석하거나 자동화가 가능하다.

18 ② 번
- 기사 본문을 기반으로 다양한 제목(특히 클릭 유도형 제목)을 생성함으로써 독자의 주목도를 높이고 A/B 테스트 등에 활용된다.
- 이는 생성 AI가 콘텐츠의 문맥을 이해하고 그에 맞는 결과를 생성하도록 유도하는 전형적인 프롬프트 엔지니어링 사례이다.

19 ① 번
보기에서 설명하고 있는 파이썬 자료형은 집합(Set) 자료형이다.

20 ② 번
- xt2img 또는 img2img 탭을 사용할 때, LoRA 관련 확장 기능이 설치되어 있다면 보통 하단 또는 우측에 LoRA 선택 UI 패널이 표시된다.
- 이 UI에서 원하는 LoRA 모델을 클릭해 추가할 수 있으며, 가중치(예: 0.5~1.0)를 직접 조절할 수 있다.
- LoRA 모델을 적용하기 위해 수동으로 프롬프트 입력(예: <lora:model:0.7>)할 수 있으나, 수동 입력보다 더 직관적이며 실수를 줄여준다.

21 ③ 번
- 보기에서 제미나이에게 업로드 하는 코드 파일을 보았을 때, "Python"이라고 표시된 것을 보아, 챗GPT에서 파이썬 코드를 생성한 것을 알 수 있다.
- 제미나이 응답에서 "TTS 음성 생성 코드"의 내용으로 보아, 챗GPT에서 사람의 음성을 생성하는 코드를 만들어달라고 한 것을 알 수 있다.

22 ① 번
보기의 그림에서 다음과 같이 묘사하는 특징을 확인할 수 있다.
- 만개한 꽃들, 햇살 가득한 초원, 푸른 하늘 아래 피크닉, 숲 속의 나비들, 초여름 패션 스타일.
- 이러한 특징을 포함하는 프롬프트는 ①번이다.

23 ② 번
- 탐색적 데이터 분석(EDA)은 데이터를 시각화하거나 요약 통계를 활용하여 패턴, 이상치, 변수 간 관계 등 전체적인 구조를 파악하는 기법이다.
- 보기 속 응답에서 제공된 기본 통계량 요약과 상관관계 분석은 모두 EDA의 핵심적인 활동에 해당한다.

24 ④ 번
- 그림 하단에 "마이크에 액세스할 수 없습니다. 설정을 확인해 주세요."라는 메시지가 명시되어 있으므로, 이는 마이크 권한 문제임을 나타낸다.
- 브라우저 또는 운영 체제의 마이크 사용 권한 설정이 차단되었는지 확인하고, 만약 차단되어 있으면 허용으로 변경해야 한다.

25 ② 번
- 파이썬에서는 함수를 호출하기 전에 먼저 정의해야 한다.
- 보기의 파이썬 코드에서는 print_for()를 호출하고 나서 함수 정의가 나오기 때문에 NameError가 발생한다.
- 따라서 def print_for()를 print_for()보다 먼저 작성한다.

26 ① 번

보기에서 제시하는 상황, 직무 대상, 요구사항을 고려하여 프롬프트를 작성할 때, 키워드로 포함되어야 하는 내용은 다음과 같다.

"생성 AI", "소프트웨어 개발자", "현상", "문제점", "해결방안", "검색"

이러한 키워드를 포함하는 프롬프트는 ①번이다.

27 ③ 번

보기의 사례에서 설명하고 있는 것은 깃허브(GitHub)에 공개된 소스 코드를 무단으로 학습 데이터로 사용하여 저작권을 침해했다고 소송한 사건이다.

AI 학습 데이터의 안전성을 높이기 위해서는 타인의 저작권을 침해하지 않는 데이터로만 학습하여야 한다.

28 ② 번

생성 AI의 목적은 이용자가 활용 목적을 정하며, 전통적 AI의 목적은 기획·개발자가 활용 목적을 정한다.

구분	생성 AI	전통적 AI
특징	· 새로운 것을 생성하는 AI · 이용자의 질문으로부터 새로운 것을 생성 · 훈련 데이터와 유사한 데이터 생성	· 특정 작업의 지능적 수행에 초점 · 학습된 데이터를 기반으로 결정과 예측 수행
목적	· 이용자가 활용 목적을 정함	· 기획·개발자가 활용 목적을 정함
활용	· 이용자 의도에 따라 활용 범위 넓음 · 새롭고 독창적인 콘텐츠 개발 중심 · 환각(Hallucination) 발생 우려	· 특정 목적 달성에 활용 · 학습된 특정데이터 기반의 신뢰할 수 있는 결괏값 제공
적용 분야	· 콘텐츠 제작, 합성 데이터 생성 등	· 예측, 탐지 등

29 ③ 번

- 챗GPT는 자연어 기반으로 적절한 문장 생성이 가능하며, 다양한 질문에 대해 빠르게 응답을 자동화할 수 있다.
- ①번: 고객 불만의 처리 우선순위는 기업 정책, 고객 등급, 상황 맥락에 따라 달라지며 사람의 판단이 필요한 영역이다.
- ②번: 보상 제공 여부 판단 및 승인은 비용 발생 및 정책 기준이 포함된 경영 의사결정 사항이므로 자동화가 어렵다.
- ④번: 서비스 정책 여부는 회사의 전략, 법적 요소, 책임 소재 등이 걸려 있어 AI가 판단하거나 자동화할 수 없는 영역이다.

30 ④ 번

- 푸바오는 2024년에 반환되었음에도 챗GPT의 응답은 반환될 예정이라고 답변하고 있으며, 이는 일종의 환각(Hallucination) 증상이 발생한 것이다.
- 프롬프트 엔지니어는 생성 AI가 생성한 결과물에 대해 환각 증상이 언제든지 발생할 수 있다는 사실을 인지하고, 생성 결과물에 대해 사실을 판단할 수 있는 역량을 지녀야 한다.

31 템플릿, Template, template

- 프롬프트 **템플릿** 사용은 프롬프트를 기존에 작성된 프롬프트 또는 다른 사람이 작성한 프롬프트를 확보하여 결과물을 생성하는데 사용하는 방법이다.
- 프롬프트 **템플릿** 사용의 장점은 빠른 결과 생성 및 확장성이 있다.
- 특히 다른 사람이 작성한 프롬프트 **템플릿**을 가져와서 다시 사용할 수 있으므로 잘 작성된 프롬프트를 확보하는 것은 매우 중요하다.

32 워드 클라우드, Word Cloud, word cloud
- 워드 클라우드는 텍스트를 분석하여 사람들의 관심사, 키워드, 개념 등을 파악할 수 있도록 빈도수를 단순히 카운트하여 시각화시킨 도구이다.
- 워드 클라우드는 자연어로 구성된 데이터를 컴퓨터 또는 워드 클라우드 생성기를 통해 생성할 수 있다.

33 특이점, Singularity, singularity
- 인공지능의 특이점은 인공지능의 발전이 가속화되어 모든 인류의 지성을 합친 것보다 더 뛰어난 초인공지능이 출현하는 시점이다.
- 또한, 특이점은 인공지능이 인간의 지능을 초월하는 시점으로, 이후에는 기술 발전이 인간의 예측이나 통제를 벗어나는 상태를 말한다.
- 인공지능의 특이점을 설명한 그림은 다음과 같다.

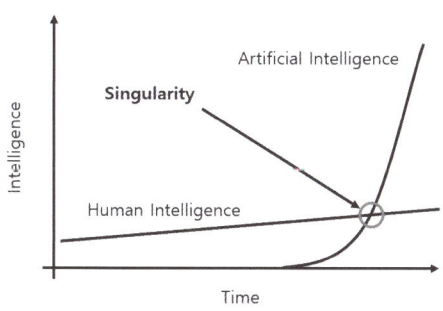

34 Print, print
- 파이썬의 print 함수는 터미널, 화면과 같은 콘솔에 문자열이나 변수의 값을 출력할 때 사용하는 함수이다.
- print 함수는 디버깅, 로깅, 포맷팅 등의 목적으로도 사용할 수 있다.

35 그래프

㉠에 "그래프"라는 단어를 채워 넣어 문장을 완성하면 다음과 같다.

프롬프트	데이터 분석을 수행하기 위해 업로드한 파일을 읽고 **그래프**를 그려줘
응답 결과	데이터가 성공적으로 불러와 졌습니다. 주요 열에는 나이, 수면 시간, 수면의 질, 신체 활동, 스트레스 수준, BMI, 혈압, 심박수, 수면 장애 등이 포함되어 있습니다. 어떤 **그래프**를 그리고 싶으신가요? 예를 들어: - 수면 시간 vs 스트레스 수준 - 직업별 평균 수면 시간 원하는 분석 항목을 알려주세요.
프롬프트	수면 시간 vs 스트레스 수준에 대한 거야
응답 결과	위 **그래프**는 수면 시간과 스트레스 수준 간의 관계를 보여줍니다. 전반적으로 수면 시간이 짧을수록 스트레스 수준이 높아지는 경향이 일부 보이지만, 뚜렷한 상관관계는 강하지 않아 보입니다. 원하신다면 이 관계에 대해 회귀선 추가나 상관계수 계산도 도와드릴 수 있습니다. 원하시나요?

36 2

37 5

38 13

39 11

40 19

- **[이미지]**를 참고하여 프롬프트를 넣을 때, ① 의 경우, 호수가 하늘을 **반사(2번)**하는 것을 확인할 수 있다.

- **[이미지]**를 참고하여 프롬프트를 넣을 때, ②의 경우, 하늘에 **구름(5번)**이 떠 있는 것을 확인할 수 있다.
- **[이미지 설명]**에서 이미지가 연속으로 3번에 걸쳐 생성을 반복된 것으로 보아 **[설정]** 화면에서 이를 가장 잘 설명하는 것은 배치 카운트(Batch Count)이다. 따라서 배치 카운트의 값은 **3(11번)**이다.
- **[이미지 설명]**에서 한 번에 이미지를 1개 생성한 것은 배치 사이즈(Batch Size)로, **[설정]** 화면에서는 보이지 않는다.
- **[이미지 설명]**에서 이미지의 크기는 720 × 480픽셀로, 가로 720픽셀, 세로 480픽셀이라는 의미이다. 따라서 **[설정]** 화면의 Height(높이)의 값은 **480(13번)**이다.
- **[이미지 설명]**에서 이미지의 오른쪽 아래 끝에 불필요한 텍스트가 생성된 것을 지우기 위해서는 네거티브 프롬프트에 **워터마크(Watermark, 19번)**라는 키워드를 입력하면 다음 이미지 생성 시 삭제할 수 확률이 증가한다.

07회 모의고사 정답 및 해설

01	02	03	04	05	06	07	08	09	10
③	④	②	②	①	④	①	③	②	①
11	12	13	14	15	16	17	18	19	20
②	①	③	③	③	④	①	②	②	④
21	22	23	24	25	26	27	28	29	30
②	③	④	②	③	②	④	③	②	①
31		32		33		34		35	
IndentationError		표		Sora		Writing Style		샘플링 메소드	
36		37		38		39		40	
8		23		11		2		15	

01 ③ 번
인공지능은 자기 학습 능력, 대규모 데이터 처리, 언어 이해 및 처리, 감지 및 인식, 적응성 등의 특징이 있다. 자기 학습 능력은 데이터로부터 스스로 학습하고, 경험을 바탕으로 성능을 지속해서 개선하는 것이다.

02 ④ 번
복잡한 문제를 해결하기 위해 은닉층을 한 개 이상 추가하였지만, 은닉층의 개수가 무한대로 늘어나면, 계산한 결괏값을 잃어버리는 문제점이 발생하였다. 또한 데이터 증가에 비해 컴퓨팅 파워가 부족하여 제대로 학습을 못하게 되어 2차 암흑기에 들어가게 되었다.

03 ② 번
배깅(Bagging)은 복원추출을 통해 생성된 여러 데이터셋을 병렬로 학습시키고, 결과를 종합해 예측의 정확성과 안정성을 높이는 앙상블 기법이다. ① 부스팅(Boosting), ④ 비지도 학습(Unsupervised Learning)의 특징이다.

04 ② 번
②번은 보통 추천 시스템으로, 사용자 행동 기반의 비지도 학습 또는 에이전트와 환경이 상호작용을 하면서 스스로 학습하여 최적의 행동(정책)을 찾아가는 강화학습 기법이 적용된다. 나머지는 모두 입력-정답 쌍이 있는 지도학습 사례이다.

05 ① 번
생성 AI는 데이터를 학습하여 새롭고, 창의적인 콘텐츠 생성할 수 있는 AI 기술을 의미한다. ② 검색 엔진에 대한 설명이다. ③, ④ 생성 AI가 아닌 전통적 AI 기능에 해당한다.

06 ④ 번
GAN은 생성자(Generator)와 판별자(Discriminator)가 서로 경쟁하는 과정을 통해 학습하는 구조로 이루어져 있다. 생성자(Generator)는 진짜와 유사한 가짜 데이터를 만들고, 판별자(Discriminator)는 생성자가 만든 데이터가 진짜인지, 가짜인지 판별하는 역할을 한다.

07 ① 번

①의 설명은 서로 뒤바뀌었다. 생성 AI의 입력 데이터는 맥락(Context)과 명령(Prompt) 중심의 자연어 입력이다. 검색 엔진의 입력 데이터는 사용자의 검색 키워드이다.

08 ③ 번

프롬프트 엔지니어링은 인공지능으로부터 수준 높은 결과물을 얻기 위해 적절한 프롬프트를 설계하고 개발하는 작업이다. ③은 프롬프트 엔지니어링의 개념과 전혀 관련 없는 하드웨어 설계 영역이다.

09 ② 번

자연어를 분석하기 위해서는 순차적인 분석 단계를 거쳐야 하고 다양한 자연어 처리 기술을 사용해야 한다. 자연어 분석은 형태소 분석, 구문 분석, 의미 분석, 화용 분석 단계로 처리된다.

10 ① 번

워드 클라우드(Word Cloud)는 텍스트를 분석하여 사람들의 관심사, 키워드, 개념 등을 파악할 수 있도록 빈도수를 단순히 카운트하여 시각화시킨 도구이다.

자연어를 컴퓨터 또는 워드 클라우드 생성기를 통해 처리하는 시각화 도구이다.

11 ② 번

Word2Vec은 단어 수준의 임베딩 기법이며, 통계적 기반 자연어 처리 임베딩 기법은 TDM(Term-Document Matrix), TF-IDF(Term Frequency-Inverse Document Frequency) 등에 해당한다.

12 ① 번

알고리즘 자체 개선은 모델 엔지니어의 영역이며, 프롬프트 엔지니어는 입력 문구의 효과 검증, 입력 문구 설계, 최적의 응답 유도 프롬프트 구성 등의 역할을 수행한다.

13 ③ 번

어텐션 메커니즘은 문장이 길어지면 전체를 보지 않고, 필요한 부분(단어 또는 문장)에 집중한다. 문장의 각 단어 간 얼마나 유사성이 있는지를 평가하고, 중요하거나 유사성이 있는 단어에 우선순위를 설정하여 중요한 단어에 집중한다.

14 ③ 번

제미나이(Gemini)는 구글 딥 마인드에서 개발하고 텍스트, 오디오, 이미지 등 다양한 데이터를 이해하고 처리할 수 있는 멀티모달(Multimodal) 기능이 있는 생성 AI이다. 제미나이(Gemini)는 다양한 생성 기능을 지원하지만, 데이터베이스 설계 자동화는 주요 기능에 해당하지 않는다.

15 ③ 번

멀티모달 프롬프트는 텍스트, 이미지, 오디오 등 여러 유형의 입력을 결합하여 생성 AI에 질의하는 프롬프트이다.

16 ④ 번

자료 분석을 통한 시각화 요청의 작업 절차를 기준으로 가. 프롬프트의 기본 문장 작성 → 라. 분석 대상 업로드 → 나. 분석 기준(예: 컬럼 이름, 수치/범주형 구분) 명시 → 다. 컬럼 구분 요청 → 마. 시각화 요청 순으로 진행하는 것이 가장 적합하다.

17 ① 번

스테이블 디퓨전 사용 시 네거티브 프롬프트 입력란에 원하지 않는 요소들을 작성하면 원하지 않는 요소들을 배제하면서 이미지 품질을 향상한다.

18 ① 번

프롬프트는 "요약(주요 요점 3가지 정리) → 형식(뉴스 기사 형식) → 어조(중립적인) → 제목 포함"까지 명확히 제시하여, AI가 구조화된 응답을 할 수 있도록 잘 설계되어 있다.

19 ② 번

해당 프롬프트는 업로드한 녹음 파일(오디오)을 통해 텍스트로 변경하여, 핵심 논의 내용과 결정 사항을 요약 처리하는 전형적인 멀티모달 프롬프트이다.

20 ④ 번

상황을 근거로 문서는 너무 전문적이지 않게, 핵심 개념만 짧게 요약된 형태로 작성되어야 한다. 최종 목적은 슬라이드 자료용 요약 정리이다. 따라서 ㉠과 ㉡에 적절한 답은 요약과 슬라이드이다.

21 ② 번

미드저니(Midjourney)에서 사용되는 옵션인 chaos는 이미지 생성 결과의 무작위성(randomness)을 조절하는 기능이다.

chaos는 0에서 100까지 값의 범위를 가지며 높은 값일수록 더 다양한, 실험적인 이미지 결과가 생성된다.

22 ③ 번

같은 이미지를 반복 생성하려면 seed 값이 동일해야 한다. steps는 한 이미지를 생성하는데 반복한 횟수의 설정값이다. sampler는 이미지를 생성하는 알고리즘인 샘플링 메소드의 이름이다.

23 ④ 번

챗GPT를 활용하여 홍보 포스터를 만들기 위해서는 참가 연령대와 목적(예: 전통 음식 홍보, 가족 대상 참여 유도 등)을 명확히 하면, 챗GPT가 톤, 단어 선택, 강조 포인트를 더 정확하게 조정할 수 있다.

24 ② 번

"요약 (300자 이내)"라는 응답 결과에 따라 ㉠은 300자 이내의 요약을 요청하였다. "가장 높은 상승률 연도: 2022년, 주요 요인: 공급망 병목, 에너지 가격 급등, 전반적 추세: 2020, 2022 상승 → 2023, 2024 안정화"라는 응답 결과에 따라 ㉡에 적절한 답은 요인이다.

25 ③ 번

①은 세로 길이가 긴 이미지로 생성된다. ②는 정사각형, 세로 길이가 긴 이미지가 생성된다. ④는 가로세로 비율을 보면 가로 비율이 넓지만, chaos 값이 너무 높아서 사실적인 묘사 부분의 상황에 적절하지 않다.

26 ② 번

솔루션 개발 프로세스에서 가장 먼저 수행되어야 할 단계는 요구사항 분석 단계이다. 다양한 생성 AI 서비스가 제공되는 환경에서 적절한 AI 서비스 모델을 찾기 위해 사용자의 요구사항 분석이 가장 먼저 진행되어야 한다.

27 ④ 번

생성 AI의 결과물을 반사회적으로 활용하면 초상권 침해, 명예훼손, 사회적 파장 등의 다양한 문제가 발생할 수 있다. 따라서 결과물의 악용으로 이용자는 법적 책임을 질 수 있으므로 이용자에게 책임성이 부여된다.

28 ③ 번

생성 AI 결과물에 대한 저작권 침해 방지를 위해서는 결과물에 사용자 창의성을 더해 활용한다면, 생성 AI 결과물에 대한 저작권 침해 위험을 일부 줄일 수 있다.

29. ② 번
생성 AI 사용 시 개인정보 및 중요정보를 입력하게 되면, 입력한 정보가 수집될 수 있음을 인식하여 개인정보 및 중요정보 보호에 특히 주의해야 한다.

30. ① 번
이용자는 AI 결과물의 객관성과 편향성을 비판적으로 검토해야 한다.

허위 정보를 포함하거나, 개인정보를 입력하는 행위 등은 부적절하므로 특히 주의해야 한다.

31. IndentationError
※ 복수 정답 인정
(들여쓰기 오류, 들여쓰기 도 정답 처리)

해당 코드를 실행하면 들여쓰기 오류 발생한다.

def greet():
　　print("Hello, world!") 와 같이 수정하면 Hello, world! 의 출력 결과를 얻을 수 있다.

32. 표
※ 복수 정답 인정("표형식"도 정답 처리)

응답 결과의 "경주 2박3일 가족 여행 계획표" 등을 보아 프롬프트 작성 시 표 형식으로 요청했다는 것을 확인할 수 있다.

33. Sora
※ 복수 정답 인정("소라"도 정답 처리)

소라(SORA)는 오픈AI에서 발표한 AI 모델로, 고품질 영상 및 멀티모달 콘텐츠를 생성하는 AI 서비스다. 텍스트 입력만으로 영상, 이미지, 음성 등 다양한 멀티미디어 콘텐츠를 제작할 수 있는 기술이다.

34. Writing Style
AIPRM은 전문가가 사전에 만든 프롬프트를 편리하게 사용할 수 있도록 도와주는 확장 프로그램이다. Writing Style은 결과물이 작성될 스타일을 설정할 수 있는 기능이다.

35. 샘플링 메소드
※ 복수 정답 인정
(Sampling Method 도 정답 처리)

샘플링 메소드는 이미지를 그리는 알고리즘이다.

인물화를 그리는데 있어 최적화된 알고리즘으로는 DPM++2M Karras가 있다.

36. 8

37. 23

38. 11

39. 2

40. 15

챗GPT는 하이퍼파라미터를 통해서 특정 역할을 부여하고, 톤과 형식, 출력 구조에 대해 제어할 수 있다. 한 대학생이 조별 과제 발표를 위해 작성하는 프롬프트이므로 ㉠ 대학생이다.

temperature는 단어 선택의 창의성을 조절하는 하이퍼파라미터이므로 ㉡ 창의성이다. 조정된 파라미터 응답 결과는 조금 더 창의적이고 부드러운 어휘를 사용한 것으로 보아 0.7보다 높은 값이므로 ㉣ 0.8이다. Top-p는 단어 선택에 대한 다양성을 제어하는 하이퍼파라미터이므로 ㉢ 다양성이다. writing style 생성되는 글의 어조나 문체를 제어하는 하이퍼파라미터이다. 조정된 파라미터 응답 결과를 확인하면 친근한 대화체를 사용했으므로 ㉤ friendly이다.

08회
모의고사 정답 및 해설

01	02	03	04	05	06	07	08	09	10
①	④	②	③	①	②	③	③	②	①
11	12	13	14	15	16	17	18	19	20
④	③	①	②	①	③	②	②	④	③
21	22	23	24	25	26	27	28	29	30
①	④	③	④	①	③	②	④	①	①
31		32		33		34		35	
네거티브 프롬프트		음성모드		제미나이		여우		False	
36		37		38		39		40	
1		7		12		13		19	

01 ① 번
보기는 인공지능, 기계학습, 딥 러닝(Deep Learning)의 관계를 도식화한 그림이다.

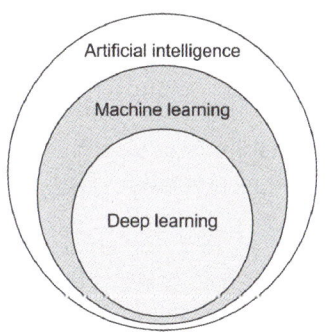

02 ④ 번
보기의 퍼셉트론 연산은 OR 연산으로, 선형 분리가 가능하다.
OR 연산은 입력값(X, Y)이 둘 중 한 개라도 1인 경우에는 출력값(F)이 1이 되는 특성이 있으며, 모두 0인 경우에는 출력값(F)이 0이 된다.

입력값(X)	입력값(Y)	출력값(F)
0	0	0
0	1	1
1	0	1
1	1	1

03 ② 번
[모델 학습 개념도]에서 원본 데이터를 데이터 셋으로 구성하여 모델을 순차적으로 학습시키고 있다.

이러한 학습 기법은 부스팅(Boosting)으로, 부스팅은 앙상블 학습 기법으로 여러 개의 예측력이 약한 학습기(Weak Learner)를 순차적으로 학습시켜 예측 모형으로 만드는 방법이다.

04 ③ 번
보기의 설명은 회귀 분석에 대한 설명이다.

- 회귀 분석은 독립변수와 종속변수 간의 관계를 도출하여 하나 이상의 독립변수들이 종속변수에 미치는 영향을 분석하고, 독립변수를 기반으로 종속변수를 예측하는 분석 기법이다.

- 회귀 분석은 변수들 사이의 인과관계를 밝히고, 회귀 분석 모형을 기반으로 관심 있는 변수를 예측하거나 추론하기 위한 분석 방법이다.

05 ① 번
- 검색 결과 중에 특정 파일 형식을 지정하여 검색할 때는 "filetype:파일 확장자"로 검색한다.
- 생성 AI가 검색 키워드이고, 파일 확장자는 PDF이므로, "filetype:pdf 생성 AI"를 작성하여 검색하면 생성 AI와 관련된 PDF 파일이 검색된다.

06 ② 번
챗GPT가 생성한 응답 결과의 코드는 Java 언어의 코드이다.

07 ③ 번
보기에서 설명하고 있는 것은 네이버의 클로바X(Clova X)이다.

> - 클로바X는 네이버의 초거대 규모(Hyperscale) 언어 모델인 하이퍼클로바X(HyperCLOVA X) 기술을 바탕으로 만들어진 생성 AI이다.
> - 방대한 데이터를 기반으로, 네이버 AI 윤리 준칙을 준수하여 만들어진 클로바X는 사용자와 대화하며 상호작용할 수 있는 새로운 차원의 대화형 AI 서비스이다.
> - 클로바X와 챗GPT 사용하는 방법은 유사하나 클로바X는 영어가 아닌 한국어 데이터를 바탕으로 학습되었기 때문에, 챗GPT 보다 한국어와 한국 문화에 대한 이해도가 우수하다.

08 ③ 번
프롬프트 엔지니어링은 이미 학습된 인공지능 모델의 능력을 최대한 끌어내는 기술일 뿐, 모델 자체에 새로운 지식을 학습시키는 방법은 아니기 때문이다.

09 ② 번
- 보기에서 언급된 "숨겨진 주제 발견, 말뭉치 기반, 비지도 학습, 확률 모델" 등은 토픽 모델링의 핵심 특징이다.
- 특히 LDA는 토픽 모델링의 대표적인 알고리즘으로, 각 문서가 여러 주제에 속하고, 각 주제가 특정 단어 분포를 갖는다고 가정한다.
- 이는 베이즈 추론 기반으로 동작하며, 나이브 베이즈와 유사하게 확률 분포에 기반한 문서 해석을 수행한다.
- 나머지 보기들은 모두 지도학습 또는 정보 기반 처리 기술로, 설명과 일치하지 않는다.

10 ① 번
- 보기의 설명은 자연어를 수치 벡터로 변환하는 과정에 대해 말하고 있으며, 이는 임베딩의 정의에 해당한다.
- Word2Vec, GloVe, BERT 등의 예시는 모두 임베딩 기법으로, 단어 간 의미적 관계를 벡터 공간에 반영하는 데 사용된다.
- 다른 보기들은 각기 다른 NLP 태스크(예: 문법 구조 분석, 명사 인식 등)에 해당하므로 설명과 일치하지 않는다.

11 ④ 번
- 프롬프트 템플릿은 한 번 생성한 후에도 수정하거나 재활용할 수 있다.
- 템플릿의 가장 큰 장점 중 하나는 유연성과 재사용성에 있다.
- ①번, ②번, ③번은 프롬프트 템플릿의 장점으로 적절한 설명이다.

12 ③번
- ①, ②, ④번은 번역 작업을 암시하지만, 명시적인 구조로 "작업 유형(task)"을 선언하는 하이퍼파라미터형 스타일은 아니다.
- ③번은 "임무: 번역 (한국어 → 영어)"처럼 작업 목적을 메타 정보처럼 기술하고 있어, 하이퍼파라미터형 프롬프트의 전형적인 형태에 해당한다.

13 ①번
- ②, ③, ④번은 모두 하나의 내용을 특정한 글 형태(뉴스, 시, 연설문 등)로 형식을 전환하는 형태 변환 요청 프롬프트이다.
- ①번은 형태 변환이 아니라 언어 변환(번역) 요청이며, 문장의 구조나 형식은 그대로 유지되므로 성격이 다르다.

14 ②번
- 보기의 설명은 긴 문서를 핵심 위주로 압축하는 작업에 관한 내용으로, 이는 명백히 요약 요청 프롬프트(Summary Prompt)의 정의에 해당한다.
- ①번은 글의 형태(예: 뉴스, 연설문 등)를 바꾸는 것이다.
- ③번은 AI에게 "~전문가처럼 행동하라"라는 식의 역할을 부여하는 기법이다.
- ④번은 창작물(이야기, 시, 예술적 표현 등)을 생성하도록 유도하는 방식으로, 모두 해당 설명과는 다르다.

15 ①번
- 코파일럿(Copilot)은 인물 이미지를 업로드할 때, 개인정보 보호를 위해 얼굴 부분을 블러(Blur, 흐림) 처리를 적용한다.
- 제미나이, 챗GPT, 퍼플렉시티는 얼굴 부분에 블러 처리를 적용하지 않는다.

16 ③번
- ③번: 파이썬은 프롬프트 엔지니어링에서 매우 널리 사용되는 프로그래밍 언어로, LLM과 연동, 자동화, 데이터 처리, API 호출 등 다양한 작업에 활용된다.
- ①번, ②번, ④번은 그래픽 디자인이나 프레젠테이션 용도로 사용되는 도구로, 프롬프트 엔지니어링의 핵심 프로그램은 아니다.

17 ②번
파이썬에서 리스트 자료형은 [요소1, 요소2, …] 등으로 구성되며, 숫자, 문자를 포함한 어떠한 자료형도 포함할 수 있다.
- ①번인 딕셔너리 자료형은 { 키:값 }을 한 쌍으로 가지는 구조이며, 키에 대응하는 값은 다양한 자료형을 사용할 수 있다.
- ③번인 튜플 자료형은 (요소1, 요소2, …) 등으로 구성되며, 리스트는 내부 조작이 가능하지만, 튜플은 불가능하다는 특징이 있다.
- ④번인 집합 자료형은 set(요소(리스트, 문자열 등))으로 구성되며, 중복을 허용하지 않고 순서가 없는 것이 특징이다.

18 ②번
- ②번은 이미지의 주요 요소인 도시 배경, 해 질 무렵의 분위기, 사무실 책상, 노트북 작업 중인 남성 등을 포함하고 있어 가장 적절한 프롬프트이다.
- 다른 보기는 배경이나 상황이 다르므로 부적절하다.

19 ④ 번
- 보기는 사용자의 음성 입력을 텍스트로 변환한 결과를 보여주고 있으며, 이는 STT(Speech-to Text) 기술에 해당한다.
- ①번의 TTS는 텍스트를 음성으로 바꾸는 기술로 반대 방향이다.
- ②번의 OCR은 이미지 속 문자를 인식하는 기술로 관련이 없다.
- ③번의 MT는 언어 간 번역 기술로, 음성 입력을 다른 언어로 번역하지 않았다.

20 ③ 번
- ①번은 이미지 인식을 위한 프롬프트이다.
- ②번은 감정 인식 및 게임 설계를 위한 프롬프트이다.
- ④번은 언어 번역 관련 프롬프트로, 사무 업무와 직접적인 연관은 없다.

21 ① 번
- 스테이블 디퓨전에서 네거티브 프롬프트(Negative Prompt)는 이미지 생성 시 포함되지 않았으면 하는 요소를 명시하는 데 사용된다.
- ②번: 이미지 해상도는 모델 설정 또는 업스케일링으로 조정한다.
- ③번: 네거티브 프롬프트는 부정 요소 제어용이지, 긍정 요소 강조용이 아니다.
- ④번: 생성 속도는 하드웨어나 설정에 따라 달라지며, 네거티브 프롬프트와는 무관하다.

22 ④ 번
런웨이(RunwayML)와 챗GPT는 서로 다른 플랫폼 간 기능을 활용하므로 플랫폼 간 기능이다.

23 ③ 번
- ③번은 이미지 속 시각 요소들과 가장 잘 일치한다. 이미지에는 짧은 머리의 소녀가 혼자서, 리본 달린 긴 소매 셔츠를 입고, 하늘과 산, 꽃을 배경으로 정면을 바라보는 모습이 포함되어 있다.
- ①번, ②번, ④번은 인물의 성별, 배경, 분위기 등에서 해당 키워드와 맞지 않기 때문에 적절하지 않다.

24 ④ 번
- 보기에서 제시된 이미지는 수노 AI 서비스의 스크린샷이다.
- 수노 AI는 보컬과 악기를 결합하거나 악기로만 연주되는 사실적인 노래를 생성하도록 설계된 생성 AI 음악 제작 프로그램이다.

25 ① 번

[뉴스기사.csv 파일 데이터 미리보기] 에서 뉴스기사.csv 뉴스기사 제목과 뉴스기사 내용으로 1건의 데이터가 있는 것을 확인할 수 있다.

[프롬프트] 에서는 첨부한 파일에 관해 설명하고 뉴스기사 제목과 뉴스기사 내용을 기반으로 데이터 합성을 수행하라는 내용이다.

[챗GPT 생성 결과] 에서 챗GPT에서 입력한 멀티모달 프롬프트를 통해 데이터 합성을 수행하는데, 이때 챗GPT의 생성 결과에서 파일 번호가 10으로 끝나는 것으로 보아 10건의 데이터를 생성한 것을 알 수 있다.

아래의 프롬프트는 챗GPT를 통해 데이터 합성을 수행할 때의 프롬프트이다.

프롬프트

 뉴스기사.csv
Spreadsheet

첨부한 파일은 디지털 시대의 문제와 관련된 CSV 파일이다.
파일에는 1개의 레코드가 있으며, 첨부한 파일 중 **뉴스기사 제목**과 뉴스기사 내용 요약을 분석하고 파악하여 **10개의** 레코드를 생성하여 CSV 파일로 다운로드 할 수 있게 해줘.

26 ③ 번

제미나이의 응답을 살펴보면 유튜브 동영상 주소를 요약하여 시간 목차별로 목차 제목과 핵심 내용을 나열하고 있으며, 그중 하이라이트를 3개로 요약하고 있다.

프롬프트

@YouTube https://www.youtube.com/watch?v=IACHfKmZMr8 이 유튜브 영상을 시간 목차별로 제목과 중요 핵심 내용을 30자 이내로 정리해주고, 가장 하이라이트 부분을 세 개로 줄여줘

27 ② 번

그림에서는 사람의 음성을 입력으로 하여 파일로 저장한 다음 텍스트로 변환하는 과정을 설명하고 있다.

저장된 음성 파일로부터 텍스트를 변환하기 위해서 프로그램을 통해 변환하고자 하는데, 보기에서는 각각 파이썬 코드를 예시로 들고 있다.

28 ④ 번

파이프라인은 데이터 수집, 전처리, 모델 학습, 학습 모델 배포, 예측 등을 순차적으로 처리하기 위한 프로세스이다.
고객의 Q&A에 대응하기 위한 챗봇을 구축하기 위해 제미나이에게 질의하는데, 제미나이가 구축 프로세스를 순차적으로 처리하는 방법을 응답하였으므로 ㉠에 들어갈 내용으로 알맞은 것은 파이프라인(Pipeline)이다.

29 ① 번

㉠에 들어갈 내용은 파운데이션(Foundation)이다.

- 생성 AI 사용자는 해당 서비스 제공 시 기존 저작물과 같거나 유사한 AI 산출물이 도출되지 않도록 함으로써 저작권 침해를 미리 방지하는 것이 바람직하다.
- 특히, 파운데이션 모델(Foundation Model)을 활용하여 응용서비스를 제공할 때는 해당 파운데이션 모델에 학습된 데이터를 전부 파악하기 어려울 수 있으므로 별도의 기술 등을 활용하여 AI 산출물의 저작권 침해 예방이 필요하다.

30 ① 번

보기에서 설명하고 있는 것은 퍼블릭 도메인(Public Domain)이다.

윌리엄 셰익스피어의 4대 비극은 퍼블릭 도메인 문학이다.

31 네거티브 프롬프트, Negative Prompt, negative prompt
- **네거티브 프롬프트**는 스테이블 디퓨전에서 이미지를 생성할 때 제외할 대상을 의미한다.
- **네거티브 프롬프트**의 형식은 일반 프롬프트와 동일한 텍스트 형태로 구성된다.
- **네거티브 프롬프트**를 사용하면 이미지를 생성할 때 제거하고 싶은 대상이 무조건 제거되는 것이 아니라, 원하는 결과가 나오도록 조정을 할 필요가 있다.
- 예를 들어, watermark를 입력하면 이미지 생성 시 워터마크가 제거된다.

32 음성 모드
- **음성 모드**는 사람이 챗GPT와 대화할 때 키보드를 통해 프롬프트를 입력하는 것이 아닌, 대화를 통해 챗GPT의 응답을 얻는 기능이다.
- **음성 모드**를 컴퓨터에서 이용하기 위해서는 마이크와 스피커가 설치되어 있어야 하며, 모바일에서 이용할 때는 내장 마이크와 스피커를 통해 이용할 수 있다.
- 사람이 마이크를 통해 입력하면 챗GPT는 TTS 기술을 이용하여 텍스트로 응답한 것을 오디오로 변환한다.

33 제미나이, Gemini, gemini
- **제미나이**는 텍스트, 오디오, 이미지를 혼합하여 멀티모달 프롬프트로 입력할 수 있는 서비스이다.
- 특히 구글 검색엔진, 구글 드라이브, 유튜브 등을 연계하여 신뢰도가 높은 결과물을 생성할 수 있다.

34 여우, Fox, fox
스테이블 디퓨전의 이미지 생성 결과와 프롬프트를 살펴보면 동물이 벚꽃 나무 아래에 앉아 있는 것을 알 수 있는데, 해당 동물은 **여우**이다.
따라서 ㉠에 들어갈 키워드는 **여우** 또는 **Fox**가 정답이다.

35 False
- 파이썬의 if 구문은 참, 거짓의 조건에 따라 실행되는 것을 제어할 수 있다.
- 특히 파이썬은 다른 언어들과 다르게 참, 거짓을 나타내는 예약어가 첫 글자가 대문자이며, True, False로 표현한다.
- 파이썬 코드 실행 결과가 "cond1 변수는 거짓이다."를 출력하였으므로, if ~ else 구문에서 else 부분의 분기를 실행한 것을 확인할 수 있다.
- 이때 cond1 변수에 들어갈 값은 거짓을 의미하는 **False**가 되어야 한다.

36 1

37 7

38 12

39 13

40 19

프롬프트와 응답 결과의 빈칸을 채운 내용은 다음과 같다.

프롬프트

아래 링크는 온라인 쇼핑몰의 링크이다.
```
https://www.11st.co.kr/products/~~~~~
```
온라인 쇼핑몰 링크에서 리뷰 내용을 **추출**해서 작성자의 **감정**을 분석하고 다음과 같은 형태로 정리해줘
```
{감정} | {해당 감정의 누적 건수}
```
그리고 이렇게 정리된 것은 표 형태로 정리해줘. 마지막으로 쇼핑몰 제품 판매 리뷰에서 작성된 단어를 추출해서 **워드 클라우드**를 생성해줘

09회 모의고사 정답 및 해설

01	02	03	04	05	06	07	08	09	10
①	②	①	③	②	④	①	③	④	①
11	12	13	14	15	16	17	18	19	20
③	②	③	④	④	③	③	①	③	①
21	22	23	24	25	26	27	28	29	30
④	②	③	②	④	①	④	②	②	①
31		32		33		34		35	
캐글		수치형		API		GPTs		AIPRM	
36		37		38		39		40	
20		13		4		1		7	

01 ① 번

파라미터는 모델 내부에서 데이터를 기반으로 학습되는 변수로, 모델의 예측 성능에 직접 영향을 준다. 파라미터는 훈련 과정 중에 자동으로 조정되며, 신경망에서는 가중치와 편향이 해당된다. 반대로 하이퍼파라미터는 모델의 구조와 학습 방식을 결정하는 외부 설정값으로, 사용자가 직접 설정하며 학습률, 은닉층의 수 등이 이에 해당한다.

02 ② 번

랜덤 포레스트는 여러 개의 트리에서 다양한 데이터를 학습함으로써 전체 모델의 과적합을 방지한다.

03 ① 번

차원은 데이터를 구성하는 여러 특성이나 속성의 수를 의미하며, 많은 특성이 관여할수록 데이터를 이해하고 분석하기 어려워지는 현상을 차원의 저주라고 한다.

04 ③ 번

강화학습은 에이전트(Agent), 환경(Environment), 상태(State), 행동(Action), 보상(Reward), 정책(Policy) 등으로 구성된다. 손실 함수(Loss Function)는 주로 지도학습(Supervised Learning)에서 사용되는 개념이다.

05 ② 번

자연어 처리는 인간이 생성한 자연어를 분석 및 이해하는 기술이다. 자연어 처리에 해당하는 분야는 자연어 이해(NLU), 자연어 생성(NLG) 등으로 구성되어 있다.

06 ④ 번

딥페이크는 실제 존재하지 않는 이미지, 오디오, 비디오 등을 생성하는 기술이다. 악의적 사용의 위험이 있으므로 법적, 윤리적 가이드라인 마련이 필요하다.

07 ① 번

챗GPT는 대규모 데이터로 사전 학습(Pre-training)과 필요시 미세 조정(Fine-tuning) 과정을 거쳐 언어 이해 및 생성 능력을 향상시킨다. 사람의 피드백을 활용한 강화학습을 사용한다.

08 ③ 번

㉠은 분류 기법에 대한 설명이다. 생성 AI가 대규모의 텍스트를 학습하는 과정에서 다량의 정보가 레이턴스 스페이스에 남게 되는데 이를 이용해 분류를 진행한다. ㉡은 확장 기법에 대한 설명이다. 확장 기법은 입력값보다 출력값이 거대하다는 특징이 있으며 작문 작업 시 유용한 기법이다.

09 ④ 번

전가하기는 사용자의 지식으로 작성해야 할 문장의 작성을 생성 AI에게 떠넘기는 기법으로써, 예시의 프롬프트가 이에 해당된다.

10 ① 번

제미나이(Gemini)는 구글에서 개발하였으며, 인공지능 챗봇 바드(Bard)에서 2024년 8월 명칭이 변경되었다.

11 ③ 번

해석된 데이터를 바탕으로 새로운 텍스트를 생성하는 특징은 언어 생성이다.

12 ② 번

자기 일관성(Self-consistency) 러닝은 좀 더 다양한 추론 과정을 예제로 제공하여 생성 AI가 더욱 일관성 있는 답변을 선택하여 생성할 수 있도록 돕는 방법이다. 복잡한 추론 작업에서 여러 추론 경로를 통해 얻은 다양한 답변 중 가장 일관된 답변을 선택하여 모델의 추론 능력을 향상하는 방법이다.

프롬프트는 정답이 하나로 고정되어 있지 않고, 다양한 가능성이 있다.

"남자가 우유를 마신다", "우유를 냉장고에 다시 넣는다",

"쿠키와 함께 먹는다" 등 모델이 반복적으로 답변을 생성하면, 답변의 다양성이 나타난다. 자기 일관성(Self-consistency) 러닝에서는 이런 다양한 답 중에서 다수결 혹은 논리적 연결성에 기반하여 가장 일관된 답변을 추출한다. 예를 들어 10번 중 7번이 "남자가 우유를 마신다"라고 하면, 그 답이 일관성 높은 예측이 된다.

13 ③ 번

구분기호를 사용하여 입력 내용을 명확하게 표시하는 사례로 명확하고 구체적으로 지시하기 작성 기법에 해당한다.

14 ④ 번

생성 AI는 대규모의 텍스트를 빠르게 파악하고 주요한 정보에 집중할 수 있는 기능이 있다. 생성 AI 문장 분석 방식은 요약, 핵심 문장 추출, 지문을 토대로 새로운 생각 도출, 지문 분석 요청하기로 나눠질 수 있다.

15 ④ 번

체크포인트(CheckPoint)는 이미지를 생성하는 데 사용된 모델을 선택할 수 있으며, 어떤 체크포인트를 사용하는가에 따라 생성되는 이미지의 결과가 달라질 수 있다.

16 ③ 번

print는 콘솔(터미널)에 텍스트나 값을 출력할 때 사용하는 기본 함수이다.

17 ③ 번

프롬프트 엔지니어링의 하이퍼파라미터나 사용자의 지시를 통해 다양한 길이의 응답결과가 생성된다.

18 ① 번

"위험 여부를 판단해 줘"라는 프롬프트를 통해 단순 기능 확인이 아니라 보안 관점에서 위험성 분석을 요청한 것임을 알 수 있다. 이는 생성 AI의 보안 분야에서 활용하는 프롬프트 엔지니어링 맥락으로 볼 수 있다.

19 ③ 번

한 번 발급받은 API 키는 재발급이 불가능하므로, Copy를 클릭하여 API 키를 복사한 후 텍스트 파일로 저장하여 보관해야 한다.

20 ① 번

샘플링 메소드는 노이즈를 제거하여 이미지를 생성하는 알고리즘을 지정한다. 창의성과 관련된 값을 조정하는 파라미터는 temperature이며, 주로 텍스트 생성 모델에서 사용된다. 샘플링 메소드와는 별도 개념이다.

21 ④ 번

따뜻한 봄날, 벚꽃이 흩날리는 교정에서 교복을 입은 소녀가 부드러운 미소로 정면을 바라보는 장면으로 감성적이면서도 선명하고 세련된 일러스트 스타일이 유추된다.

22 ② 번

생성 AI 모델이 생성하는 결과물을 예측할 수 없다면, 샌드박스와 같은 시스템에 영향을 주지 않는 격리된 환경에서 분석한다.

23 ③ 번

심층 리서치(Deep research)는 챗GPT에 내장된 자동 웹 조사 기능이다. 사용자가 복잡한 지문이나 지시를 내리면 챗GPT가 스스로 인터넷을 검색하고 다양한 출처의 정보를 읽어 분석한 뒤 종합적인 답을 제공한다.

24 ② 번

스테이블 디퓨전에서 생성한 이미지는 파일의 메타데이터에 프롬프트에 관한 정보를 담고 있다. PNGinfo 탭을 클릭하고 분석할 이미지를 업로드 하면 생성 시 사용한 파라미터 정보를 확인할 수 있다.

25 ④ 번

① --style raw과 —stylize 0 옵션 등으로 확인하면 현실적이고 디테일한, 스타일 개입을 최소화한 이미지 생성을 유도한다. ② --quality 2는 고퀄리티 디테일 표현이 중요한 이미지(예: 클로즈업)에 적합하다. ③ --style raw는 보정을 최소화해서 보다 사실적이거나 덜 연출된 느낌을 준다. ④ --stylize 0은 스타일 개입을 억제하여 프롬프트 내용을 충실 반영한다.

26 ① 번

사전에 저작권자로부터 적절한 보상 등의 방법으로 적법한 이용 권한을 확보하여 분쟁 발생 가능성을 미리 방지해야 한다.

27 ④ 번

현행법상 AI 자체에 대해서 저작자의 지위 인정이 불가능하다.

28 ② 번

생성 AI는 환각 현상으로 인해 부정확한 결과를 생성하여 이용자에게 거짓 정보를 줄 가능성이 있다.

29 ② 번

생성 AI는 콘텐츠를 자동으로 검증하지 않으며, 결과물의 책임은 사용자에게 있다. 따라서 생성 AI로 생성된 결과물에 대해서는 저작권, 개인정보 침해, 편향 등의 윤리적 부분을 전반적으로 고려하여야 한다.

30 ① 번

사용자는 AI가 생성한 결과물의 활용 주체로서 책임을 져야 하며, 피해 발생 시 법적 책임의 대상이 될 수 있다. 생성 AI 결과물 활용 시 주의 해야 한다.

31 캐글 or Kaggle
캐글(Kaggle)에 등록되어 있는 CSV등의 파일을 통해 챗GPT에서 데이터 분석이 가능하다. 사용자는 웹 기반 노트북에서 실시간으로 실습을 수행하고, 상금이 걸린 데이터 분석 대회에 참가하거나, 다양한 공개 데이터를 활용해 모델을 개발하고 공유할 수 있다.

32 수치형
수치형 데이터는 관측되는 값이 수치(숫자)로 측정되는 데이터이다.

33 API or api
API(Application Program Interface)는 응용 프로그래밍 인터페이스라고도 불리며, 서로 다른 소프트웨어끼리 정보를 주고받는 기능을 호출할 수 있다.

34 GPTs
GPTs에게 이름, 설명, 지침, 지식, 액션 등 구체적인 사항을 입력하면 나에게 최적화된 AI 비서를 만들 수 있다. GPTs 실행 후 원하는 모델을 생성하기 위해 설정 탭(Configure)에서 상세 설정이 가능하다.

35 AIPRM
AIPRM은 전문가가 사전에 만든 프롬프트를 편리하게 사용할 수 있도록 도와주는 확장 프로그램이다. 크롬 브라우저에서 설치 가능하며 고품질 프롬프트 라이브러리로부터 다양한 생성AI 모델을 위한 프롬프트를 제공한다.

36 20
37 13
38 4
39 1
40 7

"추가 설명 없이 요약된 내용만 간결하게 제공" 부분은 명확하고 구체적으로 지시하기 기법이다.

"너는 이제부터 기업 컨설턴트야" 부분은 기업 컨설턴트라는 명확한 역할을 부여하는 기법이다.

"5문장 이내로 요약해 줘." 부분은 요약 기법이다. "핵심 문장 중심" 부분은 핵심 문장 추출 기법이다. "요약문에 추가로 2025년 신기술 중심의 경영전략을 2가지 더 추가해 줘" 부분은 보충 요청이다.

10회 모의고사 정답 및 해설

01	02	03	04	05	06	07	08	09	10
④	②	①	①	③	④	④	③	①	③
11	12	13	14	15	16	17	18	19	20
①	④	③	②	①	③	④	③	①	③
21	22	23	24	25	26	27	28	29	30
①	④	①	②	④	③	①	③	③	③
31		32		33		34		35	
범위 한정		트리거		배경		강조		템플릿	
36		37		38		39		40	
3		5		11		16		19	

01 ④ 번

인공지능은 다양한 유형과 범위의 데이터를 활용함으로써 인공지능 시스템은 더 넓은 범위의 문제를 해결하고 다양한 분야에 적용하며, 특정 문제만 해결하지는 않는다.

인공지능에서 데이터의 중요성

중요성	설명
학습 기반	데이터는 인공지능 시스템이 학습하는 기반이 되며, 충분하고 다양한 데이터 없이는 효과적인 학습이 불가능
성능 향상	고품질의 데이터는 모델의 정확도를 높이고, 인공지능 시스템의 성능을 개선하는 데 필수임
결정 및 예측	데이터는 인공지능이 결정을 내리고 미래를 예측하는 데 사용되는 정보의 원천으로, 정확한 데이터는 더 정확한 결정과 예측이 가능
응용 분야 확장	다양한 유형과 범위의 데이터를 활용함으로써 인공지능 시스템은 더 넓은 범위의 문제를 해결하고 다양한 분야에 적용

02 ② 번

보기에서 설명하고 있는 장비는 GPU(Graphics Processing Unit)이다.

엔비디아(NVIDIA), AMD는 GPU를 제조하는 제조사이다.

03 ① 번

보기에서 설명하고 있는 것은 K-최근접 이웃, KNN(K-Nearest Neighbors)이다.

- KNN은 주어진 데이터 포인트를 분류하거나 예측할 때, 가장 가까운 'K개'의 이웃 데이터 포인트를 기반으로 결정하는 알고리즘이다.
- KNN 알고리즘에서 'K'는 사용자가 선택하는 매개변수로, 가장 가까운 이웃의 '수'를 의미한다.

04 ① 번

이미지에서는 2차원 공간(면)에 존재하는 데이터를 주성분 축(Principal Components)으로 투영하여 1차원 공간(선)에 표현하는 과정을 보여주고 있다.

이는 대표적인 차원 축소 기법인 PCA의 절차를 시각적으로 표현한 것이다.

05 ③번
- 환각(Hallucination)은 생성 AI 모델이 실제로 존재하지 않거나 잘못된 정보를 마치 진짜처럼 그럴듯하게 생성하는 현상을 말한다.
- 이는 특히 자연어 생성(NLG) 모델에서 문제로 지적되며, 정보의 신뢰성과 정확성에 큰 영향을 미친다.
- 환각은 데이터 부족, 잘못된 학습, 프롬프트 입력 시의 맥락 오해 등으로 발생할 수 있다.

06 ④번
- 챗GPT한테 이미지를 생성하도록 요청할 때, 추상적인 설명만으로는 항상 정확하거나 사실적인 이미지를 생성할 수 없다.
- 챗GPT에 질의할 프롬프트는 구체적인 지시가 있어야 신뢰도 높은 결과를 생성할 수 있다.

07 ④번
미세 조정(Fine-tuning)의 수행 절차는 다음과 같다.
사전 학습된 모델 선택 → 미세 조정 대상 설정 → 학습률 조정 → 추가 학습

08 ③번
- ①번, ②번, ④번은 실제 시장 조사와 채용 현황을 반영한 설명이다.
- ③번은 일부 전망에 기반한 오해로, 현재 프롬프트 엔지니어링은 사라지고 있는 것이 아니라 대부분 직무에 통합되는 방향으로 진화 중이다.

09 ①번
- GPU (Graphics Processing Unit): 병렬 연산에 강해 딥러닝 학습 및 추론 가속화에 필수적이다.
- TPU (Tensor Processing Unit): 구글이 개발한 AI 전용 칩으로, 텐서 연산을 효율적으로 처리한다.
- RAM(Random Access Memory): RAM은 중요하지만, 일반 시스템 자원이고, AI 연산 최적화와는 직접적 관련이 적음.
- CPU(Central Processing Unit): CPU는 컴퓨터 하드웨어의 기본 구성요소이지만 AI의 대규모 병렬 학습에는 보조적 역할을 수행한다.
- SSD(Solid State Drives): SSD는 저장장치로, 모델 학습 연산 가속과는 관계가 약하다.

10 ③번
- ①번, ④번은 모두 정당한 생성 요청이며, AI의 활용 목적에 부합하는 정상적인 프롬프트다.
- ②번은 소설적 맥락은 있지만, 불법 정보나 정책 위반 요소에 대한 유도성이 낮고, 명시적으로 "실패"를 포함하고 있어서 적대적이라고 판단하기 어렵다.
- ③번은 위험하거나 민감한 정보를 우회적으로 요청한 형태로, 적대적 프롬프팅의 더 뚜렷한 사례다.

11 ① 번
- 보기에서 설명하고 있는 것은 레이턴트 스페이스(Latent Space)의 내용이다.

> - 레이턴트 스페이스는 주어진 데이터의 특징을 효과적으로 표현하거나 인코딩하는 공간으로 주로 차원 축소나 특성 추출과 관련이 있다.
> - 생성 모델과 같은 기술에서는 이 레이턴트 스페이스를 조작하여 원하는 특징을 가진 이미지를 생성하거나 변형하는 데 사용된다.

12 ④ 번
- "좋은 글 써줘!"라는 주제, 목적, 톤, 글의 형식이나 길이 등이 전혀 명시되지 않은 비효율적인 프롬프트다.
- 프롬프트 문장의 구체성 부족은 생성 품질에 직접적인 영향을 미치므로, 명확하고 구체적인 조건(예: 글 종류, 대상 독자, 톤 등)을 함께 제시해야 더 유용한 결과를 얻을 수 있다.
- ①, ②, ③번은 실제로 문제 해결과 무관하거나 잘못된 접근이다.

13 ③ 번
- ㉠의 출력 방식은 {"키" : "값"} 형태로 구성된 포맷이 출력되고 있다. 이는 JSON(JavaScript Object Notation)으로, 자바스크립트에서 객체를 만들 때 사용하는 표현식이다.
- ㉡의 출력 방식은 테이블로, 행(Row)과 열(Column)로 구성된 2차원 구조로 데이터를 출력하는 방식이다. 테이블은 특히 정보가 카테고리별로 구분되어 보기 쉽게 정렬되는 특징을 가지고 있다.

14 ② 번
- 사용자가 자신의 의견을 직접 밝히지 않고, AI에게 먼저 반대 입장을 말해달라고 요청함으로써 책임을 전가하고 있다.
- 이는 전가하기 기법의 전형적인 형태로, 특히 민감하거나 논쟁적인 주제에서 자주 사용된다.

15 ① 번
- ①번은 공통점이라는 단어를 직접 사용하지 않지만, 두 대상을 비교 가능한 구조로 제시하고, 그 유사성을 추출하도록 요청하는 방식이다.
- 이는 공통점 분석 기법의 핵심 요건을 충족한다.
- ②번은 차이 분석, ③번은 입장 비교, ④번은 역할 부여로, 다른 기법에 해당한다.

16 ④ 번
- ④번은 창의적이고 표현의 다양성이 중요한 요청이기 때문에, Top-p와 같은 확률 기반 다양성 샘플링 기법의 장점을 가장 잘 활용할 수 있는 사례다.
- ①번과 ③번은 정확성이 중요한 사실 기반 질문으로, Top-p보다는 deterministic(결정적인) 한 방식이 더 적절하다.
- ②번은 정형화된 설명 요청으로, 창의성보다 일관성과 명확성이 우선이다.

17 ④ 번
- 깃허브(GitHub)는 소스 코드 버전 관리와 협업을 위한 플랫폼이다.
- 스택 오버플로우(Stack Overflow)는 개발자들이 Q&A를 주고받는 커뮤니티이다.
- 코세라(Coursera)는 온라인 강의 플랫폼(MOOC)이다.

18 ③ 번

time.ctime() 함수는 Convert Time(시간 변환)의 약자로, 생성하는 것이 아니다.

19 ① 번

제시된 이미지는 석양이 지는 시간에 차량들이 도로를 따라 이동하는 모습을 담고 있으며, 주위에는 산과 나무가 함께 어우러져 있다.

- ②번은 '도로'라는 공통점이 있지만, 자전거나 초원, 건물은 이미지에 존재하지 않는다.
- ③번은 '석양'이 겹치지만, 해변이나 파도는 전혀 보이지 않는다.
- ④번은 '자동차'와 '야경'은 비슷한 느낌을 줄 수 있으나, 별이나 바다, 광장은 이 이미지의 구성요소와 맞지 않는다.

20 ④ 번

- 스테이블 디퓨전의 설정 화면과 생성된 이미지를 보았을 때, 드론을 프롬프트로 묘사하지 않고 이미지를 생성하고 있다.
- 로라(LoRA)는 특정 스타일이나 구성요소를 묘사하기 위해 프롬프트를 추가로 입력하지 않아도 되므로 프롬프트를 간소화할 수 있는 특징을 지니고 있다.

21 ① 번

보기 그림에서는 해바라기가 넓게 펼쳐져 있고, 그 사이로 강이 흐르며, 구름 낀 맑은 하늘과 초지(평야)가 배경으로 있다. 전경에는 작은 회색 토끼도 등장한다.

22 ④ 번

파이썬 숫자 자료형에서 음수 또한 출력할 수 있다.

라인	코드	설명
1	print(123)	정수형 숫자 자료형인 123을 출력한다.
2	print(-123.45)	실수형 숫자 자료형인 -123.45를 출력한다.

23 ② 번

프롬프트를 넣고 챗GPT한테 질의한 결과는 다음과 같다.

프롬프트	mental_health_digital_behavior_data.csv Spreadsheet **이 데이터에서 가장 중요한 칼럼 2개만 알려줘**
응답 결과	이 데이터에서 디지털 웰빙 점수(digital_wellbeing_score) 예측에 가장 중요한 상위 2개 칼럼은 다음과 같습니다: anxiety_level (불안 수준) sleep_hours (수면 시간) anxiety_level이 디지털 웰빙에 미치는 영향이 가장 크며, 그다음이 sleep_hours입니다. 이 둘이 웰빙 점수의 약 89% 이상을 설명하는 중요도를 차지합니다

24 ④ 번
- ①번의 서브버전(Subversion)은 중앙집중형 버전 관리 시스템으로, Git처럼 분산형이 아니다..
- ②번의 머큐리얼(Mercurial)은 Git과 유사한 분산형 시스템이지만 GitHub과는 직접적인 관련이 없다.
- ③번의 레드마인(Redmine)은 프로젝트 관리와 이슈 트래킹 도구로, Git 저장소 기능은 별도로 연동해야 한다.
- ④번의 깃허브(GitHub)는 Git 저장소를 웹에서 호스팅하고 협업할 수 있는 플랫폼으로, 문제에서 제시된 설명과 UI에 해당한다.

25 ① 번
- 보기는 Google Workspace Marketplace로, Google Workspace Marketplace에서는 비즈니스 업무와 관련된 다양한 확장 프로그램을 제공하고 있다.
- 보기의 그림을 살펴보면 구글(Google)과 관련된 것임을 확인할 수 있다.

26 ③ 빈
③은 전자책 다운로드 이후 고객에게 보낼 팔로업 이메일을 요청하는 프롬프트로, 콘텐츠 목적과 구조가 완전히 일치한다.
①, ②, ④는 각각 블로그, 환영 인사, 후기 요청으로 목적이 다르다.
- CTA(Call to Action)는 잠재 고객으로부터 응답을 받거나 빠르게 판매를 성사시키기 위한 마케팅 용어이다.

27 ① 번
보기에서 설명하고 있는 것은 Matplotlib이다.

- Matplotlib는 파이썬의 라이브러리 중 하나로 주로 데이터 시각화나 그래프를 그릴 때 사용한다.
- 각종 그래프를 직접 그릴 필요 없이 코딩으로 만들 수 있으며, 결과물을 PNG 파일로 저장할 수 있다.

28 ③ 번
- ③의 경우, 타인의 음원을 무단으로 활용했을 뿐 아니라, AI 커버 곡을 온라인 플랫폼에 게시하여 공중송신 및 복제권 침해가 발생할 수 있으므로, 저작권 및 저작인접권 침해에 해당할 수 있다.
- 반면 ①, ②, ④는 비상업적 사용, 자기 창작물, 또는 저작권 보호 기간이 만료된 민요 활용 등의 이유로 침해 요소가 낮거나 없다.

29 ③ 번
- 생성 AI 서비스는 이용약관을 통해 산출물의 사용 가능 범위(예: 상업적 사용, 2차 저작물 작성 등)를 명시하는 경우가 많다.
- 김 대리가 이를 확인하지 않고 상업적 용도로 사용한 것은 약관 위반에 따른 법적 문제가 발생할 소지가 있다.

30 ③ 번
- 프롬프트 엔지니어는 생성 AI가 만들어낸 결과에서 편향이나 차별적 요소가 포함되어 있는지 점검하고, 이를 조정할 책임이 있다.
- 특히 채용, 교육, 금융 등 사회적 민감도가 높은 분야에서는 공정성과 포괄성을 보장하는 것이 핵심 역량이다.
- ③번은 이러한 윤리적 판단과 기술적 개입 능력을 잘 보여주는 선택지이다.

31 범위 한정, 범위한정
- 프롬프트 엔지니어링에서 **범위 한정** 기법은 생성 AI가 만드는 텍스트의 범위를 제어하는 방법이다.
- **범위 한정** 기법을 사용하면 생성 AI의 답변이 특정 주제, 스타일 또는 내용으로 제한되도록 조절할 수 있다.
- **범위 한정** 기법은 프롬프트를 미세 조정하여 생성 AI의 출력을 원하는 방향으로 유도하는 데 사용된다.

32 트리거, Trigger, trigger, 트리거 문장
- 제로샷 CoT는 트리거 문장인 "단계별로 생각해 보자."를 프롬프트에 추가하여 생성 AI가 단계별로 결과를 도출하게 하는 방법이다.
- 제로샷 CoT는 트리거 문장을 추가하여 상세한 답변의 도출과 추론 과정을 알 수 있게 하는 방법이다.

33 배경, 배경 정보
- 수정 전 프롬프트는 어떤 효율적인 학습 방법을 추천해달라고 하는지 명시하고 있지 않기 때문에, 코파일럿의 응답은 일반적인 학습 방법에 관해 설명할 가능성이 크다.
- 수정한 프롬프트는 이러한 일반적인 학습 방법이 아닌 "영국 학생들에게 한국어를 쉽게 이해시킬 수 있는" 학습 방법을 추천해달라는 배경 정보가 추가되었다.
- 추가된 배경 정보로 인해 코파일럿은 구체적이고 맞춤화된 학습 방법을 제안할 수 있다.

34 강조
- 스테이블 디퓨전에서 "(키워드:가중치)"는 가중치만큼 키워드를 강조한다는 의미이다.
- 따라서 masterpiece 키워드의 가중치를 1.5만큼 강조한다는 의미이다.

35 템플릿, Template, template
- 프롬프트 템플릿은 문장의 기본 구조가 설계되어 있고, 키워드를 교체해서 사용할 수 있는 일종의 정형화된 틀이다.
- 스테이블 디퓨전의 프롬프트 템플릿은 정형화된 틀 안에서 묘사하는 단어만 교체하여 이미지를 빠르게 생성할 수 있다는 장점이 있다.

36 3

37 5

38 11

39 16

40 19
- 두 번째 프롬프트에서 제미나이가 구글 지도를 생성하고 있는 것으로 보아, 프롬프트 앞에 "@Google 지도"를 사용하여 구글 지도를 생성하도록 요청하는 것을 확인할 수 있다.
- 세 번째 프롬프트는 앞서 제미나이가 생성한 여행 경로를 소개한 영상이 있는지 검색해달라는 프롬프트이다. 이를 유튜브에서 검색하고 있으므로 프롬프트 앞에 "@Youtube"를 입력하여 프롬프트를 실행하면 제미나이가 유튜브에서 해당 내용을 검색하여 영상을 찾고 소개한다.
- 네 번째 프롬프트의 응답 결과를 보았을 때, 동영상 검색 결과 중 첫 번째 영상에 대해 "요약"과 "글쓰기(응답) 스타일"을 시적(Poetic)으로 생성해 달라고 하고 있다.
- 다섯 번째 프롬프트에서는 앞서 응답한 요약 내용을 가지고 현대 문학 "전문가" 역할을 제미나이에게 부여하여 문학 작품의 초록을 만들어 달라고 요청하고 있다.